AIDS und kein Ende

Es wurde gestritten, hochgerechnet, beschworen, vermutet, verleugnet, argumentiert, hysterisiert, beschwichtigt, gelogen. Über AIDS sei alles gesagt, alles geschrieben worden – das ist falsch. Im Sog knalliger Covergeschichten scheint sich die reale Krankheit AIDS fast zu verflüchtigen. Aber an AIDS wird gestorben. Es gibt Tausende Infizierte, und die Zahlen steigen.

Die Autoren dieses Buchs versuchen genauer hinzusehen, zu verstehen, einzuordnen. Eine Nahaufnahme. Sie verlassen den Schreibtisch und konfrontieren sich wie ihre Leser mit Infizierten, Forschern und Patienten, mit Fixern, Gefangenen, Ärzten und Sterbenden. Immer ist ihre Herangehensweise persönlich, nie ist sie privat.

Dimensionen einer Krankheit:

AIDS ist nicht nur «persönliches Schicksal», sondern bündelt wie ein Brennglas psychische, soziale, medizinische und politische Sphären. So geht es im zweiten Teil des vorliegenden Bandes um die Verfertigung einer neuen (alten?) Moral, um den Umgang mit Minderheiten, die Mechanismen unserer Medienwirklichkeit. Es geht um professionelle Helfer, Geschäftemacher und Politiker, um alte und mögliche neue Gesetze.

Jede persönliche Erfahrung findet ihre Entsprechung im Sozialen, jede politische Haltung hat ungeahnte Folgen im Privaten. Deshalb zwei unterschiedliche Herangehensweisen, deshalb zwei Bücher in einem Buch.

Matthias Frings (Hg.)

Dimensionen einer Krankheit – AIDS

rororo
Rowohlt

Umschlagentwurf: Thomas Hennig
Lektorat: Jürgen Volbeding

Originalausgabe
Veröffentlicht im Rowohlt Taschenbuch Verlag GmbH,
Reinbek bei Hamburg, Juli 1986

Satz Bembo (Linotron 202)
Gesamtherstellung Clausen & Bosse, Leck
Printed in Germany
1280-ISBN 3 499 18215 7

Inhalt

Teil II

Vorwort

AIDS – niemand kann dieses Kürzel mehr hören.

Das goldene Medienkalb liegt – scheinbar – ausgeweidet vor uns. Wir haben doch alles abgefeiert: Die Großaufnahmen zerstörter Körper – Kaposi-Sarkom als Todesdeko; die grünlichen Töne der Hospitalfotos; Stargesichter und -geschichten aus Hollywood-Sodom; weinende Mütter, verzweifelte Söhne, ratlose Drogenberater, geifernde Christen, eifernde Seuchenhygieniker. Wir sahen die Bluter am Tropf, die Fixerin auf dem Strich und krochen den Schwulen buchstäblich in den Enddarm.

Wir nahmen die Parade der Verwalter ab: Politiker, Ministerialbürokraten, Mediziner, Forscher, Selbsthilfegrüppler, Fachfrauen und -männer. Wir hörten die «Werkstattwoche AIDS» im Radio, sahen den Hintergrundbericht im Fernsehen. Im Kino wird das Virus gejagt, um die Liebe zu retten, im wirklichen Leben rettet das Virus so manche Karriere. Und als letzte Stufe der Trivialisierung: Talk-Show-Zauber, AIDS-Witze und AIDS-Gesellschaftsspiele. Danke – das war's. Die nächste Katastrophennummer bitte!

Das darf nicht geschehen.

Die Überfütterung mit sogenannten Sensationen, mit falschen oder halbwahren Zahlen, Daten, Fakten, mit halbgaren Einschätzungen, Kommentaren, Forderungen, Befürchtungen, mit Klatsch und Tratsch um Tod und Teufel führt zu intellektuellem und affektivem Völlegefühl. Das ist wortwörtlich zum Kotzen. AIDS? – Ich will nichts mehr davon hören!

Das darf nicht geschehen.

Denn: Das Virus ist weiter in Zirkulation, es wird weiter gestorben, und immer mehr Personen sehen sich gezwungen, Konsequenzen für ihr Leben und Lieben zu ziehen. Die Zahlen (auch die Zahlen der nicht manipulierten Kurven) steigen an.

Immer noch.

Wir werden mit AIDS leben müssen, wir werden weiterhin über AIDS nachdenken müssen. Da hat niemand eine Wahl.

Deshalb noch ein AIDS-Buch.

Sensationskrankheiten fordern zwei (Schreib-)Haltungen geradezu heraus: Da ist auf der einen Seite die Rührstory mit human touch, die Krankheiten individualisiert à la ‹*Schwarzwaldklinik*› und auf Mitleid setzt. Mitleid aber ist eine der zwiespältigsten Haltungen. Man hat verstanden, mitgelitten, seinen Teil «getan», die Absolution erhalten – und fühlt sich gut.

Die Herangehensweise vom anderen Ende ist die kritische Abstraktion. Die Krankheit wird entindividualisiert und in Bezug gesetzt: zum sozialen Umfeld, zu anderen Krankheiten, zur aktuellen politischen Situation etc. Kürzlich las ich ein vorzügliches Heft, das sich nahezu vollständig mit medizinischen, rechtlichen, moralischen und gesellschaftlichen Problemen im weiten Feld von AIDS beschäftigte. Es war erleichternd, den verbreiteten Aufgeregtheiten eine kluge, abwartende, engagierte Nachdenklichkeit entgegengesetzt zu sehen. Die meisten Aussagen hätte ich mühelos unterschreiben können.

Und doch war mir unbehaglich zumute. Sicher: Es ist geboten, an jährlich 350000 Herz- und Kreislauftote, an 160000 Krebstote und Zehntausende von Arbeitsunfällen zu erinnern, um den Maßstab nicht zu verlieren. Natürlich ist es wichtig, die Propagandisten des Safer Sex auf ihre Motivation hin abzuklopfen. Und gewiß ist es dringend notwendig, den gesellschaftlichen Umgang mit dieser Krankheit sehr genau zu analysieren, denn AIDS wirkt auch dort, wo das Virus gar nicht vorhanden ist.

Aber: An AIDS sterben Menschen – und ich weigere mich, Tote gegeneinander aufzurechnen. In den USA gab es 1981 nur eine Handvoll Fälle, heute sind 18000 Personen erkrankt, von denen die Hälfte verstorben ist. Die Dunkelziffer liegt zwei- bis dreimal so hoch. Und: An AIDS leiden Menschen (von denen viele noch nicht einmal infiziert sind). Besonders homosexuelle Männer in den Großstädten sind gezwungen, sich mit der Krankheit und ihren Konsequenzen auseinanderzusetzen – so oder so. Schließlich: AIDS ist *auch* ein individuelles Problem. Wer ein erhöhtes Risiko hat, sich anzustecken, wer infiziert oder erkrankt ist, für den ist AIDS sehr real. Die individuelle Seite der Krankheit muß man wahr- und ernst nehmen – ohne Hysterie, ohne Sensationslust und ohne sich in unverbindliche Abstraktionen zu verabschieden.

So wird dieses Buch aus zwei Teilen bestehen, die in unterschiedlicher Haltung, aber mit gleicher Ernsthaftigkeit beide Seiten von AIDS beleuchten.

Teil I wird sich mit Menschen beschäftigen, die auf unterschiedlichste Weise von AIDS betroffen sind. Anstoß lieferte der Text «Ist es wahr, daß Lefert AIDS hat?». Beeindruckt hat mich bei diesem Text die Fähigkeit, persönlich, aber niemals nur privat zu sein. Das persönliche Leid ist hier immer auch Anlaß, den Gesichtskreis zu erweitern, nach Gründen für gesellschaftliche Reaktion oder Nicht-Reaktion zu fragen. Nicht pessimistisch genug anzunehmen, daß diese Herangehensweise ein besonderes Talent der Niederländer sei, schließen sich diesem Beitrag Texte an, die mit der Technik der Nahaufnahme arbeiten. Hier sind Menschen betroffen, und wer die Augen davor verschließt, welche Probleme sie haben, wird immer nur im eindimensionalen Denken zu AIDS befangen bleiben.

Teil II liefert Material, AIDS nicht auf die Dimension eines Virus und seiner Bekämpfung zu verkürzen. Herausragend an dieser Krankheit ist, daß AIDS in großer Zahl Menschen betrifft, die davon konkret gar nicht betroffen sind. Alle homosexuellen Männer und alle Fixer, viele Prostituierte und Bluter werden plötzlich nur noch durch die Virusbrille betrachtet. Die gesellschaftliche Situation für diese Gruppen hat sich in den letzten Jahren ungemein verschärft. Homosexualität beispielsweise ist derweil untrennbar mit AIDS verknüpft, und *jeden* Homosexuellen trifft der neuerwachte Haß, der sich als Angst tarnt. AIDS berührt Fragen von Sexualität und Moral ebenso wie das Recht auf Datenschutz und die politische Auseinandersetzung mit Minderheiten. Zu AIDS gehören Überlegungen zum Trieb ebenso wie das Enttarnen windiger Geschäftemacher, Probleme der Forschungsförderung und die Kampagnen eines Teils der Medien.

Das Schreiben über AIDS ist in vieler Hinsicht problembehaftet – es ist zuvörderst auch eine Frage der Sprache, denn die Krankheit berührt die ganz großen Begriffe: Tod, Politik, Liebe, Bürgerrechte, Leid, Menschlichkeit. Ich wünsche mir, diese Begriffe *ernst* sagen zu können und sie so zu meinen – ohne falsches Pathos, ohne die Lust an der Katastrophe, ohne kostenloses Mitleid und selbstherrliche Pose. Dafür aber engagiert und parteiisch.

Matthias Frings Berlin, im Mai 1986

Teil I

Donnerstag, 22. November 1984. Der Grundschullehrer Lefert Scheeper geht zum Hausarzt. Die Beschwerden: Abgeschlagenheit und Atemnot. Am 27. November wird er in das Academisch Medisch Centrum in Amsterdam eingeliefert. Am 14. Dezember stirbt Lefert an den Folgen von AIDS.

Während seiner Krankheit führte sein Freund *Reijer Breed* ein Tagebuch. Auszüge aus diesen Aufzeichnungen und Gespräche mit Reijer bilden den Kern dieses Textes, der von *Ineke van den Bergen* zusammengestellt wurde. Die Übersetzung besorgte *Rolf Erdorf*.

Ist es wahr, daß Lefert AIDS hat?

Vorbemerkung

Am 1. Dezember 1984, abends um 11 Uhr, rief mich Reijer Breed an. Ich hatte ihn seit Monaten nicht mehr gesprochen. Das letzte Mal sah ich ihn an meinem vierzigsten Geburtstag. Da spielte er, von seiner Schwester begleitet, auf dem Akkordeon: *‹Hör' mein Lied, Violetta›*.

Ungefähr vier Jahre zuvor hatten wir uns kennengelernt. Ich suchte für eine VPRO-Radiosendung Eltern eines homosexuellen Kindes, die etwas über ihre Erfahrungen erzählen konnten. Reijer hatte ich in einer Fernsehsendung gesehen, in der er aufgetreten war. An das Thema der Sendung erinnere ich mich nicht mehr genau, aber es hatte zweifellos etwas mit Homosexualität zu tun. Reijer schien mir zwei wichtige Eigenschaften zu besitzen: eine kämpferische Gesinnung und Humor. Er wollte gerne mitarbeiten: Für die Radiosendung schien ihm die Mutter seines Freundes Lefert sehr geeignet. Sie wohnte in Ijhorst und hatte eine beachtliche persönliche Entwicklung vollzogen, seit ihr Sohn ihr – und ihrem Mann, der damals noch lebte – erzählt hatte, daß er homosexuell war. So lernte ich Lefert, seine Mutter Hennie und die übrige Familie kennen – der Anfang einer Freundschaft.

Lefert war ein netter Kerl, ein Lehrer im besten Sinne des Wortes. Er mußte oft über Reijer und mich lachen, wenn wir – beide mit einer extremen Vorliebe für Kitsch behaftet – Kerzen in Form von Gartenzwergen kauften, abgrundtief häßliche, beleuchtete Gondeln verschenkten oder uns anderen nutzlosen, aber schönen Beschäftigungen hingaben, indem wir zum Beispiel stundenlang auf einer Bank in Paris herumlungerten und zu einem Fenster hinaufstarrten, hinter dem mein angebeteter Filmstar Simone Signoret wohnte. Reijer war der einzige Mensch in meinem Bekanntenkreis, den man für solche Missionen gewinnen konnte. Er hatte Verständnis für das Außergewöhnliche und spielte gleichzeitig die schwule Giftnudel. «Na, Ine, ich hoffe doch sehr, daß wir dieses Gesicht nicht wirklich im Fenster auftauchen sehen. Solltest du deine Fotos von ihr nicht besser dem Roten Kreuz vermachen?» Lefert sah uns aus einiger Entfernung zu und amüsierte sich.

Er saß auch am Telefon, um Hörern Rede und Antwort zu stehen, die anläßlich der VPRO-Radiosendung *‹Ook zo?›* (*Auch so?*) anriefen. Das war eine Sendung für Homosexuelle, die Reijer zwei Jahre lang präsentierte und die ich als erfahrene Radioredakteurin so lange begleitete, wie es nötig war. Danach ebbte unser Kontakt ab. Jeder ging wieder seinen eigenen Weg, und es blieb bei zufälligen Begegnungen. Bis zum Abend des 1. Dezember. Meistens begannen unsere Telefongespräche mit irgendwelchen Albernheiten. Es wäre also das Nächstliegende gewesen, wenn ich gesagt hätte: «So, du Arsch, lange nichts mehr von dir gehört!» Statt dessen wartete ich ab, obwohl mir zunächst nichts Ungewöhnliches an seiner Stimme auffiel. «Ine, ich rufe dich aus dem AMC (Academisch Medisch Centrum, Universitätsklinik von Amsterdam; d. Ü.) an: Lefert ist sehr, sehr krank, er hat AIDS.»

Reijer weiß bis heute nicht, warum er gerade mich an diesem Abend anrief. Reijer hatte das starke Bedürfnis, etwas zu erzählen, von dem er fühlte, daß es nicht nur für ihn wichtig war, und ich schrieb seine Geschichte auf. Während Leferts Bettlägerigkeit führte Reijer ein Tagebuch von der Krankheit, die über Lefert und ihn hereingebrochen war. Ausschnitte aus diesem Tagebuch und ein Gespräch, das ich mit Reijer hatte, wurden in der Tageszeitung *De Volkskrant* veröffentlicht. Wir erhielten Hunderte von Reaktionen, unter anderem einen Brief des Verlegers Rob van Gennep, der sich sehr betroffen zeigte. Er äußerte die vorsichtige Frage, ob wir daran interessiert seien, aus Reijers Erfahrungen ein Buch zu machen. Reijer – verzweifelt, aber noch genauso kämpferisch wie immer – wollte das gerne. Er hatte Lefert versprochen, sich auch weiterhin für die Emanzipation Homosexueller und den Kampf gegen AIDS einzusetzen, diese bisher unheilbare Krankheit, die ihre meisten Opfer unter Homosexuellen findet. Eine sexuell übertragbare Krankheit, die somit besonders vorbelastet ist.

Reijer und ich sprachen während der für ihn sehr schweren Zeit nach Leferts Tod immer wieder miteinander: tagsüber und nachts stundenlang am Telefon, ganze Abende bei mir zu Hause und an einem Ort, der uns beide ansprach: in einem Hotel in Zandvoort. Wir fuhren auch für ein paar Tage nach Berlin. Reden, Weinen, Streitigkeiten, Migräne, Herzklopfen – aber auch Lachen.

Wir haben auch mit Leferts Mutter Hennie gesprochen, mit dem Krankenpfleger Aad, einem derjenigen, die Lefert im Krankenhaus betreuten, sowie in Berlin mit dem deutschen Regisseur Frank Ripploh, einem Mann, den Reijer seit längerem bewunderte und bei dem er jetzt Solidarität suchte. In diesem Text findet sich der Niederschlag all dieser Gespräche. Es ist ein Text über Krankheit, Tod und Verzweiflung, aber auch über die Kraft weiterzuleben. Den Lesern, die selbst oder in ihrer direkten Umgebung mit AIDS konfrontiert sind, wünsche ich den kämpferischen Mut eines Reijer Breed.

Ineke van den Bergen

Reijers Tagebuch

Donnerstag, 22. November 1984
Lefert geht zum Hausarzt. Beschwerden: Abgeschlagenheit und Atemnot. Dr. van W. konstatiert: Hyperventilation. Liegt abends zu Hause auf dem Bett. Bittet mich, die Heizung auf 0 zu stellen. Ist sehr kurzatmig. Bekommt Valium.

Sonntag, 25. November
Morgens Fieber und kurzatmig. Ich renne treppauf, treppab, mit frisch gepreßtem Orangensaft. Der Arzt kommt: eine Lungenentzündung. Hole Medikamente aus der Bereitschaftsapotheke. Lefert schluckt sie und leidet weiter unter Atemnot.

Montag, 26. November
Wie verabredet, leite ich den Abend zum Kennenlernen mit deiner neuen Gesprächsgruppe. Acht neue Leute, die du innerhalb unserer vor kurzem wieder aufgenommenen COC-Aktivitäten einzufangen wußtest (COC = Homosexuelle Dachorganisation). Du liegst oben. Ich habe dir dieses Monstrum von Fernsehgerät ins Zimmer gestellt. Du willst dir die Aktion «Ein Tag für Afrika» ansehen.

Du kommst irgendwann am Abend noch kurz nach unten, krank und kurzatmig. Man wünscht dir gute Besserung. Gegen halb zwölf, nachdem alle weg sind, gehe ich zu dir hinauf. Die letzte Stunde der Aktion sehen wir uns zusammen an. Und obwohl du immer schwerer Luft bekommst, lachen wir andauernd. Fernsehtante Mies Bouwmans, die angeregt ausruft: «Was sind wir doch für ein einzigartiges kleines Land!» Ich mache den Vorschlag, dort mit Medikamenten aufzukreuzen und sie im Namen meines kranken Freundes anzubieten. Ich lache, du hustest – vor Spaß. In dieser Nacht bekommst du einen schrecklichen Fieberanfall.

Dir ist fürchterlich kalt. Ich hole zwei Decken, schlage dich darin ein. Nach einer halben Stunde noch zwei weitere Decken. Dir wird noch kälter. Ich gebe dir auch meine beiden Decken. Jetzt glühst du und zitterst wie verrückt. Nach kurzer Zeit wirfst du alle acht Decken von dir. Dein Zittern wird zu einer Art Keuchen. Trotzdem darf ich auch weiter meinen Arm um dich legen. Um halb fünf schlafen wir beide müde und erschöpft ein.

Dienstag, 27. November
Der Krankenwagen. Zum Academisch Medisch Centrum in Amsterdam. Ich abends nach Hause.

Mittwoch, 28. November
Deine Mutter und Ella kommen. Wühlpaket: Geschenke! Ich schlafe bei dir. Versuche es erst auf einem Stuhl, aber das geht nicht. Alle zwei Stunden wird deine Temperatur gemessen. Ich führe eine Fieberkurve.

Donnerstag, 29. November
Ich liege neben deinem Bett, auf dem Boden. Darf am Ende des Flurs

im Aufnahmezimmer schlafen, aber das will ich nicht. Ich führe weiterhin deine Fieberkurve.

22.00 Uhr	39,4
23.45 Uhr	39,2
1.35 Uhr	38,5
3.30 Uhr	38,4
6.00 Uhr	38,5
8.30 Uhr	38,5
10.00 Uhr	38,4

Fülle im Auftrag deines Arztes Urin ab. Gieße es aus der Flasche in spezielle Plastikbehälter mit Etikett, auf denen Name und Datum steht. Schreibe auch auf, was du trinkst, um zu vergleichen, wieviel Flüssigkeit du aufnimmst und wieviel du auf natürlichem Wege abgibst.

Bis 8.00 Uhr:
- 8 Gläser Wasser
- 1 Glas Milch

Nach 8.00 Uhr:
- 6 Gläser Wasser
- 4 Gläser Milch
- 3 Tassen Tee
- 3 Gläser Limonade
- 1 Glas Joghurt

Mit einer Infusion bekommst du Eusaprim – achtmal täglich. Wenn es mit dem Tropf hapert, rufe ich die Schwester. Sie bringt ihn in Ordnung und bedankt sich bei mir. Der Tropf blubbert wieder. Du schläfst.

Wir sind so froh, daß deine Temperatur sinkt. Wir machen uns dauernd gegenseitig Mut. Um 4 Uhr in der Nacht kommt die Nachtschwester, nur mit einer Taschenlampe bewaffnet. Sie kontrolliert deine Infusion. Läuft um dein Bett herum zur Sauerstoffapparatur und fällt über ein dickes Etwas auf dem Boden. Das bin ich. Sie schreit. Wir lachen – alle drei.

Freitag, 30. November
Du bist müde, als die Ärzte gehen. Auf deiner Stirn stehen Schweißtropfen. Ich wasche dein Gesicht, füttere dich und gebe dir zu trinken. Trotzdem fühlst du dich gut, denn deine Temperatur ist gesunken: 37,9! Ich erzähle dir von der Cafeteria unten in der Eingangshalle des Krankenhauses und von dem Fischstand in der Nähe der U-Bahn-Station Molendrecht. Du möchtest herzhafte Croissants und Matjes. Du ruhst dich aus, und ich gehe einkaufen. Als ich zurückkomme, schläfst du. Ich räume dein Zimmer auf, stelle die Gute-Besserungs-Karten vor das Fenster, ordne die Blumen und zünde eine neue Kerze an.

Sonntag, 1. Dezember
Am letzten Tag auf der Inneren Abteilung wirst du von Aad versorgt, einem ganz lieben Schwulen. Du fühlst dich bei ihm sehr wohl. Ich auch. Du bekommst wieder schlechter Luft. Man nimmt dir Blut ab, um zu sehen, wieviel Sauerstoff noch über deine kranken Lungen in dein Blut gelangt. Am Abend werden wir das Ergebnis hören. Wenn es schlecht ausfällt, mußt du auf die Intensivstation. Wir reden in diesen letzten Stunden über alles mögliche. Über unsere Beziehungen, Vergangenheit, Zukunft, deine Familie, meine Familie, AIDS, die Schwulenbewegung, deine Arbeit als Lehrer.

Du wirst immer nervöser, ich auch. Wo bleibt der Arzt mit dem Untersuchungsergebnis? Daß es AIDS ist, bezweifeln wir inzwischen nicht mehr. Erst diese Lungenentzündung überstehen – um jeden Preis. Dann sehen wir weiter.

«Verdammt, wo bleibt denn der Arzt?» schreist du. «Bleib ruhig», schreie ich zurück, «das tu ich doch auch!» Du hältst mich fest und ich dich. Wir versuchen, uns zu küssen, die Sauerstoffmaske hochgeschoben. Du bekommst wieder Atemnot – es geht nicht. Du hustest. Ich küsse deinen Körper. Du weinst. Ich rede über Cees, deine Katze. Du wirst wieder ruhiger. Wir reden weiter. Über den Fall, daß es schiefgeht. Du machst eine Liste von Leuten, denen ich persönlich in deinem Namen erzählen soll, daß du AIDS hast. Ich muß es dir versprechen. Erst das hier überstehen, dann sehen wir weiter. Wenn du zu schwach bist, um in deinem abgelegenen kleinen Haus wohnen zu können, dann leben wir weiter in meiner Erdgeschoßwohnung in Amsterdam. Wir werden es uns schön machen. «Ich bin so froh, daß ich dich habe», sagst du. «Dumme Kuh», sage ich, «du kannst immer auf mich zählen.» Du weinst.

Der Arzt und die Schwester kommen herein. Wir wissen es. Du wirst plötzlich sehr nervös und aufbrausend. Der Arzt bestätigt, was wir schon vermutet haben, aber trotzdem nicht sehen wollten. Du schaust den Arzt an und sagst mit beißender Stimme: «Und wenn ich ans Beatmungsgerät gehängt werde? Darf Reijer bitte immer dabei sein? Tut es weh?» Der Arzt antwortet – auch er ist nervös. Wir dürfen 15 Minuten lang Abschied nehmen, und du darfst noch deine Familie anrufen. Wir sind verrückt vor Angst. Du weinst und sagst gleichzeitig lachend – die Hoffnungslosigkeit und den Wahnsinn deiner Situation umreißend: «Unser letztes Viertelstündchen ist angebrochen.» Du hältst mich wieder fest, schreist, daß du mich liebst. Schreist: «Wie soll das mit dir weitergehen ohne mich?» Schreist: «Wirst du nicht zuviel saufen?» Schreist: «Versprich mir, daß du weitermachst in der Schwulenbewegung und mit dem Kampf gegen AIDS!» Du fängst wieder an zu weinen. Du willst niemanden mehr sprechen. Du traust dich nicht. Du willst niemandem weh tun.

Ich bin ratlos. Fange auch an zu schreien. «Du rufst sie an. Ich bestehe darauf. Du mußt!» Du nickst, weinend. Ich gehe zur Schwester und bitte um ein Telefon. Du bist ganz ruhig geworden und sagst: «Ich will sie sprechen.» Ich ziehe meinen Ring vom Finger, gebe ihn dir und sage: «Zieh ihn an, dann bin ich in jedem Fall bei dir, was auch geschieht.» Du ziehst deinen Ring ab und gibst ihn mir. Die Schwestern sind schon lange im Zimmer und schließen dich an eine Sauerstoffflasche an. Auf deinem Zimmer ist kein Telefon. Wir müssen in einen Raum, in dem ein Telefon steht. Aber das Bett paßt dort nicht durch die Türöffnung. Wir fahren zurück in dein Zimmer. Die Schwester folgt uns mit der Sauerstoffflasche auf kleinen Rädern.

Unten auf der Intensivstation ist man wütend. Da sollte doch schnellstens ein Patient kommen. Wo bleibt er? Davon wissen wir in diesem Augenblick glücklicherweise nichts. Wir reden wieder miteinander. Ganz ruhig. Es ist doch egal. Wir sagen uns liebe Sachen, entschuldigen uns für gewisse Gemeinheiten, die wir einander angetan haben. «Bleib bei mir», sagst du. Ich verspreche es. Du hast Durst. Ich gebe dir etwas Limonade ohne Kohlensäure. Die Krankenpfleger kommen mit einem sehr eigenartigen Telefon herein. Die Wählscheibe ist an der Unterseite. Du kommst mit dem Apparat nicht zurecht, ich glücklicherweise schon. Erst eine 9 wählen, dann der Mann aus der Zentrale: «Welche Nummer wünschen Sie, und wer bezahlt das?» Du sprichst mit deiner Familie: deiner Mutter, deinem Bruder, deiner Schwägerin, deiner Schwester. Ich halte deinen Arm fest und bewundere dich. Völlig erschöpft setzt du dieses seltsame Telefon auf deinem Bauch ab und unterbrichst damit die Leitung. Ich bestelle erneut eine Verbindung mit Ijhorst. Die Stimme in der Zentrale sagt ärgerlich: «Ich hoffe, daß Sie nicht noch einmal die Verbindung unterbrechen. Wir haben hier am Samstagabend schon genug zu tun.» Du sprichst noch einmal mit deiner Schwester und mit deiner Mutter.

Danach geht alles blitzschnell. Ich schiebe das Bett. Die Schwester lenkt es. Die Sauerstoffflasche wird auch mitgeführt. Wir rennen zum Aufzug. Wir fahren drei Stockwerke herunter zur Intensivstation. Du erschrickst wahnsinnig beim Anblick der Ärzte, die da in hellblauen Kitteln und mit hellblauen Badekappen auf dich warten. Ich auch. Von diesem Zeitpunkt an habe ich, der ich immer jede Situation beherrschen zu können glaubte, die Macht über mein Tun verloren.

Man hatte uns versprochen, daß du sofort eine Narkose bekommst, bevor man dich an das Beatmungsgerät anschließt. Aber man war zu einer anderen Ansicht gelangt. Du würdest das alles jetzt nur durch Tabletten betäubt erleben. Ich sitze im Wartezimmer und weiß hiervon noch nichts. Eine Krankenschwester kommt herein und sagt, daß nichts nach Wunsch verläuft. Ob ich nicht hinzukommen will, um meinen Freund zu beruhigen. Ich folge ihr und finde dich quer über dem Bett liegend vor. Ich greife dich am Arm und rufe etwas. Was genau, weiß ich nicht mehr. Du schaust mich panisch an und zeigst auf deinen Hals. Ich höre dich aus einem Meter Entfernung husten, über den Lautsprecher dieses Geräts.

Ich bin in dieser Nacht noch fünfmal bei dir gewesen. Du warst inzwischen endlich unter Narkose. Auch wenn du es nicht hörtest, habe ich dir doch immer wieder erzählt, daß mir der Augenblick so leid tat, an dem du an dieses scheußliche Gerät kamst. Ich fühlte mich wie ein Schuft, ein Verräter, ein Freund, der dich im allerletzten und wichtigsten Augenblick deines Lebens im Stich gelassen hatte. Wie war ich froh, als deine Schwester Carolien kam. Ich versuchte zu schlafen, es ging nicht. Nach einem kleinen Frühstück kam endlich deine Familie. Gott, wie habe ich sie lieb.

Mittwoch, 5. Dezember
Langsam werde ich wieder Herr der Lage, und ich entscheide, wer dich besuchen darf. Später besprechen wir das alles noch. Gestern habe ich Helga in unser beider Namen eine Geburtstagskarte geschickt. Sie wurde vier. Und sie fragt immer nach dir. Alinda ist sehr still, die kann nicht darüber reden. Zehn Jahre, das ist auch ein schwieriges Alter. Sie hat ihren großen Bruder schon verloren und voriges Jahr ihren Onkel. Dezember ist kein fröhlicher Monat mehr in Ijhorst. Dein Vater starb vor 11 Jahren am 15. Dezember. Ich kann mich noch so gut erinnern. Damals sah ich dich zum erstenmal weinen. Das tue ich jetzt neben dir. Du darfst mich nie verlassen. Paß auf, blöde Kuh, hörst du? Das machst du nicht mit mir! Vergiß nicht, was wir verabredet haben: Erst überwinden wir diese Lungenentzündung, und dann sehen wir weiter.

Krankenpfleger Wim ist furchtbar lieb zu dir und mir. Eine Art blonder Magnum. Du verstehst: so ein Mann gefällt mir. Wie bescheuert das ist! Wenn du demnächst zu dir kommst, mußt du sie alle noch kennenlernen. Ich habe heute ein neueres Foto neben dein Bett gestellt, das mit deiner kleinen Nichte Nienke. Darauf bist du so schön braun gebrannt. So ein Glamour-Sonnenbanktyp.

Heute früh wimmelte es hier im Krankenhaus von Knecht Ruprechts, alle unterwegs zur Kinderabteilung. Habe in der Cafeteria drei Nikolaustorten gekauft. Eine für die Tagesschicht auf der Intensivstation, eine für die Abendschicht und die letzte für die Nachtschicht. Mit Karten dazu, auf die ich geschrieben habe: «Leider kann ich jetzt noch nicht nachvollziehen, wie phantastisch ihr mich versorgt. Trotzdem wünsche ich euch ein schönes Nikolausfest. Lefert Scheeper.» Das habe ich einfach für dich geregelt. Das wirst du später ganz lustig finden. Am Nachmittag kamen sie zu mir und sagten, wie aufmerksam sie das von mir fanden. «Von mir?» sagte ich erstaunt. «Die sind gar nicht von mir. Das müßt ihr Lefert sagen.» Und ich zeigte auf dich.

He, Lieber, deiner Katze Cees geht es ausgezeichnet. Sie fühlt sich pudelwohl bei meinen Eltern. Die will demnächst überhaupt nicht mehr zurück. Dr. S. sagte etwas über meine langen Besuche bei dir. Ich verausgabe mich nach und nach. S. sagte, daß du mich zehnmal mehr brauchen wirst, wenn du wieder zu dir kommst. Du wirst dann nicht sprechen können, wegen des Beatmungsgeräts. Nur nicken und den Kopf schütteln. Bis morgen, Lieber. Dann ist deine Mutter endlich auch wieder da.

Freitag, 7. Dezember
Auch L. und R. habe ich zu dir gelassen. Sie liebten/lieben dich. Du gehörst auch zu ihnen. Ich hoffe, daß ich das richtig mache. Wenn es anders herum wäre, dann wollte ich, daß du H. und K. zu mir bringst. Trotz aller Probleme wie Eifersucht usw. haben wir's geschafft, elfeinhalb Jahre lang. Fucking AIDS. Bleib bitte bei mir. – In einer Anwandlung, dich zu erreichen, schlage ich dein Bettlaken zurück. Du keuchst und pfeifst unter dem Beatmungsgerät. Ich berühre mit den Fingerspitzen deine linke Brustwarze. Die reagiert lieb-irritiert. Dann schaue ich in dein Gesicht. Du bläst mit, im Rhythmus der Behandlung. Du bist so weit weg. Ich weine. Später, wenn du das liest, wirst du mich hoffentlich auslachen.

Dienstag, 11. Dezember
Ich habe mich schon so sehr daran gewöhnt, wie du da liegst. Deine Infusionsanschlüsse. Ich sah, wie du aufgeschnitten wurdest, dein gefährliches Blut, das Suchen nach deiner Schlagader, das Befestigen eines Hahns, das Nähen deiner Wunde. Der Arzt, der Krankenpfleger und ich waschen uns die Hände und schütten Alkohol darüber. Ich tupfe erneut deine Stirn ab. Ich weiß, daß du mich hörst. Du bewegst ein paarmal deine Lider, und dein Mund zittert. Ich fange an, dich so schrecklich zu vermissen, habe schon so lange nicht mehr mit dir gesprochen. Wenn ich zu dir komme, schaue ich zuerst nach deinen Maschinen, bevor ich dich küsse und zu dir rede.

Blutdruck 101, Herzschlag 123, Temperatur 38,7. Stabil. «Stabil, was», sage ich zu Krankenschwester Astrid. «Ja, stabil.» Das Wort kann ich in der nächsten Zeit nicht mehr hören. Astrid erzählt mir, daß du Probleme mit der Blutgerinnung hast. Eine andere ernste Komplikation ist die Funktion deiner Nieren – und die Beatmung ist optimal!

Donnerstag, 13. Dezember
Gestern war alles noch stabil. Als ich um halb vier nachmittags kam, sah ich an den Gesichtern deiner Mutter und der anderen, daß die Situation ernst ist. Man setzt alle Hebel für dich in Bewegung. Ich fasse deine Hand. Sie ist eiskalt. Panisch sehe ich auf einmal das Gesicht von Dr. S. Er bittet uns um ein Gespräch. Es wird jetzt ernst. Du verfällst zusehends. Sollen wir bleiben? Es ist sehr kritisch, aber es kann auch noch Tage dauern.

Wir – du und ich – haben mit Pflegepersonal und Internisten schon einige Male darüber gesprochen, was geschehen muß, wenn es definitiv schiefgeht. In diesem Fall geben wir die Erlaubnis zu einer Obduktion für die AIDS-Forschung.

Und was geschieht jetzt? Die diensthabende Krankenschwester sagt zu mir: «Reijer, ich finde es unangenehm, dich darum bitten zu müssen, aber du kennst die Regeln. Willst du deshalb Leferts Mutter um die Erlaubnis zu einem letzten Eingriff bei deinem Freund bitten?» Ich werde eiskalt: Was ich – zusammen mit Lefert – beschlossen habe, tut nichts zur Sache. Offiziell ist meine Erlaubnis nichts wert. Nach kurzer Beratung mit Hennie antworte ich: «Wir geben die Erlaubnis.»

Ich gehe noch einmal zu dir. Du wirst rhythmisch beklopft, abwechselnd auf der einen und der anderen Lunge, von einem fremden Mann mit Gummihandschuhen. Du röchelst, Schleim löst sich. «Ist es nicht schlimm für Sie, das zu sehen?» fragt dieser Mann, während er einen langen Schlauch in deiner Nase durchschiebt in deine kranken Lungen. Ich habe das schon so oft gesehen. Ich finde nichts schlimm. Du bist es. Ich küsse dich, sage: «Bis morgen, Lieber.» Du bist feuerrot. Ich beende dein Tagebuch, jetzt.

AIDS hat ihn von uns genommen

Während er in der Schwulenbewegung aktiv war,
wurde er von dieser Krankeit getroffen,
die ohne Ansehen
der Person Kummer und Bestürzung
hervorruft.

Durch dich
habe ich die Welt genommen
habe ich dem Abend nicht mißtraut.
Durch dich habe ich geschlafen
und gelebt.
Durch dich kenne ich die Liebe.
(Hans Lodeizen)

Hiermit teilen wir Ihnen mit,
daß unser lieber Freund, Sohn, Bruder,
Schwager und Onkel

Lefert Scheeper

gestorben ist.

Er wurde fast 36 Jahre alt.

Text der Todesanzeige u. a. in De Volkskrant *(Amsterdam und überregional) und in der Lokalpresse.*

Wir – Leferts Mutter, meine Eltern, meine Schwestern und ich – kommen beim neuen Bestattungszentrum in Wormerveer an. Der Leiter des Krematoriums kondoliert uns flüsternd. Welche Häßlichkeit! Trockenbouquets und pietätvolle Kunst an der Wand. Und überall diese pseudo-warme indirekte Beleuchtung. Ich will helles Neonlicht, schmutzige Graffiti und Bette Midler, *‹Stay with me, baby›*. «Wollen wir denn jetzt zum Sarg gehen?» Allein schon das Wort Sarg. Ich sehe Lefert. Das ist er nicht. Was ist verkehrt? Er trägt die Kleidung, die ich am Morgen bei uns zu Hause geholt habe. Mein schwarzes Oberhemd, seinen selbstgestrickten schwarz-rosa Pullover, darauf die Ansteck-nadel mit dem rosa Winkel. Der nackthölzerne Sarg ist scheußlich. Nachdem ich mich etwas beruhigt habe, gehen wir wieder in den angrenzenden Raum. Plötzlich weiß ich es. Sein Haar liegt nicht richtig. Es ist nach hinten gekämmt, und das macht ihm so eine breite Stirn. Der Krematoriumsbedienstete und ich gehen noch einmal zum Sarg. Er öffnet ihn und gibt mir einen Kamm. Ich ziehe den Pullover zurecht und bringe den Hemdkragen in Ordnung. Danach kämme ich sein Haar. Hennie, Leferts Mutter, kommt noch einmal hinzu. Sie ist so ruhig. Findet es auch besser so. Wir reden bis tief in die Nacht. Über das Sterben ihres Enkels Bertin, der nur zehn Jahre alt geworden ist. Über den Tod von Frens, dem Bruder ihrer Schwiegertochter. Er starb im letzten Jahr nach einer Lebertransplantation. Aber wir reden vor allem über den Tod ihres Partners und meines Partners, ihres zweiten Sohnes. Sie glichen einander so sehr. Wir schauen uns alte Fotos an. Lefert wird am 19. Dezember kremiert. Sein Vater wurde am 19. Dezember 1973 begraben.

In den nächsten Tagen habe ich viel zu regeln. Das Verschicken von Trauerkarten, die Vorbereitung der Einäscherung. Ich lade Redner ein: vom COC-Landesverband, von der Arbeitsgruppe KLAVER, in der Lefert aktiv war, den Leiter der Grundschule, an der er Lehrer war, und den Vorsitzenden der COC-Abteilung Zaangegend. Zusammen mit Leferts älterem Bruder beschließen wir, daß nicht er, sondern ich im Namen der Familie sprechen werde. Han van Delden, ein Schauspieler mit einer schönen Stimme, wird jeden ansagen und einige Gedichte von Hans Lodeizen und Kavafis vortragen.

Dienstag, 18. Dezember
Am letzten Tag, an dem Lefert aufgebahrt ist, wird mir plötzlich klar, daß etwas für die Schule getan werden muß. Für Leferts Kollegen, die ihn auch verloren haben, die Kinder, die ihren Lehrer vermissen. Ich treffe eine Verabredung mit dem Krematorium. Danach rufe ich die Schule an und lade das Personal für den heutigen Abend ein. Auch meine Eltern müssen dabeisein. Als ich von dem Leiter der Schule höre, daß auch Kinder mit ihren Eltern zu der Zusammenkunft kommen, werde ich nervös. Lefert sieht nicht so gut aus. So dürfen sie ihn nicht sehen. Er hat noch verkrustetes Blut in seiner Nase und auf seinem Kinn.

Inzwischen sind schon so viele Blumengestecke angekommen: Ein rosa Winkel von Tulpen aus Zwolle, Gestecke von Kollegen, von Eltern, Kindern, anderen COC-Abteilungen und von Verwandten. Wenigstens sieht man jetzt den Sarg fast nicht mehr. Ich äußere meine Wünsche: Die Blutkrusten müssen kaschiert werden, und er muß etwas mehr Farbe bekommen. Keine Antwort. Hat das etwas mit AIDS zu tun? Zu Hause habe ich noch einiges an Make-up-Sachen von einem Karnevalsfest. Darf ich es bitte selbst machen? Ja, das darf ich. Ich will Alkohol kaufen, um mich danach zu desinfizieren. Genauso wie vor ein paar Tagen im Krankenhaus. Nein, ich darf es nicht tun. Es kommt eine offiziell befugte Person aus dem Zaanschen Krankenhaus. Wegen der Infektionsgefahr.

Abends um acht Uhr kommt der Schulleiter zu Hennie und mir. Er erzählt über Reaktionen von Kindern, Eltern und früheren Schülern Leferts. Jungen, die jetzt um die achtzehn sind, kamen weinend zur Schule und wollten mit jemandem reden. Er übergibt Hennie ein Heft mit Zeichnungen, die Leferts letzte Klasse gemacht hat. Ein zehnjähriges Kerlchen, ganz offensichtlich ein Flugzeugnarr, zeichnete ein Flugzeug mit einer Reklamefahne, auf der ‹Meester Lefert› steht. Auch die Mutter wurde gezeichnet. Das bringt uns zum Lachen. In schönen Farben sehen wir Hennie mit einem Haarknoten und einer Brille auf der Nase. Ich stehe natürlich auf keiner einzigen Zeichnung. Unter dem Homofreund von ‹Meester Lefert› können diese Kinder sich anno 1984 noch nichts vorstellen. Das kann man ihnen nicht verübeln. Wir fahren zum Bestattungszentrum. Meine Eltern und alle Kollegen sind schon dort. Sie sprechen uns ihr Beileid aus. Manche schauen kurz nach Lefert, andere nicht. Ich fange an, über Leferts Krankheit zu sprechen, meine Erfahrungen. Seine Kollegen ergänzen das Bild mit Reaktionen aus Schule und Nachbarschaft. Meine Eltern haben auch eine Menge zu hören bekommen in ihrem Zigarrenladen. «Wie schwer Sie das alles nehmen, Herr Breed. Er gehörte doch nicht zur Verwandtschaft!» Später, zu Hause, sprechen Hennie und ich noch einmal über den vergangenen Tag. Sie geht zu Bett. Es ist zwei Uhr nachts. Ich trinke etwas und fange an, meinen Text für die Einäscherung zu tippen. Zum Schlafen komme ich fast nicht mehr. Wir waschen uns und frühstücken. Ich bin ruhig. Wenn es danebengeht, geht es halt daneben. Vielleicht doch eine Librium. Ich zittre so.

Mittwoch, 19. Dezember
Der Beileidsbesuch in Wormerveer und die Einäscherung in Driehuis-Westerveld donnern über uns hinweg. Gott sei Dank geht alles gut. Der Krematoriumsbedienstete hält sich streng an meine Anweisungen aus dem kopierten Drehbuch. Abends essen wir alle zusammen in einem chinesischen Restaurant in Wormerveer. Meine Verwandten aus Seeland reisen ab. Leferts Verwandtschaft fährt nach Drente zurück. Ich fahre mit meinen Eltern mit. Werde diese Nacht bei ihnen schlafen.

Plötzlich will ich nicht mehr. Ich will allein sein. Es ist so viel geschehen heute. Versessen auf familiäre Ereignisse waren wir nie. Aber wo war die Schwester meines Vaters den ganzen Tag lang? Wo waren mein Neffe und meine Nichte? Wo war meine Oma? Wo waren die Brüder und Schwestern von Hennie? Wir haben sie vermißt. Sie hatten keine Zeit. Sie hatten Kopfschmerzen.

War ihr Grund, nicht bei uns zu sein, AIDS oder einfach Homosexualität? Ich höre mir die Kassettenaufnahme von der Einäscherung an. Höre die Redner, die Musik, mich selbst. Ich kann nicht schlafen.

Gespräch mit Reijer

28. Dezember
Im nachhinein wird uns klar, daß Lefert doch sehr oft müde war. Er hatte auch eine anale Entzündung, die nicht heilen wollte. Noch bevor ich ihn kennenlernte – das war ungefähr vor 14 Jahren –, wurde er schon einmal deswegen operiert. Danach noch zweimal. Es war eigentlich etwas Harmloses, aber als Schwuler denkst du sofort, daß es mit deinem Sexualleben zusammenhängt.

Wir beschäftigten uns in der letzten Zeit zwar ausgesprochen viel mit AIDS, aber mehr im Rahmen der Schwulenbewegung. Auch deshalb, weil die Prognosen für die Zukunft so dramatisch sind. Trotzdem denkt man nicht sofort, daß man es selbst bekommt. Wir sind hier – wenn man das mit Amerika vergleicht – noch nicht an dem Punkt, daß jeder voller Angst ist. In Amerika kennt jeder einige Schwule aus seiner direkten Umgebung, die an AIDS gestorben sind. Deshalb ist die Angst dort viel konkreter. Es klingt hart, aber ich glaube, daß diese Angst hier erst entstehen wird, wenn viel mehr Leute gestorben sind. Als Lefert krank wurde, redeten wir auch mit unserem Hausarzt hier aus der Zaangegend. Das war an dem Sonntag, bevor Lefert ins Krankenhaus kam. Der Hausarzt fragte: «Denkst du auch an AIDS?» Daran dachten wir inzwischen tatsächlich, weil einige Dinge nicht stimmten. Lefert verbrachte ganze Abende lustlos vor dem Fernseher, was er sonst nie tat. Wir hatten zwar gelesen, daß Leute so schrecklich müde sind, daß sie nichts mehr tun können. Daß sie Aufputschmittel nehmen müssen, um das Geschirr abzuwaschen.

Und später, als die Diagnose im Academisch Medisch Centrum schon gestellt war, sagte unser Hausarzt noch: «Wie kann es denn AIDS sein, wo alle AIDS-Patienten sich doch die Seele aus dem Leib scheißen?» Das hatte Lefert nie. Er nahm auch nicht ab. Viele AIDS-Patienten haben auch eine Form von Lungenentzündung, pneumocystis carinii. Die hatte Lefert auch, aber viel komplexer. Es waren bei ihm eigentlich mehrere unterschiedliche Lungenentzündungen auf einmal. Darum ging es auch so schnell.

Ich habe mich sehr stark mit Lefert beschäftigt und kaum mit mir selbst. Das kam danach, nach seinem Tod. Jetzt habe ich selbst Angst. Ganz konkret zudem, denn zwei Tage vor seiner Einäscherung bekam ich Bläschen im Mund und auf den Lippen. Ich habe dann beim Gesundheitsamt angerufen, weil ich dachte, daß ich diesen Pilz habe, candida, auch ein AIDS-Symptom. Die Frau fragte: «Wie sieht es aus? Ist es eine Art Belag?» Ich bat sie, einen Moment zu warten und ging zum Spiegel. Im Mund und auf den Lippen war ein weißer Belag, lauter weiße Wölkchen. Ich bekam eine Lösung zum Spülen, und jetzt ist er weg.

Aber ich muß mich doch noch untersuchen lassen. Es kann genausogut an zu vielen Zigaretten, der Anspannung oder an so etwas gelegen haben. Ich habe auch Raubbau mit meiner Gesundheit getrieben. Ich gehe inzwischen ebenfalls davon aus, daß ich Virusträger bin, das heißt, daß ich mit dem Virus in Berührung gekommen bin und Antikörper im Blut habe. Ich habe mit Lefert noch bis zuletzt ziemlich intensiven Sex gehabt.

Wir haben auch darüber geredet, daß es egal ist, wer es von wem hat. Schließlich können wir auch schon seit Jahren damit herumgelaufen sein. Lefert hatte seine Beziehungen, ich die meinen, und wir hatten zusammen eine Beziehung. Ich hatte schon einmal eine Geschlechtskrankheit von ihm bekommen, und er hat sich bei mir angesteckt. Deswegen brauchten wir uns nicht schief anzusehen. Trotz der Schwierigkeiten, die wir früher miteinander hatten, sind wir uns in der letzten Zeit sehr nahegekommen. Für uns war das also kein Problem. Für andere schon, wie sich jetzt herausstellt.

Sieh mal, als wir uns kennenlernten, waren wir noch zwei verhuschte, ängstliche Schwule. Ich traf ihn zum allerersten mal auf einem COC-Abend in Wormerveer. Ein hübscher blonder Typ. Ich hatte wacklige Knie, getraute mich kaum rein, hatte Angst, daß es im Dorf bekannt würde. Trotzdem bin ich die Treppe hochgeschlichen, und Lefert fand mich sofort toll. Er kümmerte sich um mich, erzählte, daß er Grundschullehrer sei und fragte, was ich so mache. Er war vierundzwanzig, ich zweiundzwanzig, und wir waren wirklich zwei ängstliche, kleine Schwule. Aber durch alles, was wir erlebt haben, die ganze Entwicklung der Schwulenemanzipation, hatten wir uns zu zwei selbständigen, bewußten, schwul auftretenden Herrschaften gemausert. Wir merkten in diesen Jahren auch, daß man immer in einer ganz bestimmten Weise auf uns reagierte. Wir haben das sehr gut für uns selbst analysiert und kamen zu dem Schluß, daß ich immer als das

Ferkel wahrgenommen wurde und Lefert als der liebe Junge von nebenan. Wir haben uns köstlich darüber amüsiert, daß die Leute ihn in bestimmten Augenblicken nicht für voll nahmen. Sie sahen nicht, daß er ab und zu ein Halunke war, der auch seine kleinen Vergnügen brauchte. Soweit wollten sie nicht sehen. Wir haben dieses Image selbst oft ausgebeutet.

Meine Ausstrahlung ist eine ganz andere, ich trete zunächst viel frecher auf. Lefert kümmerte sich in der Anfangszeit um die Neuen im COC, ich übernahm sie in einer etwas späteren Phase. Ich hatte für Jungen und Mädchen eine andere Bedeutung. Ich vermittelte ihnen: Laß dich nicht unterkriegen. Ich hatte immer ein freches Benehmen, und deshalb dachten sie: Der zerrt jeden sofort ins Bett. Aber sie dringen nie durch die Oberfläche. Damit hatte ich auch jetzt wieder Schwierigkeiten. Man sagte: Lefert hat AIDS, wie sehr muß Reijer sich jetzt schuldig fühlen!

Wir waren zunächst sehr monogam, aber das führte zu Spannungen, weil andere Herren um uns auch schön waren. Und so entwickelte sich unser Verhältnis Schritt für Schritt. Wenn ich das mit einer ganzen Reihe von Beziehungen in meiner Umgebung vergleiche, Schwule und Heteros, die heimlich und getrennt voneinander gemeine Sachen treiben ... Wir haben immer ein ehrliches Spiel gespielt. Natürlich kriegte Lefert mitunter keinen Bissen mehr hinunter, wenn ich etwas mit anderen Männern hatte, und ich war manchmal auch ratlos, wenn ich nicht wußte, was für ein Verhältnis er mit jemandem hatte. Aber man wächst doch, man redet doch, man läßt einander nicht stehen. Das heißt jemanden lieben.

Es hat Zeiten gegeben, in denen es weniger gutging, aber eine Beziehung verläuft immer in Wellenbewegungen. Ja, wir haben uns im Lauf der Zeit stark verändert. Auf Dauer sind wir auch wieder auseinandergezogen. Er hatte sein kleines Haus in Wormerveer, ich hatte seit einem Jahr eine Wohnung in Amsterdam. Jetzt konnten wir uns frei entscheiden, aber meistens waren wir zusammen. Wir nannten das unsere LAST-Beziehung: living apart sometimes together. Deshalb habe ich Schwierigkeiten mit Leuten, die schlecht über uns reden, in erster Linie über mich: daß er es sowieso von mir hat.

Untersuchungen haben ergeben, daß nur bei einem kleinen Prozentsatz der Virusträger AIDS tatsächlich ausbricht. Lefert und ich hatten beide wechselnde Sexualkontakte, und wir gingen manchmal auch in die Sauna. Wir glaubten auch an Beziehungen mit anderen. In einer Talk-Show von Sonja Barend ist kürzlich ein spinnerter Schwuler aufgetreten und hat viel böses Blut verursacht. Er sagte, er habe manchmal bis zu 25 verschiedene Sexualkontakte pro Woche. Dadurch ist das Mißverständnis entstanden, daß man riesig viele wechselnde Kontakte haben muß, um AIDS zu bekommen. Was er übrigens nicht hatte, wie sich herausstellte.

Ich fürchte, daß Leute, die ungefähr dreimal pro Jahr einen anderen Sexualpartner haben, denken: «Auf mich trifft das ja gar nicht zu.» Doch dafür ist die Sache etwas zu ernst, denn es kann auch sie treffen. Und noch etwas: Wenn du als ungefähr neunzehnjähriger Schwuler dich selbst kennenlernen willst, dann ist es wichtig, daß du mit verschiedenen Leuten schläfst. Du mußt deine Sexualität kennenlernen. Das ist dein Recht, das haben Heterokerle auch mit Frauen. Das haben Frauen auch mit Frauen, je nach Orientierung. Dein Sexualleben wird jetzt unheimlich beeinträchtigt, denn wir gehören zur Gruppe der Gefährdeten. Homosexualität wurde schon immer in die Sex-Ecke geschoben, und jetzt wird die Schwulenbewegung durch diese Krankheit um Jahre zurückgeworfen. Ich glaube, daß Männer, die jetzt gerade soweit sind, zum erstenmal etwas mit ihrer Homosexualität anzufangen, darüber bestimmt sechsmal nachdenken, denn sie haben Angst.

Ich habe während dieses wahnsinnig eingreifenden Prozesses mit Lefert fortlaufend mit einer Verflechtung zweier Faktoren zu tun gehabt: Der Leugnung meiner Homosexualität und der Angst im Zusammenhang mit AIDS. Daraus ergibt sich, wie sehr wir dafür sorgen müssen, daß offen über AIDS geredet werden kann. Es geht schließlich um eine Gruppe todkranker Menschen, die alles Mitgefühl der Gesellschaft verdient.

Daß es mehr Offenheit geben muß, merkte ich zum Beispiel im Krankenhaus. Lefert lag erst in einem Gemeinschaftszimmer, zusammen mit älteren Männern und Frauen. Danach – er hatte immer stärkeren Sauerstoffmangel – wurde er auf ein Einzelzimmer gelegt. Die Türen waren immer offen, und im Aufenthaltsraum neben seinem Zimmer summte es vor Gerüchten. Manchmal saß ich auch dort, und dann zerrte man an mir: Ist es eine Lungenentzündung? – Ja, es ist eine

Lungenentzündung, sagte ich beharrlich, gegen besseres Wissen. Warum habe ich in einem solchen Augenblick nicht gesagt, daß er AIDS hat? Weil ich Angst hatte, daß andere Leute, die auch dort lagen, in Panik geraten könnten. Das ist ein schwer zu lösendes Dilemma, auch für das Pflegepersonal. Man müßte sich zusammensetzen und darüber reden, aber das geschieht noch zu wenig. Sie haben einfach so viel zu tun; es gibt eine riesige personelle Unterbesetzung.

Ein paarmal habe ich gemerkt, daß sie Probleme mit unserer Homosexualität hatten: Ärzte, die das noch nie gesehen hatten. Daß ich Lefert versorgte, ihn küßte, daß ich immerzu mit ihm redete, auch wenn er betäubt war: Sie sehen einfach zwei Schwule und stehen mit verlegenem Lachen daneben. Das ist die gleiche Reaktion, die wir auch von der Außenwelt kennen. Na gut, das war für uns nie ein Problem und deshalb jetzt auch nicht. Ich habe nur Angst um andere, die nicht so stark sind: daß sie sich die wenigen Augenblicke, die sie mit ihrem Freund noch erleben können, entgleiten lassen.

Ich hatte in Leferts Zimmer einen Hocker mit der Broschüre *‹De AIDS Factor›* hingestellt. Darin stehen allerlei Hintergrundinformationen über AIDS. Ich merkte, daß das Pflegepersonal auf der Intensivstation diese Broschüren verschlang. Sie nahmen sie alle mit. Irgendwann war der Hocker weg. Ich habe darauf bestanden, daß er wieder dort zurückgestellt wurde – mit den Broschüren.

Leferts Mutter findet, daß Eltern von Schwulen, die sich aktiv in der Schwulenbewegung betätigen, Bescheid wissen müssen. Sie hat auch immer mit der Schwulenbewegung sympathisiert, die ihrer Meinung nach nicht isoliert werden darf, sondern die Unterstützung der nächsten Angehörigen und anderer ganz besonders braucht. Sie ist deshalb schon vor Jahren Mitglied des COC geworden. Sie hat nie wirklich verstanden, warum wir auch Beziehungen zu anderen unterhielten. Aber wir haben dauernd mit ihr und ihrer Familie darüber gesprochen. Auch mit meinen Eltern, die damit Probleme hatten. Leferts Mutter hat die Fähigkeit, all ihre Zweifel und Probleme beiseite zu schieben: Sie beschäftigte sich nur noch mit ihrem todkranken Sohn. Und mit seinem Freund und ihren Angehörigen. Sie war mir eine enorme Stütze. Sie sprach auch in ihrer Umgebung das Thema AIDS an. Die Broschüre *‹De AIDS Factor›* hat sie sozusagen auswendig gelernt und auf die Fragen der Leute Antwort gegeben. Oder sie schnitt das Thema von selbst an. Denn die Leute in Ijhorst, wo sie wohnt, fangen nicht einfach so davon an.

Ich habe oft bei ihr übernachtet, als Lefert im Academisch Medisch Centrum lag, und eines Abends wollte Leferts jüngste Nichte bei mir im Bett schlafen. Sie fühlte, daß etwas nicht in Ordnung war und wollte mich trösten. Sie hatte noch nie bei mir geschlafen, aber jetzt wollte sie es. Eine Verwandte hat dann davor gewarnt. Sie hatte Angst, daß das kleine Mädchen bei mir schlief. Die Eltern des Kindes baten ihren Hausarzt, einmal mit der Frau zu sprechen. Das hat er getan, aber leider hat es nicht geholfen.

Meine Oma fand sich in der ganzen Situation überhaupt nicht zurecht. Sie hat sich nie an das Thema Homosexualität herangewagt. Sie kann sich bei Gott nicht vorstellen, daß Männer Männer lieben können. Das wußte ich zwar schon immer, aber wenn sie am Telefon sofort wieder davon anfängt ... Sie ist zweiundachtzig, und ich liebe sie, aber dann denke ich: Es gibt doch auch noch Leute dieses Alters, die mit beiden Beinen mitten im Leben stehen. Diese Kleinigkeiten, die ich früher zusammen mit Lefert meilenweit hinter mir ließ, treffen mich jetzt. Ich werde aggressiv, aber damit verschleiere ich die wirkliche Ursache meiner Wut: Daß Lefert nicht mehr bei mir ist.

Wegen meiner Oma kann ich nachts nicht schlafen, weil ich mich so verletzt fühle. Sie hat mich schon zu Anfang, als Lefert krank wurde, angerufen und gesagt: «Paß doch auf mit Lefert, das ist so ein zartes Püppchen, und du bist so ein Henkersknecht. Du machst immer weiter, und du bist doch auch keine Frau.» Es ging ihr darum, daß ich ihn pflegen mußte. Das fand ich schon furchtbar genug. Später rief sie bei meinem Vater an: «Ach Gott, mein Lieber, jetzt muß Oma auf einmal denken (denn meine Oma denkt immer): Ist denn auch genug Frostschutzmittel in Leferts Auto, das steht doch noch am Bahnhof?»

Lefert ist tot, ich rufe meine Oma an, und sie sagt: «Reijer, versprichst du mir, daß du nie wieder so einen Jungen nimmst?» Sie meint, so einen Homosexuellen. Sie denkt: Jetzt ist er von dem Kerl los, jetzt ist er auch seine Homosexualität los. Und ich werde weiß vor Wut und sagt zu ihr: «Oma, Reijer hat keinen Freund mehr. Er ist mausetot, er kommt nie mehr zurück. Du hast damals deinen Mann verloren, nach dem ich genannt bin, so mußt du das ungefähr sehen. Und so einen Freund wie Lefert bekomme ich nie mehr.» Sie sagt: «Ja, Liebling, aber du weißt doch, wie Oma darüber denkt.» Ich nehme meine Zuflucht zu einem Cousin von mir, der verheiratet ist und ein kleines Kind hat. «Oma, du mußt dir vorstellen können, daß Rickie seine Frau verliert. Und was Rickie dann fühlen würde, das fühle ich jetzt.» Ich flehe sie in Gedanken an: Mensch, kapier es doch, verdammt! Sie: «Ja, lieber Schatz, aber gottlob wird jetzt alles gut, nicht wahr?»

Mit der übrigen näheren Verwandtschaft haben wir uns glücklicherweise schon immer gut verstanden. Sie haben uns nie fallenlassen, auch jetzt nicht. Ich habe sehr große Angst um Leute, die das nicht haben.

Ich glaube, die werden durch die Mangel gedreht. Die kriegen auch noch Tritte von ihrer eigenen Familie. Es gab da jemanden im Krankenhaus, dessen Eltern verhinderten, daß schwule Freunde ihn besuchten. Das können Familienangehörige fordern, solche Rechte haben die. So jemand stirbt sehr einsam.

Meine Eltern haben einen Zigarrenladen in Wormerveer, und dort im Westen macht der Klatsch viel schneller die Runde. Gespräche zwischen Nachbarinnen, die man zu hören bekommt. Eine Nachbarin, die recht pietistisch im Leben steht, Homosexualität undenkbar findet, denn es ist nicht Gottes Wille, sagt zu einer anderen: «Ja, diese Krankheit», und will dann vom Teufel anfangen. Die andere Nachbarin, die in den Siebzigern ist, antwortet: «Darüber möchte ich mit dir nicht reden, weil ich weiß, daß du anders darüber denkst. Aber du mußt auch mal sehen, daß Frau Breed eine Art Schwiegersohn verloren hat.»

Es gab auch Mütter von Leferts Schule, die mich anriefen und erzählten, was sich alles in ihrer Nachbarschaft abspielte. «Du weißt, daß in unserer Familie immer ganz normal über Homosexualität geredet wurde, aber bei anderen ist das nicht so gewesen.» Dann erzählen sie von Kindern, die über die Straße riefen: «Lehrer Lefert hat eine Homo-Krankheit, der geht mit Männern ins Bett!» Das hat mich manchmal nicht schlafen lassen. Du weißt, daß es geschieht, aber du kannst es eine Zeitlang nicht hören. Du mußt dich vor der Außenwelt verschließen, sonst drehst du durch.

Zu Hause klingelte das Telefon manchmal ununterbrochen. Eine Stimme sagte: «Du kennst mich nicht, das tut auch nichts zur Sache, aber stimmt es, daß Lefert diese Krankheit hat, vor der alle so viel Angst haben?» Ich sagte: «Ja, das stimmt», und dann knallten sie den

Hörer auf. Dann rief mich ein Typ an und schnauzte: «Ist es wahr, daß Lefert AIDS hat?» – «Ja, das ist wahr.» Er: «Vor zwei Jahren habe ich einmal mit ihm geschlafen, und was soll ich jetzt tun?» Ich war sehr ruhig, gab ihm die Nummer vom Gesundheitsamt und sagte, dort könne er sich untersuchen lassen. Ich sagte auch: «Du wirst dir vorstellen können, daß ich im Augenblick andere Dinge um die Ohren habe, aber ich wünsche dir wirklich alles Gute für deine Gesundheit.» – «Guten Abend», sagte er und knallte auf. Panikreaktionen dieser Art grenzen für mich an Rücksichtslosigkeit. Und das hat sich in allerlei Variationen wiederholt. Ich rede von ungefähr 40 Anrufen. Es waren übrigens nur Leute, die mit Lefert geschlafen haben. Das finde ich etwas verrückt. Ich kann mir vorstellen, daß auch bei Leuten, die im vergangenen Jahr etwas mit mir hatten, einige Fragen auftauchen.

Ich hatte mit Lefert verabredet, daß wir für die Zaangegend eine neutrale Anzeige in *De Typhoon* setzen würden. Lefert konnte sich in diesem Augenblick noch nicht vorstellen, wie die Reaktionen in der Schule waren. Er dachte an seine Kollegen, an Panik und Unwissenheit. Er wollte auch meine Familie schonen. In die *Meppelner Courant* sollte auch eine neutrale Anzeige gesetzt werden. Dazu sollte ich mir eine Form für eine Anzeige in *De Volkskrant* ausdenken, in der wir dann ehrlich waren; für Freunde, Bekannte und Leute aus der Schwulenbewegung.

Als Lefert gestorben war, habe ich mit seiner Mutter darüber gesprochen. Sie sagte von sich aus: «Wenn Lefert es so wollte, dann will ich lieber der Konfrontation ins Auge sehen. Er wollte mir das ersparen, aber das ist nicht nötig. Er muß auch hier die ehrliche Anzeige bekommen.» Das fand ich umwerfend, und dann habe ich meine eigenen Eltern gefragt. Die sagten sofort ja. Für *De Volkskrant* hatte ich selbst schon einen Entwurf gemacht. Es mußte etwas über AIDS darin stehen, aber nichts Geschmackloses; das geht schnell in die falsche Richtung.

Ich schaue mir selten Todesanzeigen an, aber im letzten halben Jahr dachte ich ab und zu: Die müssen doch auch drinstehen. Lefert sah sie ab und zu auch durch. Einmal haben wir uns gegenseitig auf eine Anzeige von einem 29jährigen aufmerksam gemacht und uns gefragt: Ob er ...? Es klingt sehr geschwollen, aber ich hatte es Lefert versprochen, und wir haben uns nie etwas vorgemacht, worum es auch ging. In uns ist in den letzten Jahren eine kämpferische Haltung gewachsen – und wir mit ihr. Ganz besonders diese Krankheit, die sich noch stark ausbreiten wird, darf nicht verschwiegen werden. Ich finde eine Todesanzeige eine aufrichtige Form dafür. Zeigen wir doch, was mit jemandem los war!

Ich habe sehr gute Reaktionen darauf bekommen, aus dem ganzen Land. Und auch bei der Einäscherung hat es viele Reaktionen gegeben. Es gab auch negative, von Schwulen, die sagten, daß ich daraus eine Art AIDS-Demonstration gemacht habe, was es ja auch war. Ich finde, die haben nicht das geringste Recht, mir Vorwürfe zu machen. Ich bekam auch zu hören, daß die Barrikadenfigur Breed es anscheinend nötig gehabt hätte, seinen Freund noch ein letztes Mal für eine solche Schau zu benutzen. Reaktionen dieser Art kommen von Schwulen, die überhaupt keine Verbindung zur Schwulenbewegung haben, die uns immer schon im Stich gelassen haben. Die netten Bübchen von nebenan, die Nachbarn kennen sie, einzigartige, liebe Jungs, die für uns nie einen Finger gerührt haben. Dabei wären wir so auf sie angewiesen.

In dieser Hinsicht lebe ich noch immer mit der Schizophrenie dessen, der als Homosexueller in einer Heterogesellschaft lebt. Dinge, die Schwule mir antun, machen mir viel mehr aus als negative Reaktionen von Heteros. Wenn zum Beispiel ein alter Schwuler aus Amsterdam, den ich sehr gut kenne, mich anruft und sagt: «Was dich persönlich angeht, brauchst du dir keine Sorgen zu machen, denn du hast doch bestimmt gleich wieder einen Freund», dann ist das für mich ein Schlag ins Gesicht. Dann denke ich: Wie bist du geschädigt von dieser Zeit, wenn du nur so reagieren kannst!

Der letzte Heuler war ein Anruf von jemandem, der sagte: «Reijer, findest du es nicht selbst schade, daß du die Einäscherung deines Freundes vom COC hast ausrichten lassen?»

Ich habe die Beileidskarten in drei Stapel aufgeteilt: schlecht, geht so und gut. Gut ist, wenn sie an mich gerichtet sind oder an mich und die Familie. Familie Breed und Scheeper ist an der Grenze, denn ich stehe nicht dabei, und schlecht ist, wenn sie an Herrn und Frau Breed, meine Eltern, gerichtet sind. Es gab eine solche Karte – eine von den häßlichen mit vorgedruckter aufrichtiger Teilnahme – im Namen des ganzen Kollegiums einer Schule in der Zaangegend. Jeder hier in der Gegend weiß, daß Lefert in der Schwulenbewegung aktiv war und daß wir ein Verhältnis hatten. Deshalb akzeptiere ich diese Karte nicht. Ich bin jetzt noch wütend. Ich will noch etwas warten, bis ich wieder in einer Verfassung bin, die mich darüberstehen läßt, aber dann schicke ich sie mit einem bissigen Brief zurück. Ich werde hineinschreiben: Stellen Sie sich vor, ich wäre die Frau des Lehrers Lefert, den Sie gekannt haben. Dann hätten Sie diesen Brief nicht an meine Eltern geschickt, sondern mir, der tief betrübten Witwe. So aber negieren Sie alles, was Lefert war und was ich bin und was wir zusammen hatten.

Ich glaube, daß die Schwulenbewegung sich sehr eindringlich fragen muß: Was ist unsere Haltung im Hinblick auf AIDS? Es muß eine Menge Tips geben, wie man sicher miteinander schlafen kann. Die Gefahr steckt im Blut und im Sperma. Wo hat man oft kleine Wunden, die man nicht bemerkt? Im Anus. Also soll man sich nur noch mit Kondom bumsen lassen. Das ist natürlich ein großes Problem in der schwulen Welt, denn ein Kondom ist so hetero.

Es müssen Informationen für Schwule und für die Außenwelt beschafft werden. Denn die lockeren Kontakte in Parks und auf Klappen gehen einfach weiter. In dieser Hinsicht hat sich nichts verändert. Das höre ich von jedem um mich herum. Das ist natürlich ein kommerzielles Zugpferd, so eine spannende Ecke – ein darkroom –, aber ich kann mir nicht vorstellen, daß die Kneipenbesitzer damit weitermachen, wenn sie wissen, daß sie ihre Kundschaft damit in den Tod schicken. Darüber müßte man reden. Auch mit den Saunas müssen wir aufpassen. Es klingt so plastisch-elastisch, aber wir müssen Safer Sex machen, sicheren Sex. Telefonsex ist schon sehr populär in Amerika.

Man kann auch ein Sexheft kaufen – wie banal das auch klingen mag – und einen Bekannten anrufen, der das gleiche Heft hat. Ihr blättert Seite für Seite durch und sagt: Hmm, was für 'n geiles Stück. Es ist vielleicht kindisch, aber es ist sicher. Du machst niemanden krank. Wir müssen alle zusammen darüber reden. Dafür brauchen wir die anderen nicht, das müssen wir selbst tun. Wenn Heteros ebenfalls mit AIDS konfrontiert werden, dann können wir ihnen auch keinen Rat geben, woher sie ihre sexuellen Kicks nehmen sollen. Ich denke auch an Peepshows, wo man hinter einem Fenster einen schönen, nackten Kerl sieht. Und es muß ein AIDS-Telefon eingerichtet werden, über das Angehörige, Freunde und Bekannte Informationen erhalten können.

Selbst mag ich vorläufig überhaupt nicht an Sex denken. Ich verspüre nicht das geringste Bedürfnis. Aber was mir angst macht ist, daß viele Männer sagen: «Erst sind die andern dran, und dann findet man ein Medikament.» Sie ficken weiter, wie sie das immer getan haben. Sie rufen: «Wenn es mich schon erwischt hat, dann kann man ja doch nichts machen.» Trotzdem bleibt die Tatsache bestehen, daß du andere anstekken kannst.

Aad, Krankenpfleger

Samstag, 1. Dezember 1984
Nach dem Dienstantritt um 7.30 Uhr gehe ich zu Lefert aufs Zimmer, um nachzusehen, wie die Infusion verläuft. Dann mache ich mich mit meinem Tagesplan vertraut. Ich verteile Medikamente und mache die Antibiotika fertig, die ich Lefert über die Infusion verabreichen muß. Das Frühstück wird hereingebracht. Ich frage Lefert, was er haben will. Wenn er etwas zu sich nehmen möchte, muß ich ihm dabei helfen. Lefert will nur etwas Milch. Er nimmt kleine Schlucke aus einer Schnabeltasse. Sogar das Trinken strengt ihn an. Er erzählt, daß er nicht sehr gut geschlafen hat. Ich verabrede mit ihm, ihn früh zu waschen und sein Bett zu machen. Während dieser Verrichtungen entwickelt sich ein Gespräch. Ich frage ihn, wie er sich fühlt. Er sagt, daß er sich besser fühlt als am Tag zuvor und weniger Atemnot hat. Seine Temperatur ist etwas gesunken.

Danach fragt er mich, ob ich etwas über AIDS weiß. Ob ich schon einmal AIDS-Patienten wie ihn gepflegt habe und ob die Patienten diese Lungenentzündung überlebt haben. Ich kann ihm eine bestätigende Antwort geben, wobei ich merke, daß der Überlebenswille des Patienten von äußerster Wichtigkeit ist. Er ist sich der Tatsache, daß eine wirkliche Heilung unmöglich ist, sehr bewußt, aber ihm ist auch klar, daß er um sein Leben kämpfen muß. Er spricht nicht über seine Angst vor dem Tod, aber er fürchtet sich vor dem, was noch mit ihm geschehen kann.

Ich frage ihn, ob er einen Partner hat. Er antwortet, daß er einen Freund hat, und macht dabei eine Bemerkung, die ironisch wirkt: «Wir mußten ja unbedingt eine offene Beziehung haben. Wir mußten mit der

Zeit gehen.» Ich frage ihn, ob er sich auf seinen Partner stützen, sich auf ihn verlassen kann. Er antwortet: «Wir lieben uns sehr und sind schon sehr lange zusammen. Unterstützung werde ich sicher bekommen.»

Während des Waschens fällt mir auf, daß Lefert körperlich anders aussieht als alle anderen AIDS-Patienten, die ich vorher gesehen habe. Diese Patienten hatten stark abgenommen, Lefert aber hat noch einen gut gebauten Körper. Kolleginnen meinten später, daß sie Lefert sehr hübsch gefunden hätten.

Ich frage ihn, ob er nicht schon früher etwas bemerkt hat, was auf AIDS hinweist. «Ich habe nie bemerkt, daß ich eines dieser Symptome hatte.» Diese Antwort wirkt sehr unglaubwürdig auf mich, aber ich gehe bewußt nicht weiter darauf ein. Mir ist klar, daß er bestimmte Dinge verdrängt.

Nach dem Waschen und Bettenmachen verabrede ich mit ihm, ihn eine Weile in Ruhe zu lassen, weil er jetzt sehr müde ist. Später werde ich ihm die Zähne putzen und ihn rasieren. In einer Stunde werde ich zu ihm zurückkommen.

Später komme ich wieder. Lefert sieht im Vergleich zum frühen Morgen anders aus: Er ist erhitzt, und seine Atmung ist auffallend schlechter. Ich erledige die Kontrollen und stelle fest, daß seine Temperatur wieder gestiegen ist. Ich benachrichtige den Arzt, denn ich mißtraue der Angelegenheit. Der Internist kommt, es wird eine Blutgasanalyse gemacht. An Hand des Ergebnisses wird bestimmt, daß Lefert über eine Maske Sauerstoff zugeführt werden muß. Zusammen mit dem Internisten erkläre ich Lefert, was es damit auf sich hat. Zum erstenmal fällt das Wort «Intensivstation». Lefert ist zu müde und kurzatmig, um sich das wirklich klarzumachen. Er überläßt sich dem, was wir für gut befinden. Später soll eine zweite Blutgasanalyse gemacht werden. Abhängig von deren Ergebnis muß entschieden werden, ob er auf die Intensivstation muß.

Kurz darauf kommt Reijer in Begleitung einer Frau herein. Er macht mir sofort klar, daß er der Freund Leferts ist. Er beansprucht, als solcher respektiert zu werden. Er will sofort wissen, wie es Lefert geht. Reijers Anwesenheit ist nicht zu übersehen. Er hat allerlei Sachen mitgebracht, unter anderem einen Schwarzweiß-Fernseher, den er im Flur abstellt. Ich rate ihm, alles im Zimmer unterzubringen, damit nichts gestohlen wird.

Inzwischen hat die Röntgenabteilung angerufen, daß der Patient für eine Lungenaufnahme gebracht werden kann. Ich beratschlage mit Reijer. Vielleicht hat er Lust, mit nach unten zu gehen. Sonst muß ich die Hilfe eines Krankenträgers beanspruchen, um das Bett mit Lefert zu fahren. Reijer geht mit. Wir fahren Lefert mit Sauerstoffflasche und Infusionsständer ins Röntgenzimmer. Reijers Auge fällt dort auf einen hübschen jungen Mann. Heimlich grinsend amüsieren wir uns zu dritt darüber. Man teilt genau die Empfindungen der anderen, es sind wenig Worte notwendig, um einander zu verstehen.

Nachdem wir zurück sind, muß ich mich auf die Dienstübergabe an meine Kollegen konzentrieren. Danach schaue ich noch einmal bei Lefert vorbei. Ich spreche die Hoffnung aus, daß er morgen noch auf unserer Abteilung liegen wird.

Gespräch mit Aad

Im Dezember 1983, also etwa ein Jahr, bevor Lefert bei uns aufgenommen wurde, hatte ich meinen ersten AIDS-Patienten. Ich hatte danach ganz stark das Gefühl: «Den will ich selbst betreuen.» Das war möglich, weil wir uns im Academisch Medisch Centrum für eine bestimmte Form der Krankenpflege entschieden haben, bei der man sich einzelnen Patienten zuwendet. Ich wußte damals noch nicht viel über AIDS, nur daß es eine Krankheit war, an der Menschen sterben. Aber als ich diesen ersten Patienten bekam, begann ich, viel mehr darüber zu lesen. Manche Krankenpfleger hatten Angst, mit dem Patienten umzugehen. Sie neigten dazu, Kittel anzuziehen und einen Mundschutz zu tragen. Daraufhin habe ich mich erkundigt, ob es wirklich notwendig ist, so mit diesen Menschen umzugehen. Es erwies sich als unnötig. Wir haben auf unserer Abteilung darüber gesprochen und diese Maßnahmen unverzüglich eingestellt. Unser Patient fühlte sich danach viel wohler, weil er nicht mehr als Sonderfall behandelt wurde.

Es ist wichtig, daß hier keine amerikanischen Zustände entstehen und Krankenpfleger sagen: «Ich will diesen Patienten nicht betreuen!» Gerade in dieser Hinsicht passe ich besonders auf. Ich erinnere mich an einen Vorfall mit einem AIDS-Patienten, der eine Torte spendierte, als er nach Hause durfte. Die Torte hatte eine halbe Stunde auf seinem Zimmer gestanden. Gewisse Kollegen verspürten danach keinen rechten Appetit mehr. Ein Kollege und ich haben daraufhin ganz demonstrativ von dieser Torte gegessen, obwohl ich Süßes überhaupt nicht mag. Wir wollten unseren Leuten damit sagen, daß Vorstellungen dieser Art einfach Wahnsinn sind. In anderen Krankenhäusern hat es noch ganz andere Sachen gegeben. Irgendwann bekam ich Fotos aus Arnheim zu Gesicht, auf denen ein Krankenpfleger, ausstaffiert wie zu einer Mondlandung, sich mit einem AIDS-Patienten unterhielt. Aber diese Krankenhäuser haben damit auch weniger regelmäßig zu tun als wir. Darüber hinaus besteht ganz allgemein ein Informationsdefizit.

Vor 1983 gab es zweifellos auch schon AIDS-Patienten, aber die wurden nicht als solche erkannt. Im Wilhelmina-Gasthuis, in dem ich damals arbeitete, hatten wir 1982 einen Patienten, der regelmäßig wegen eines Bakterienbefalls im Stuhl zu uns zurückkam. Dazu hatte er candida im Mund und niedrige Immunwerte. Die Ärzte fanden den Fall sehr sonderbar und fragten sich, was es wohl sei. In dem Augenblick, als er wieder einmal entlassen wurde, kam man auf den Gedanken, daß es gegebenenfalls AIDS sein könnte. Einige Zeit später, als er wieder aufgenommen werden mußte, wurde er ins Academisch Medisch Centrum überwiesen, wo er nach ein paar Monaten starb.

Ich vergleiche AIDS-Patienten insofern mit Krebs- und Leukämiepatienten, als ich auch diesen ganz bewußt nicht ausweiche. Diese Menschen befinden sich in ihrem letzten Lebensabschnitt, und dann will man so sehr für sie da sein, wie es eben geht. Mein erster AIDS-Patient lag neun Monate im Krankenhaus. Er wurde entlassen und kurz vor seinem Tod wieder eingewiesen. Manchmal sagte er zu mir: «Du bist einer der wenigen Menschen, bei denen ich mich ab und zu ausweinen kann.» Ich redete viel mit ihm über die Krankheit und was ihn bedrückte. Er hatte große Angst, daß er andere, Freunde, angesteckt haben könnte. Und natürlich redet man über die Angst zu sterben. Es gab Patienten, die ihre Krankheit verdrängten. Das habe ich dann so hingenommen. Die meisten hatten übrigens Angst, nach Hause zu gehen, das beschützte Leben im Krankenhaus hinter sich zu lassen. Sie wußten schließlich nicht, was sie zu Hause erwarten würde. Wieder eine Lungenentzündung oder eine andere Infektion?

Ich kann diese Reaktion gut verstehen, weil AIDS natürlich nicht vorbei ist, wenn man das Krankenhaus verläßt. Deshalb ist es so furchtbar wichtig, daß Hilfseinrichtungen geschaffen werden, um diese Menschen aufzufangen. Man muß sich klarmachen, daß der AIDS-Patient im Krankenhaus noch nicht so viel über die Konsequenzen seiner Krankheit spricht, weil er seine Kraft in erster Linie auf die Überwindung einer Infektion verwenden muß. Erst zu Hause kommt dann der Rückschlag, erst dann sieht man bestimmten Dingen ins Auge.

Die Tatsache, daß ich selbst schwul bin, vereinfacht wahrscheinlich den Umgang mit homosexuellen AIDS-Patienten. Man kann sich besser in sie hineinversetzen, und sie müssen nicht immer alles erklären. Von mir bekommen sie keine Fragen zu hören wie: «Was ist das nur für ein Leben? Wie kannst du einen festen Freund haben und nebenher noch einen anderen?» Wenn ein Patient aufgenommen wird, ist es meiner Meinung nach auch wichtig herauszufinden, wer der Partner ist. Bei Heteros ist das klar, denn dann ist es die Ehefrau oder der Ehemann, aber bei Schwulen muß man dem nachgehen. Wenn zum Beispiel ein bestimmter Eingriff der Zustimmung bedarf, muß diese auch vom Partner eingeholt werden und nicht von den Eltern des Patienten, wie es mitunter geschehen ist.

Patienten erhalten von uns nie Informationen über Mitpatienten, also auch nicht in bezug auf AIDS. Als Lefert eingeliefert wurde, kam er in ein Mehrbettzimmer, weil er angeblich eine Lungenentzündung hatte. Wenn wir gewußt hätten, daß er AIDS hat, wäre er schon von vornherein in ein Einzelzimmer gelegt worden. AIDS-Patienten liegen in unserer Abteilung immer allein. Das hat zwei Gründe: Man weiß nicht, wie die Mitpatienten reagieren, wenn sie erfahren, daß jemand AIDS hat. Wichtiger ist jedoch, daß AIDS-Patienten eine geschwächte Abwehr haben. Deshalb ist es gefährlich für sie, mit den Infektionskrankheiten anderer in Berührung zu kommen. Es besteht also nicht die Gefahr, daß andere Patienten vielleicht AIDS bekommen, sondern vielmehr könnte umgekehrt der AIDS-Patient sich bei ihnen anstekken.

In den Niederlanden hat es die große Flut von AIDS-Patienten noch nicht gegeben. Ich denke, daß in diesem Jahr und in den nächsten Jahren immer mehr hinzukommen werden. Das ist ein Grund, weshalb man im AMC – das auf die Dauer dem Ansturm nicht gewachsen sein wird – krankenpflegerische Berater und einen Internisten anstellen will, die speziell mit AIDS befaßt sind. Sie müssen sich über alle Entwicklungen auf dem laufenden halten. Das reicht vom Studium der Fachliteratur bis hin zur Einrichtung von AIDS-Gesprächsgruppen. Diese Berater haben die Aufgabe, an anderen Krankenhäusern Aufklärung zu betreiben, und sie sind auch die Kontaktpersonen zwischen dem Krankenhaus und anderen Einrichtungen für AIDS-Patienten. Nicht nur AIDS-Patienten, sondern auch Kollegen sollen sie alle möglichen Wege zeigen können.

Ich halte mich noch immer nicht bei dem Gedanken auf, daß ich selbst auch AIDS bekommen könnte, obwohl ich doch schon sieben AIDS-Patienten betreut habe. Es hat auch noch keinen Einfluß auf mein Sexualleben. Obwohl ich mir der Risiken genau bewußt bin, habe ich bisher wenig Maßnahmen ergriffen. Ich denke auch, daß es mir sehr schwerfallen würde, gewisse «Errungenschaften» aufzugeben. Ich habe einen festen Partner und ziehe zwar nicht jede Nacht los, aber ich mache doch mitunter noch etwas nebenher. Die Häufigkeit, mit der ich fremdgehe, hat in jedem Fall abgenommen: für mich ein erster Schritt in Richtung Safer Sex. Wenn ich es jemals so weit bringe! Auf Drängen meines Freundes haben wir inzwischen Kondome im Haus. Jetzt müssen wir sie bloß noch benutzen. Des weiteren ist Streicheln und gegenseitige Masturbation für mich so sehr ein Ersatz, daß ich dem nur wenig Befriedigung abgewinnen kann. Ich beteilige mich jedoch an der Untersuchung des Gesundheitsamtes. Wenn sich herausstellen sollte, daß ich Virusträger bin, höre ich auf; ich habe eine Verantwortung gegenüber den anderen.

Gespräch mit Hennie, Leferts Mutter

Diese Entzündung, das machte mir schon den ganzen Sommer über angst. Ich sagte noch zu ihm: Du mußt damit einmal zu einem anderen Arzt gehen; so etwas schleppt man nicht mit sich herum. Ich dachte eigentlich eher an Krebs, obwohl Lefert uns schon 1981 viel über AIDS erzählt hatte und daß er es auch bekommen könnte. Aber er sagte gleich zur Beruhigung hinzu: Daran mußt du nicht denken. Es war auch noch so weit weg hier in Holland. Ich vermute allerdings, daß er sich selbst schon viel länger damit beschäftigt hat.

Als er es uns im Krankenhaus erzählte, haben wir gut darüber sprechen können. Lefert sagte sofort: Das kommt nicht mehr in Ordnung. Aber wir dachten: Vielleicht kann er noch eine schöne Zeit haben. Es ist doch nicht so, daß es unmittelbar ... Wir sagten an diesem Tag zu ihm: Wir werden dir helfen zu kämpfen. In diesen ersten Tagen waren wir recht gefaßt. Wir wußten, daß er ziemlich schwer krank war, aber die Ärzte beruhigten uns immerhin etwas. Es sah so aus, als habe er eine Chance, es vorläufig zu überstehen. Aber dann kam ich wieder nach Hause und dachte daran, wie ich ihn zurückgelassen hatte. Da saß die Angst in meinem Hinterkopf, daß es nicht gutgeht, aber ich gab die Hoffnung nicht auf.

Am ersten Abend hatten wir zu Hause alle *Sek*-Ausgaben zusammengesucht, in denen etwas über AIDS stand (*Sek* = Schwulenzeitung). Ich habe zusammen mit den Kindern alles durchgelesen. Sie schrieben, daß es in Amerika so schlimm sei. Und es gab da eine Geschichte von einem Jungen, der AIDS hatte, der aber trotzdem noch eine Zeitlang weitermachen konnte, obwohl es schrecklich schwer war. Und dann dachte ich: Diese Lungenentzündung ist schlimm, aber ein solcher Hautkrebs und Durchfall sind auch schlimm. Wenn ich bei Lefert saß, wollte ich ihm damit natürlich nicht zur Last fallen. Etwa indem ich ihn gefragt hätte: Hast du Angst, daß du das auch noch bekommst? Nein, wir haben ihm einfach Mut zugesprochen, ihm gesagt, daß wir an seiner Seite stehen.

Wir haben auch Witze darüber gemacht: Was man tun kann, sich gesund ernähren und so. Seine Schwester Ella brachte ihm eine ganze Tasche voller Überraschungen mit. Er durfte jeden Tag ein anderes Päckchen aufmachen. Wir dachten nämlich, daß er lange dort liegen würde. Aber er packte die Tasche auf einmal aus, und das war gut so. Er hatte viel Freude daran: Seife, ein Spiegel, Kerzen. Er sagte: Kerzen? Glaubst du, daß ich hier bis Weihnachten liegen muß?

Die Nachbarn in Ijhorst riefen regelmäßig an. Erst sagten wir: Er hat eine Lungenentzündung und ist sehr krank. Aber nachdem Lefert selbst gesagt hatte, daß er AIDS hat, haben wir es auch sofort erzählt. Die meisten hatten schon etwas darüber gelesen, auch daß AIDS hierher zu uns kommt. Und manche Nachbarinnen sahen hier bei mir zu Hause die Broschüre *De AIDS Factor*. Die hatte ich von Reijer bekommen. Sie nahmen sie mit, um sie zu lesen. Wir trinken nicht jeden Tag zusammen Kaffee, aber wenn jemand krank ist, kommen sie. Dann stehen sie an deiner Seite. Das ist keine Neugier, sondern wirkliches Interesse.

Es wurden nicht viele schlimme Dinge dazu gesagt. Wohl später, von einem älteren Onkel von mir. Der fragte sich, wie Lefert so etwas bekommen konnte. Er hatte doch studiert? Weshalb hatte er dann nicht dafür gesorgt, daß er es nicht bekam? Ich habe versucht, es ihm zu erklären, aber er ist achtzig und verstand überhaupt nichts. Im Dorf gab es auch einige, die etwas über Kontakte sagten, die Lefert mit anderen Männern hatte. Manche Leute verurteilen das, aber wenn du sagst, daß das auch bei Heterosexuellen geschieht, werden sie etwas milder.

Homosexualität als solche war in den letzten Jahren nicht mehr so sehr ein Problem. Es ist hier schon anders als in Staphorst. Anfangs, als sie erfuhren, daß Lefert homosexuell war, hatten sie damit schon Schwierigkeiten. Ich selbst übrigens auch. Mein Mann und ich wußten überhaupt nichts darüber. Wir hatten zwar mitunter Geschichten von Männern im Militärdienst gehört, die Dinge miteinander taten. Davon wußten wir, aber wir verstanden nicht, wie so etwas vor sich ging und daß es Homosexualität war.

Lefert hat es uns 1971 selbst erzählt. Mein Mann sagte damals: «Geh halt nicht mehr in diese Bars. Stürze dich etwas mehr auf dein Studium.» Aber Lefert machte uns klar, daß so etwas nicht hilft. Er brachte Lesematerial für uns mit. Er hat uns geholfen, nicht wir ihm. Und wenn dein erwachsener Sohn sagt, daß es so ist, dann hast du das zu akzeptieren. Das haben wir auch getan. Später bin ich Mitglied des COC geworden und habe die Zeitschrift *Sek* abonniert. Nicht alle Artikel interessieren mich, aber ich fische ab und zu etwas heraus. Manchmal allerdings steht etwas darin, das ich ziemlich grob finde. Darüber spreche ich dann mit den Kindern.

Über eine Sache konnte ich mit Lefert und Reijer nie einig werden: Daß man neben seiner Freundschaft auch noch andere Kontakte hat. Ich kann mir das schwer vorstellen. Als mein Mann noch lebte, hätte ich niemals zusätzlich einen Freund haben können. Aber ich will andere nicht verurteilen. Dann denke ich: Vielleicht ist diese Beziehung oder diese Ehe nicht in Ordnung. Vielleicht passen sie nicht mehr zueinander. Aber für mich lehne ich das ab.

Wenn sie jetzt von Lefert sagen: «Er hatte doch Beziehungen zu anderen Männern? Es ist doch seine eigene Schuld?» dann sage ich, daß es seine Entscheidung war. Ich akzeptiere nicht, daß sie von Schuld sprechen. Wenn man vorher wüßte, was mit einem geschehen wird ... Ich vermute, daß auch Lefert anders gelebt hätte, wenn er es vorher gewußt hätte. Aber man konnte sonst auch geschlechtskrank werden, wenn man mit anderen Umgang hatte. Daran denkt man nicht immer. Nein, dafür stehe ich jederzeit gerade, ich mag keine Vorurteile.

Lefert hat mir viel beigebracht, und das war gut so. Mit den Kindern kann ich zwar alles besprechen, aber mit der übrigen Verwandtschaft liegen die Dinge anders. Die jüngere Generation versteht etwas mehr von Homosexualität, aber dennoch sagen sie immer: «Ich hoffe nicht, daß mein Kind so wird.» Ich habe immer selbst davon angefangen. Wenn etwas darüber im Radio oder im Fernsehen kam, fand ich das einen schönen Einstieg. Sie fragten oft: «Wovon ist das wohl gekommen?» Dann sagte ich: «Das wissen die Kinder selbst nicht. Bei uns Heterosexuellen entwickelt ein Junge Sympathie für ein Mädchen, und genauso geht das bei ihnen, nur dann liebt ein Junge einen Jungen. Sie lieben wirklich das eigene Geschlecht.» Fromme Pietisten antworten dann: «Das darf man doch nicht. Es ist dein Kind, und da müssen wir uns raushalten, aber man darf es nicht.»

Viele Leute begreifen auch nicht, wie sie miteinander umgehen. Das habe ich an einigen Reaktionen auf den Artikel in *De Volkskrant* gemerkt, in dem Reijer auch etwas über Sexualität sagt. Das Sexuelle fanden sie schrecklich, unpassend und schmutzig. Sexualität ist zur Fortpflanzung da, finden sie. Meine Antwort war dann immer: «Dich fragt doch auch keiner, wie du mit deinem Mann oder deiner Frau Sexualität erlebst.» Vor allem ältere Leute sagen dann mitunter: «Es gibt doch nur eine Methode.» Was kann man dem noch entgegenhalten?

Eine in der Familie fand den Artikel ganz schrecklich, da habe ich ihr gesagt: «Wenn du es so betrachtest, dann gibst du Lefert einen kräftigen Tritt, aber mich trittst du damit genauso hart.» Dann kommen sie mit der Bibel: Es ist nicht Gottes Wille, man darf es absolut nicht. Na ja, dann höre ich auf. Es sind schließlich Verwandte, die ich eigentlich nicht verlieren will. Vielleicht klingt das ganz seltsam, wenn ich das so sage, aber es ist die nächste Verwandtschaft. Es ist hoffnungslos, daß du nicht über Dinge sprechen kannst, die sehr wichtig für dich sind. Aber sie sind älter als ich, und man will sie doch auch nicht verlieren. Nein, man erfährt keine Unterstützung von ihnen, die suche ich dann bei anderen.

Es gibt natürlich Augenblicke, in denen man es sehr schwer damit hat, aber so ist es, sie lassen mich einfach im Stich. Bei der Einäscherung war von der ganzen Verwandtschaft nur eine Cousine da. Es hätten siebenundzwanzig Verwandte sein können. In der Zeit davor machte es mir nicht so viel aus, aber besonders während der Feier und danach. So wäre es nicht gewesen, wenn er verheiratet gewesen wäre. Aber sie hatten alle eine gute Entschuldigung: Sie hätten alle die Grippe.

Manchmal fasse ich mich ans Herz, damit mir nicht der Mut sinkt. Über Homosexualität konnte man immer offener reden, es ging so schön vorwärts, aber jetzt geht es wieder ein ganzes Stück zurück. Und wenn diese Krankheit sich weiter verbreitet, wird es noch mehr Todesfälle geben. Man muß da Vorsorgemaßnahmen treffen. Vor allem kein Blut mehr spenden, wenn man homosexuell ist. Denn wenn diese Infektion weiter um sich greift, wird es natürlich eine Katastrophe. Aber jeder muß hier selbst die Verantwortung tragen. Ich beschäftige mich jedenfalls damit. Ich denke darüber nach und lese darüber. Mehr kann ich nicht tun. Ich brauche auch etwas Ablenkung, um neue Kräfte zu sammeln. Ich muß weitermachen. Zu Geburtstagen von Verwandten gehe ich auch wieder. Dann komme ich mit den Jüngeren ins Gespräch, und die verstehen es auch ein wenig. Ihre Kinder erhalten Aufklärungsunterricht in der Schule, dadurch kommen sie damit in Berührung. Trotzdem kann ich auch solche Leute noch respektieren, die es nicht verstehen: Aber diese Verurteilung, das ist so schwer, und wenn es auch noch auf eine gemeine Art verurteilt wird, dann tut das weh.

Ich habe mir vorgenommen, Diskussionen nicht auszuweichen. Ich werde nichts totschweigen und greife jede Gelegenheit auf, um darüber zu sprechen. Die Namen von Lefert und Reijer benutze ich doch immer wieder, die sind für mich wirklich nicht tot. Das werden die Leute anhören müssen. Ich versuche auch, mich über die Ereignisse, die noch kommen werden, auf dem laufenden zu halten. Homosexualität ist für mich nicht vorbei, nachdem Lefert nicht mehr ist. Ganz bestimmt nicht. Das gibt es, und das wird es geben.

Es hieß doch immer: Lefert und Reijer. Sie kamen zusammen. Für mich war es dasselbe wie Gerard und Ella, Lucas und Ineke oder Engbert und Zwaantje. Ich sah da keinen Unterschied. Im Krankenhaus fand ich es auch das wichtigste, daß Reijer da war, nicht daß ich da war. Ich war zwar gerne dort, aber Reijer kam an erster Stelle. Lefert wohnte genau wie die anderen, verheirateten Kinder nicht mehr zu Hause. Sie bleiben deine Kinder, aber der Partner kommt zuerst. Ich habe auch Reijer gesagt, daß ich ihn nicht verlieren möchte. Er gehört dazu.

Bekannte und Nachbarn erkundigen sich manchmal nach ihm, und wenn sie es nicht tun, dann spreche ich selbst von ihm. Wenn sie zu mir sagen: «Einen Sohn zu verlieren, ist doch sehr schlimm», dann antworte ich: «Das ist wahr, aber ich bin nicht die einzige, die ihn verloren hat. Reijer hat seinen Partner verloren und die Kinder ihren Bruder.»

Reijer und ich standen Seite an Seite und halfen einander. In der Nacht vor der Einäscherung war er so sehr mit seiner Rede beschäftigt, er war schrecklich unruhig. Ich fand es mutig, daß er diesen Text verfaßt hat, aber ich war froh, daß ich nicht vorher wußte, was darin stand. Während der Feier hatte ich große Mühe, gefaßt zu bleiben. Er brachte noch einmal ihr gemeinsames Leben auf dem Bauernhof zur Sprache. Dann stieg schrecklich viel Kummer in mir auf. In diesem Augenblick fehlte mir die Verwandtschaft sehr.

Ich dachte: Wenn sie das jetzt alles gehört hätten? Ich habe auch noch versucht, ihnen zu erzählen, daß Lefert nicht so jemand war, der einfach drauflos gelebt hat. Daß er doch ein guter Mensch gewesen ist. Ich habe ihnen die Kassette mit den Reden vorgespielt, aber da kamen diese Gespräche wieder auf, daß sie es doch nicht akzeptierten. Das war auch wieder ein Schuß ins Leere.

Reijer und Hennie

Reijer: *Du hast mir unheimlich geholfen, ich war mitunter so ratlos. Das warst du zwar auch, aber auf andere Art. Und dann die nächtlichen Gespräche, in denen du so viel von deinem Mann erzähltest und über eure Silberhochzeit. Und das Fest, das Lefert und ich gaben, als wir zehn Jahre zusammen waren. Das war sehr gemütlich. Du sagtest damals noch: «Ach, machen Homos das nach zehn Jahren?» Darüber haben wir gewitzelt, weil zwölfeinhalb Jahre hier so fest eingebürgert sind. Ich bin unheimlich froh, daß wir nicht darauf gewartet haben. Weißt du übrigens noch, was deine Schwester einmal sagte, als Lefert und ich noch nicht so lange miteinander verkehrten und wir einmal auf dem Bauernhof übernachteten?*

Hennie: *Wir hatten darüber gesprochen, daß ihr Freunde wart. Sie fragte damals: «Wenn die beiden bei dir sind, wo schlafen sie dann? Schlafen sie dann in einem Bett? Diese großen Lümmel kannst du doch nicht zusammen in ein Bett stecken!»*

Reijer: *Hennie, ich möchte dich noch um etwas bitten. Ich habe Lefert bis zum Schluß geliebt, ich habe mit ihm geschlafen, wie es jeder tut, der einen anderen liebhat. Ich weiß nicht, was in meinem Körper ist. Vielleicht bekomme ich AIDS, vielleicht auch nicht. Aber wenn ich es bekomme, will ich rechtzeitig ein Ende machen. Dann würde ich auf liebe, ruhige Weise sterben wollen. Durch einen Cocktail, eine Kombination von Medikamenten. Ich habe sehr viel darüber nachgedacht. Wahrscheinlich bekomme ich es nie, aber das weiß man nicht.*

Ich möchte, wenn ich AIDS bekomme, nie an ein Beatmungsgerät angeschlossen werden. Das mit Lefert hat uns alle überrumpelt, es ging so schnell. Aber es gibt auch Leute mit einem sehr langen Krankheitsverlauf. Das will ich nicht. Ich habe darüber auch mit meinen Eltern gesprochen, aber die haben nicht so viel Erfahrung mit dem Tod, die können damit nicht so gut umgehen. Darum fände ich es gut, wenn du in einem solchen Fall, im letzten Augenblick meines Lebens, bei mir wärst.

Hennie: *Nun, wenn ich ganz ehrlich bin, dann finde ich das eine sehr schwierige Frage. Man hört in letzter Zeit sehr viel über Euthanasie. So wie du das jetzt vorschlägst, jetzt, wo noch nichts ist. Das wirst du selbst mit deinem Arzt besprechen müssen.*

Reijer: *Das habe ich getan, das ist schon geregelt. Aber ich möchte die Gewißheit haben, daß du bei mir bist.*

Hennie: *Ich habe immer gesagt: Wenn du krank wirst, kommen wir auch zu dir. Wenn Gerard oder Ineke krank werden, gehen wir auch hin.*
Reijer: *Aber ich bitte dich um etwas anderes. Es sagt doch etwas über unsere Freundschaft aus, wenn ich dich als erste bitte.*
Hennie: *Ich sage doch: Ich will immer versuchen, dir zur Seite zu stehen. Aber ich weiß nicht, was ich tun kann. Das zu beurteilen liegt nicht an mir, das ist Sache des Arztes, der dich dann begleitet. Ich will nicht versprechen, daß ich dir diesen Cocktail gebe.*
Reijer: *Nein, das ist auch nicht nötig. Ich möchte nur, daß du dann bei mir bist.*
Hennie: *Das verweigere ich dir nicht.*

Gespräch mit Reijer

8. März 1985
In der ersten Zeit nach Leferts Tod gab es keine Zukunft für mich, keine Aussicht. Ich wollte so solidarisch mit ihm sein, daß ich auch seine Krankheit haben wollte. Eine Stunde erschien mir wie ein Jahr; ich wußte nicht, wie ich das durchstehen sollte. Ich vernachlässigte mich, aß nicht, trank nicht, ich war furchtbar hektisch und griff viel zu sehr auf andere Leute zurück. Ich machte alle verrückt. In der Ratlosigkeit, die damals in mir aufkam, dachte ich: Hätte ich es bloß. Ich bekam eine Reihe von Bläschen auf der Brust und den Schultern. Die Nächte verbrachte ich regelmäßig in einem Zustand des Halbschlafs, in dem ich die schlimmsten Angstvisionen bekam. Lefert war dann ganz nah bei mir, er lag neben mir, und ich sprach mit ihm. Das regte mich so auf, daß ich die ganzen Bläschen aufkratzte. Ich beschäftigte mich auch immer mit Blut, dem gefährlichen Blut, und mit Sperma. Das ist wahrscheinlich einer der Gründe, weshalb ich noch immer keinen Orgasmus bekommen kann: Ich kann mein Sperma nicht sehen. Und dann ruft mich so ein bildschöner Schwuler an und sagt: «Reijer, ich kann mir vorstellen, daß du jetzt ohne Sex bist, und den brauchen wir doch alle. Also ich komme demnächst mal bei dir vorbei, mit einem guten, sicheren Kondom, und dann darfst du mich benutzen.» So ein Arsch. Ich kann mir nicht einmal selbst einen runterholen. Aber ich kenne fast keine Männer, mit denen ich darüber reden könnte. Ich

möchte gerne von ihnen hören, wie sie darüber denken, aber mit Männern spricht man nicht so leicht über Masturbation. Es gibt bestimmt Leute, die das täglich brauchen, genau wie Lefert und ich immer. Und das unabhängig von der Tatsache, daß wir auch abends Sex miteinander hatten. Warum sollte man sich selbst und einander nicht auch auf diese Weise nehmen? Auch das ist Liebe, es gehört dazu.

Ich habe inzwischen zweimal mit einem Mann geschlafen, nur mit ihm zusammengelegen. Das Verrückte ist, daß es überhaupt nichts mit Lefert zu tun hatte. Ich mußte nur wieder die Erfahrung machen, daß ich neben einem Körper liegen konnte. Es hat eine Zeit gegeben, in der ich, wenn ich morgens aus dem Bett kam, so ganz allein, schon froh war, wenn ich mich rasiert hatte. Das war bereits ein Sieg. Wenn ich den Abwasch gemacht hatte, eines der einfachen Dinge, die ich sonst ganz nebenbei erledigte, war das jedesmal wieder ein Beweis, daß ich auch das allein konnte. Alles ist so allein.

Ich bin seit kurzem in Therapie. Das war ein enormer Schritt, denn auf diese Art habe ich noch nie Hilfe von außen benötigt. Aber Bekannte oder Verwandte haben mir in diesem Augenblick nichts bedeutet. Ich wollte mit jemandem reden, den ich überhaupt nicht kenne. Allerdings mußte es ein Homosexueller sein, denn ich wollte über Analverkehr und alles reden können, und wenn man dann mit einem Hetero spricht, kann das eine Hemmschwelle sein. Letzte Woche schlug er mich ins Gesicht und schrie: «Hör doch mal auf, du Sack! Werde ruhig! Du denkst von morgens bis abends an Lefert, das macht dich verrückt. Das hält doch kein Pferd aus! Und übrigens: So war es auch nicht, als er noch lebte. Lefert will das auch überhaupt nicht.» Ich lag da, wollte ihn angreifen und hämmerte vor Verzweiflung mit den Fäusten auf den Boden. Ich fand Lefert einen Verräter, der einfach weggegangen war, mich allein gelassen hatte, und jetzt getraute ich mich nicht weiter.

Nach jeder Sitzung bezahle ich die alte Schwuchtel cash. Das ist furchtbar banal, aber ich will es so. Ich muß fühlen, daß er einzig und allein seinen Beruf ausübt. Als er mich fragte, ob ich es nicht überweisen wolle, sagte ich: «Nein, ich will dir jedes Mal das Geld in die Hand geben.» Später haben wir darüber schrecklich lachen müssen. Vor kurzem mußte ich ihm versprechen, daß ich mir demnächst seine Geschichte anhöre. Er hat 1956 seinen Freund an Krebs verloren. Ich erhalte dann das gleiche Honorar von ihm.

Vor einiger Zeit habe ich André kennengelernt, einen Mann, der ebenfalls AIDS hat. Er ist in meinem Alter. Die Begegnung mit ihm hat mir sehr viel gegeben. Ich fühlte mich bei ihm wohl und verfiel in eine Stimmung, als ob AIDS mir nichts mehr tun könne, auch wenn ich es morgen bekomme.

Es hat sich bei ihm durch Hautkrebs geoffenbart. Er entdeckte es, als er in der Stadt zum Essen war. Ein kleiner, erhöhter Fleck auf seinem Bizeps. Der Freund, mit dem er dort saß, sah auch noch einen Fleck auf seinem Ellbogen. Dann zum Arzt. Ist es ...? Ja, das ist es. Sein Körper ist übersät mit Flecken und Narben: Seine Nase, sein Ohr, sein Penis. Von der Bestrahlung, der er sich unterziehen mußte, ist er gänzlich kahl geworden. Wenn er sich wäscht, behält er büschelweise Haare im Waschlappen. Innerhalb von ein paar Monaten hat er zwölf Kilo abgenommen.

Er hatte sein Gesicht und seinen kahlen Kopf mit Make-up in Fasson gebracht, bevor ich kam. Freunde und Bekannte erkennen ihn fast nicht mehr. Manche sind lieb zu ihm, aber andere machen sich aus dem Staub, können und wollen damit nicht konfrontiert werden: Angst vor AIDS. Das macht ihn traurig. Er hat sich durch alles, was er durchgemacht hat, sehr verändert. Vor einem Jahr noch war er Jurist bei einer Bank, ein rechter Spießer, der seine Kollegen nie mit seiner Homosexualität konfrontierte. Jetzt fragt er sich, warum er das nie getan hat, warum er immer das angepaßte rechte Arschloch gespielt hat.

Zu Anfang ist er völlig zusammengebrochen. Zwei Wochen lang hatte er sich mit seinen persischen Katzen in seinem Appartement eingeschlossen. Er warf all seine persönliche Korrespondenz und seine Pornos weg, das durften seine Verwandten nie zu Gesicht bekommen. Jetzt lacht er darüber. Fotos von sich selbst hat er auch nicht mehr, alles weggeworfen.

Ich fragte ihn, wie lange er noch weitermachen will. Noch niemand hatte es bisher gewagt, ihn das zu fragen. Er wußte es nicht. Wenn es wirklich so weit kommen sollte, daß er das Haus nicht mehr verlassen kann, oder wenn er durch die Kaposi-Sarkom-Flecken noch stärker entstellt wird, wolle er ein Ende machen. Wir sprachen darüber, weil es mich auch beschäftigte: Angenommen, ich hätte es auch? Bis November vorigen Jahres habe ich noch mit Lefert Sex gehabt. In der ersten Panik nach Leferts Tod dachte ich: Ich muß meine Maßnahmen treffen. Keine Handvoll Schlaftabletten, sondern ein Medikamentencocktail. Als meine Mutter davon hörte, sagte sie: «Paß auf, du, das darfst du nicht! Lefert hat für dich und für uns gekämpft, du mußt auch für uns kämpfen.» Aber das stimmt nicht ganz, denn ich war für Lefert da, ich habe bis zuletzt seine Hand festgehalten, ich habe ihn versorgt. Wenn mir etwas geschehen sollte, habe ich zwar meine Eltern und seine Mutter, aber er ist nicht mehr da. Deshalb würde ich sehr früh aussteigen wollen. Das alles habe ich André erzählt, der froh war, daß ich darüber zu reden anfing. Er hat inzwischen mit seiner Familie und anderen darüber gesprochen.

Ich bin ein paarmal bei ihm gewesen, danach wurde es uns zuviel. Er konnte mich nicht mehr ertragen, denn ich konfrontierte ihn doch nur immerzu mit dem Tod. Ich saß ihm zu nahe auf der Pelle. Das spürte ich selbst auch, deshalb rufe ich jetzt ab und zu an, aber ich besuche ihn vorläufig nicht mehr.

André ist jemand, mit dem ich auskommen konnte, aber es ist ein Irrtum zu denken, daß Leute, die auf irgendeine Weise mit AIDS in Berührung gekommen sind, viele Gemeinsamkeiten hätten. Das habe ich an Hand der AIDS-Gruppe erfahren, die im Academisch Medisch Centrum eingerichtet wurde. Sie umfaßt AIDS-Patienten, Verwandte und Freunde und wird von einer Sozialarbeiterin und einem Psychologen begleitet.

Während der Tage, an denen Lefert im Krankenhaus lag, suchte ich immer nach Leuten, mit denen ich reden konnte. Es ist schwer in Worte zu fassen, aber ich suchte nach etwas Gemeinschaftlichem; Männer, die in der gleichen Situation waren wie ich. Dann saß ich da, allein in dieser schrecklich großen Klinik auf einer Art Kaffeeterrasse, und sah lauter Schwule um mich herum. Ich dachte: Wer von euch kommt wohl jetzt seinen Freund besuchen, der auch AIDS hat? Ich würde so gern mit euch reden, etwas mit euch teilen.

Als ich das erste und einzige Mal in die AIDS-Gruppe ging, hatte ich deshalb unheimlich hohe Erwartungen an sie. Es war am 4. Februar, an Leferts Geburtstag. Er wäre an diesem Tag 36 Jahre alt geworden. Ich kam mit dem Zug aus Drente, wo ich wie üblich sehr ruhig geworden war. An diesem Abend sollte ich auch Leferts Sachen abholen, seine Stiefel, seine Jacke, die er trug, als er aus dem kleinen Haus in Wormerveer weggetragen wurde, seine T-Shirts, seine neuen Unterhosen, die ich noch für ihn gekauft hatte. Das lag da alles noch, in Plastiktüten, mit beschrifteten Streifen umwickelt, «Hrn. Scheeper».

Ich kam aus der U-Bahn-Station und fühlte nur Beklemmung. Es war das erste Mal, daß ich wieder ins AMC ging, und in Gedanken ging ich dann wieder zu Lefert. Ich kam an dem Fischstand vorbei, wo ich auf seine Bitte hin noch die Matjes kaufte, die er nie mehr aufgegessen hat, und fiel plötzlich einfach so auf den Boden. Niemand blieb stehen, ich rappelte mich wieder auf. Drinnen wartete jemand auf mich, um mich zu der Gruppe zu bringen. Zigaretten und Kaffee. Die erste Frage des Psychologen war: «Was ist deine Motivation? Warum bist du hierher gekommen?» Ich sagte: «Das weiß ich eigentlich nicht, ich kenne die Gruppe nicht. Das will ich von euch hören.» Daraufhin entstand ein verwirrendes, unzusammenhängendes Gespräch. Die Umstände waren auch nicht optimal: Die Betreuer hatten den ganzen Tag hart gearbeitet und waren vollkommen erledigt, ich war auch furchtbar müde, weil ich meine ganze Energie schon auf dem Weg hierher verbraucht hatte.

Irgendwann entstand ein Gespräch zwischen einem Mann, der AIDS hatte, und mir. Er hatte Kaposi in seinem Auge, das sah aus wie eine Plastikschicht, die sich immer mitbewegte. Er sagte: «Ich habe nie mit Leuten schlafen können, die ich liebe. Ich habe eigentlich nie homosexuell sein wollen. Und wenn es mir demnächst wieder besser geht», und er lachte mir zu, «will ich eine Familie gründen.» Zwar verstehe ich seinen Wahnsinn, sein Leugnen der Tatsache, daß er AIDS hat und stirbt, aber in diesem Augenblick konnte ich es doch nicht ertragen. Ich fragte ihn: «Warum verleugnest du deine Homosexualität?» Ich wollte knallhart zu ihm sein, war selbst ratlos, an Leferts Geburtstag, wollte nichts lieber als tot sein. Da bekam ich von diesem Psychologen eins übergebraten. Er fand, ich würde zu weit gehen. Aber ich redete weiter auf diesen Jungen ein, bis die anderen darauf drängten, das Thema zu wechseln. Ich fühlte selbst auch, daß ich zu weit ging, ich konnte überhaupt nicht damit umgehen. Die Betreuerin sagte dann: «Verrückt, nicht, jedesmal sprechen wir über etwas anderes während eines solchen Abends.» Ja, natürlich, wenn man nichts strukturiert, wenn man kaum weiß, womit man eigentlich zugange ist, dann ist jeder Abend auch anders. Wie nett: das eine Mal geht es um gesunde Ernährung und positives Denken, im nächsten Augenblick um Sterbebegleitung oder die Medien, wie an diesem Abend.

Es war auch ein Mann da, dessen Freund gestorben ist, und diese Geschichte hatte in dem Wochenblatt *Nieuwe Revu* gestanden. Darauf würde ich mich selbst nie einlassen, denn dann landet man zwischen einem Transsexuellen, der schon zwanzigmal umoperiert wurde, und einem Massenmörder aus Alaska. Er war auch anonym geblieben, während sein Freund in der Schwulenorganisation einer politischen Partei aktiv war. Die Geschichte seines Freundes unter einem Decknamen publizieren zu lassen, das finde ich nicht gut. Es ergab sich also eine Meinungsverschiedenheit zwischen uns. Die Betreuer fanden, daß es langsam reichte und sagten zu mir: «Wir reden morgen noch mit dir, du bist sehr aggressiv.» Aber der Mann, mit dem ich anfangs Streit hatte, sagte mir noch am selben Abend, er fände es gut, daß ich ihn so hart angefaßt habe. Wenn du AIDS hast, ist es nicht nötig, daß die Menschen dauernd Mitleid mit dir haben. Mit Krebspatienten soll man auch nicht nur mitleidig umgehen. Die Tatsache, daß du stirbst, nimmt dir doch nicht deine Persönlichkeit.

Dieser Abend war also nichts für mich. Ich dachte am nächsten Tag: Fuck you! Freunde gestorbener AIDS-Patienten und Verwandte einfach so zusammensetzen und dann drauflosreden, das geht nicht. Setze zwanzig Schwule zusammen, und was kommt dabei heraus? Jeder geht auf seine Art mit den Dingen um. Vielleicht können sie eine Gemeinsamkeit in der Tatsache entdecken, daß sie von der Gesellschaft in einer bestimmten Weise behandelt werden, aber selbst hier ist es fraglich, ob sie darüber einer Meinung sein werden. Das gilt auch für diejenigen, die AIDS haben oder damit zu tun hatten. Jedes Krankheitsbild ist anders. Der eine hat seinen Freund über Jahre verfallen sehen und ist vielleicht erleichtert, wenn er endlich stirbt. Wenn man mich dem gegenüberstellt: Ich habe Lefert innerhalb von drei Wochen verloren. Das war viel zu schnell, bei uns ist so vieles nicht zu Ende gebracht. Der eine akzeptiert, daß er stirbt, der andere nicht. Wir haben so gut wie nichts gemeinsam. So empfinde ich es wenigstens. Und in diesen Kinderschuhen steckt jetzt das Hilfsangebot für Menschen, die AIDS haben und für ihre Umgebung.

Ich bin auch für ein paar Tage weggefahren, nach Berlin. Hoffte, daß die Ratlosigkeit, die Übermüdung für eine Weile von mir abfallen würden. In Holland dachte ich, daß alle mir dauernd nachsähen, und wagte mich nicht einmal mehr zu den geselligen Abenden beim COC. Ich hatte das Gefühl, daß jeder mich beobachtete. Vielleicht war das übertrieben und hatte mit meiner Trauerarbeit zu tun, wie es so schön heißt, aber das Gefühl ließ mich nicht los, und es machte mich fertig. Wenn ich einen Schluck zuviel trank, bekam ich Angst, daß die Leute sagen könnten: Sieh mal, er trinkt zuviel. Wenn ich zu laut lachte – und alles, was ich tat, war forciert –, fürchtete ich Bemerkungen wie diese: «Na, der lacht aber viel, an der Sache war wohl nicht allzuviel dran!»

Ich hoffte also, mich in Berlin etwas freier zu fühlen. Ich könnte in Kneipen gehen, in denen mich niemand kennt. Aber auch in Berlin bin ich nicht zur Ruhe gekommen. Ich habe dort die bedrückendsten Erfahrungen gemacht. Am ersten Abend landete ich in *Toms Bar*, da spielte sich gerade eine knallharte SM-Geschichte ab. Ein Kerl mit Ledermütze schlug einen Sklaven. Sadomasochismus basiert natürlich auf Solidarität, das heißt, ein solcher Sklave will geschlagen werden, aber sie waren schon seit sieben Uhr zugange, und ich kam erst um elf. Ich hatte die Entwicklung nicht erlebt. Das beginnt mit einem Glas an der Bar, es setzt sich mit ersten Befehlen fort und mündet dann in eine Phase, in der sie einander schlagen. Und ich platzte mitten in diese Phase hinein. Nach dem Orgasmus waren sie zwar lieb zueinander, aber ich hatte so etwas noch nie gesehen, wollte es auch nicht sehen, fand es sowieso schon beängstigend. Meine Meinung ist, daß Leute miteinander tun können, was sie wollen, auch wenn das sehr pervers wird, solange es nur in beiderseitigem Einvernehmen geschieht. Aber Lefert und ich mochten das nicht.

Ich hatte gehofft, für eine Weile von Lefert wegzukommen, aber das ging schon deshalb nicht, weil wir noch vor zwei Jahren in den Herbstferien zusammen in Berlin gewesen sind. Wir wohnten damals in der Pension Eisenach. Ganz in Gedanken umherlaufend, stand ich eines Morgens wieder davor. Im Gegensatz zu den vorangegangenen Tagen hatte ich gut gefrühstückt und fühlte mich einigermaßen wohl, aber als ich den Namen der Pension las, sackte ich einfach zusammen. Ich verlor das Bewußtsein. Nachdem Passanten mir auf die Beine geholfen hatten, ging ich zu meinem Hotel zurück. Ich glaubte, ich würde verrückt werden, so stark war ich mit Lefert beschäftigt. Fünf Minuten oder eine Stunde lang, das weiß ich nicht mehr, habe ich mit Lefert gesprochen, und er antwortete mir. In dem Haus in Wormerveer überkam mich das auch mitunter: Dann lag ich im Bett, es ist ein Hochbett, und Lefert kam die Treppe herauf und legte sich neben mich. So war es auch im Hotel. Ich kam nicht los von Lefert, dafür war er zu sehr in mir.

Nach Ost-Berlin wagte ich mich gar nicht erst. Dort hatten wir damals so viele Schwule gesehen, die weder vor noch zurück konnten. Das hatte uns stark berührt, ich könnte deswegen immer noch heulen. Ich bin allerdings in eine schwule Sauna gegangen und habe mich in den Whirlpool gelegt. Ich finde es angenehm, unter Männern zu sein, das war bei mir schon immer so. Weiter habe ich dort nichts gemacht, mich nur ein wenig herumgelümmelt. Die meisten Leute dort fanden mich lächerlich. Sie verbrachten eine schöne Nacht und wollten ihren Spaß mit Baden und Sex. Das ist ja auch spannend. Lefert und ich gingen auch gern in die Sauna, allerdings taten wir das in den letzten Jahren nicht mehr sehr oft.

Obwohl ich in Berlin kaum über AIDS gesprochen habe, kam ich in der Sauna mit einigen Leuten darüber ins Gespräch. Es fiel natürlich auf, daß ich von niemandem etwas wollte. Der Besitzer der Sauna sagte: «Hier hängt nicht umsonst ein Kondomautomat!» Aber der hing mitten in der Bar. Da benutzt ihn doch niemand, so funktioniert das nicht. In amerikanischen Saunen liegen in jedem Kleiderspind ein paar Kondome. Männer, die in einem heterosexuellen Lokal eine Frau ansprechen, gehen zur Toilette und ziehen sich dort eine Packung. Einfach anonym auf dem Klo. Aber doch nicht mitten im Laden!

Einem Mann, Michael, habe ich die ganze Geschichte mit Lefert erzählt. Ich habe eine Nacht bei ihm geschlafen. Es war das zweite Mal, daß ich neben einem Mann in einem Bett lag. Er fand es schon ein wenig beklemmend, weil ich doch jemand war, der mit AIDS in ganz enger Berührung gestanden hatte. Und dann all diese Geschichten über Amsterdam, für viele immer noch das schwule Mekka in Europa. AIDS kommt aus Amerika, Amerikaner kommen nach Amsterdam, da muß man also aufpassen. So einfach denken viele darüber. Ich habe von Leuten aus München gehört, die in Amsterdam Safer Sex machen, aber kaum sind sie zu Hause, tun sie sofort wieder alles, was Gott verboten hat.

Wovon ich mir in Berlin viel versprochen hatte, war die Begegnung mit dem Regisseur Frank Ripploh. Er war für mich ein Symbol. Als Lefert und ich 1981 zum erstenmal seinen Film *‹Taxi zum Klo›* sahen, waren wir völlig aufgewühlt. Wir hatten noch nie einen so offenherzigen schwulen Film gesehen. In Amsterdam zeigte Ripploh während eines Festivals auch einmal eine Diaschau. Die war wunderschön. Wir sahen sozusagen unsere eigenen Fotos von früher: Als Kind mit den Eltern, die Rollenerwartungen, die du, wie du wußtest, nie würdest erfüllen können. Man sah Frank als Säugling in den Armen seiner Mutter, als Schulkläßler und dann auf einmal in einer Demonstration als bewußten Schwulen. Und das waren wir inzwischen auch geworden! Deshalb habe ich immer eine solidarische Verbundenheit mit Frank empfunden. Ich wollte mit ihm sprechen, über die Schwulenbewegung und über AIDS.

Reijer und Frank

Reijer: *Frank, die Schwulenbewegung in Deutschland ist immer schwach gewesen. In Holland kämpfen wir als Schwule und Lesben Seite an Seite. Wir sind stark, auch politisch haben wir Einfluß.*

Frank: *Hast du diesen Einfluß nie überschätzt?*

Reijer: *Wir arbeiten auf internationaler Ebene mit Schwulengruppen zusammen. Wo ist Deutschland?*

Frank: *Ich finde, es muß grundsätzlich um eine sexuelle Befreiungsfront gehen und nicht um eine homosexuelle Befreiungsfront. Homosexualität ist ein Teil der allgemeinen Sexualunterdrückung. Ich arbeite gern mit Heterosexuellen zusammen, die kämpfen genauso gut um Befreiung.*

Reijer: *Eure Aktionen waren nie besonders gut.*

Frank: *Aktionen, das hat es alles schon gegeben. Das mußt du umfangreicher sehen. Auch Studentendemonstrationen haben nicht mehr die Wirkung, die sie einmal hatten. Die Leute werden heute von Flugblättern überschüttet, sie reagieren nicht mehr darauf. Es ist jetzt an der Zeit, innerpsychologisch vorzugehen. Das bunte Völkchen auf der Straße, der kollektive Schrei wird nicht mehr gehört. Wir müssen uns andere Formen der Vermittlung überlegen.*

Reijer: *Wo wart ihr, als es um die Affäre Kiessling ging, um den General, der von Verteidigungsminister Wörner in den Ruhestand versetzt wurde, weil er angeblich homosexuell ist?*

Frank: *Du begreifst nicht, was ich sagen will. Wenn ich in der Zeitung lese, daß ein Deutscher oder Holländer in der Türkei fast zu Tode gefoltert wird, dann sehe ich zu, wie ich meine Solidarität einsetzen kann, damit er herauskommt. Dann gehe ich zu amnesty international. Und wenn morgen ein schwuler Pfarrer in Posemuckl seine Stellung verliert, informiere ich mich, wo die Aktionsgruppe ist. Aber ich werde nicht mein Leben lang in dieser Aktionsgruppe sein, weil ich universal leide, empfinde und reagiere und mich in vielen Bewegungen, vielen Denkströmungen aufhalte. Und dort, wo es nötig ist, werde ich meine Unterschrift geben. Aber ich werde mich verdammt noch mal nicht dazu zwingen lassen, ein Leben lang ein Schwulenpapst zu sein. Das ist mir zuwenig. Ein Teil in mir ist homosexuell, aber das ist nicht abendfüllend. Ich habe nichts mit einem anderen Homosexuellen gemein, nur weil er homosexuell ist. Er kann mein Feind sein, er kann zum Beispiel Reagan toll finden, weil er auf Uniformen abfährt. Homosexuell sein ist nicht ausreichend, um sich mit jemandem verbunden zu fühlen. Da muß es andere, gemeinsame Denkweisen geben: über Aufrüstung, über Umwelt, über Waldsterben. Die Zeit ist vorbei, in der Homosexuelle einfach so eine interessante Gruppe darstellten.*

Reijer: *Und was ist mit den versteckten Homosexuellen, die sich nicht an die Öffentlichkeit wagen? Die gibt es hier doch auch?*

Frank: *Ich weiß nicht, ob das so stimmt. Das ist auch immer so eine Unterstellung. Aber selbst wenn es so ist, wirst du sie nicht aus ihrem Nest hervorzerren können. Was für eine dumme Vision! Wenn jemand sich wirklich verstecken will, wirst du es nicht schaffen, ihn da herauszuziehen. Das muß aus ihm selbst kommen. Sei doch nicht so ein Missionar, der glaubt, immer für die Versteckten eintreten zu müssen. Das ist zwanghaft, es ist krank.*

Ich bin nicht gegen schwule Aktivitäten, das wäre dumm. Aber es gibt daneben auch noch das eine oder andere. Es war nicht die Schwulenbewegung, die mich so stark gemacht hat. Ich war in Schwulengruppen, aber das war nie meine Familie. Ich habe mich immer über diese Eindimensionalität geärgert, das blöde Frauenbild, das da gepflegt wird, diese Verehrung der Hure und Mutter, und über diese Scheißtoleranz in bezug auf das Herumficken miteinander. Da hat mich nie jemand korrigiert. Immer nur Heteros haben mich korrigiert, weil die eine größere Distanz hatten. Aus dem eigenen Kreis wurde nur mein Kamikazeleben unterstützt.

Wir müssen darüber nachdenken, ob dasjenige, was die schwule Szene sich an Freiheiten aufgebaut hat, ob die Massenfickorgien – und das meine ich nicht moralistisch – zu irgend etwas geführt haben. Ich selbst habe in meinem Leben auf sexuellem Gebiet alle Register gezogen und herauszubekommen versucht, wo meine Erregungen und Leidenschaften liegen. Das ist auch gut so, aber da muß man durch. Es hat auch keinen Sinn, einen jungen Schwulen, der gerade sein coming out hat, zu warnen und ihm zu sagen: «Paß auf vor Hepatitis und vor anderen schrecklichen Dingen!» Die muß er bekommen. Das gehört zum Leben dazu. Aber ich möchte aus dieser Schlammhöhle heraus. Ich sehe eine dermaßen große Kommunikationsunfähigkeit unter Schwulen! Immer wenn sie sich einmal etwas Intelligentes gesagt haben, kommen sie sofort wieder auf das Thema Hure zurück.

Wir müssen uns mit unserer Haltung gegenüber der Welt beschäftigen, dürfen uns nicht immer nur im Kreis drehen und sagen: wir, wir, wir! Ich sehe AIDS als ein Zeichen, das man ernst nehmen muß. Die Leute haben in dieser Gesellschaft Schwierigkeiten, ihre eigene Identität abzugrenzen, sich diesem Sog von Kommerz und Konsum, diesem gesamten Reklamerummel zu entziehen. Das kostet enorm viel Kraft. AIDS ist eine Reaktion auf sexuelle Verwahrlosung. Ich glaube, daß viel homosexuelle Männer die Befreiung ihrer Persönlichkeit übertreiben, weil sie die Realität nicht aushalten. Die Schwulenszene ist durch den Werwolf von Krankheit, Drogen und Gettobildung geschwächt. Daher auch die hohe Zahl der Opfer. Sie machen einen Trip, aber in dieser Phase des Trips sind sie leicht zu treffen. Sie können infiziert werden wie Siegfried aus der Nibelungensage. Dem fiel ein Blatt auf die Schulter, und dort war er verwundbar. In Drachenblut baden wir schon seit Jahren, alle miteinander. Wir müssen herausfinden, wo unsere verwundbare Stelle liegt und diese besonders gut schützen.

Wenn eine Pille gegen AIDS entdeckt wird, haben wir in drei Jahren wieder eine neue Krankheit. Die Viren um uns werden immer bösartiger. Deshalb müssen wir von innen heraus eine Stärke aufbauen, so daß die Krankheit gar nicht erst in unseren Körper eindringen kann. Aber dazu müssen wir diesen gesamten Kommerz, diese Vermarktung des eigenen Ich abstreifen. An der Aufarbeitung der eigenen Persönlichkeit kommen wir wirklich nicht vorbei. Das gelingt auch nicht einfach in einer sozialtherapeutischen Gruppe. Sie kann Impulse, Solidarität geben, aber letztlich muß ich noch mehr bewerkstelligen. Schwulen geht es wie Heroinsüchtigen. Wenn sie wirklich aufhören wollen, schaffen sie das nicht im Schwarzwald, wo sie an das Zeug nicht herankommen; sie müssen es mitten in Berlin nicht mehr anfassen wollen.

Schwule müssen ihre Sexualität als Sucht sehen, denn das ist sie mittlerweile geworden. Sie müssen sich innerhalb des Gettos nicht noch mehr in den Schlamm ziehen lassen. Natürlich gibt es Ausnahmen, aber die meisten leben in der großen Kloake. Du bist Sparkassenangestellter, bist die ganze Woche über unausgelebt, und dann kommt das Wochenende, an dem du alles erleben willst, was du sonst nicht bekommst. Von dem einen auf den anderen Tag zwingst du ich weiß nicht was herbei, und das gerät aus dem Gleichgewicht. Dann kommt eine Krankheit nach der anderen, und sie kommen zu Recht. Denn Krankheiten sollen uns etwas sagen, sie haben eine Funktion. Das ist keine Rache oder so etwas. Krankheiten sind wichtig. Sie machen unheimlich stark.

Reijer: *Wenn ich dich so reden höre, was bedeutet AIDS dann für dich?*

Frank: *AIDS hat auf mein Leben überhaupt keinen Einfluß. Das fände ich Unsinn. Diejenigen, die jeden Abend in Bars sitzen und flüchtige Kontakte suchen, haben vielleicht Angst, sich anzustecken. Aber ich suche keine flüchtigen Kontakte, ich reagiere einfach spontan. Wenn ich zum Beispiel jemanden ansehe und finde, daß es etwas mehr zwischen uns gibt als Sex, dann gehe ich auch mit ihm ins Bett.*

Ich masturbiere schon seit Monaten oder eigentlich seit Jahren nicht mehr. Das steht nicht mehr in einem Verhältnis zu meinem kosmopolitischen Bewußtsein. Diese verkommerzialisierte Subkultur ist so krank, daß ich nicht mehr in ihr verkehren will. Wenn ich das noch täte, würde ich mir Sorgen machen über AIDS.

Reijer: *Aber wenn du dich zu jemandem hingezogen fühlst, dann tust du es mit ihm?*

Frank: *Ja, dann tue ich alles.*

Reijer: *Das ist gefährlich. Er kann infiziert sein.*

Frank: *Dann ist er es halt.*

Reijer: *Das akzeptierst du auch?*

Frank: *Ja, ich kann auch Krebs bekommen. Dann bekomme ich halt Krebs, so einfach ist das. Ich gehe davon aus, daß AIDS auftritt, wenn verschiedene Faktoren zusammentreffen, genau wie Krebs. Es gibt Menschen, die keinen Krebs bekommen, die sind immun. Das hängt mit der Philosophie zusammen, die man von seinem Körper hat. Du formst deinen Körper, aber wenn dein Bewußtsein beschädigt ist, dein Immunsystem nicht funktioniert und du vielleicht drogenabhängig bist – wenn all diese Faktoren zusammenkommen, dann bist du verwundbar. Dann kann ein Virus dich schädigen oder zugrunde richten, aber ich gehe davon aus, daß mir so etwas nicht geschieht. Warum sollte ich mich selbst negativ programmieren? Ich finde es unsinnig, mit Angst und Zweifel zu leben. Man läuft ein viel größeres Risiko, es zu bekommen, als wenn man sagt: Ich bekomme es nicht. Angenommen, du radelst durch den Wald und siehst ein großes Loch. In dem Augenblick, in dem du denkst: Hoffentlich falle ich nicht in dieses Loch, fällst du auf die Nase. Ich bekomme es also nicht. Und um dich zu beruhigen: Wenn ich es bekomme, ist es mein Schicksal. Was soll ich sonst tun? Wie ein Mönch leben? Ich denke nicht daran. Ich muß mich den Mächten des Schicksals unterwerfen.*

Gespräch mit Reijer

8. März 1985
Das Gespräch mit Frank war wie eine kalte Dusche für mich. Er dreht durch, überschlägt sich und will auch nichts mehr von Schwulen wissen, mit denen er sich früher solidarisch fühlte. Er wirft die Schwulenbewegung und die Schwulenszene – eine kleine Gruppe, in der er selbst jahrelang verkehrte – durcheinander. Natürlich sind nicht alle seine Behauptungen Unsinn, aber wenn er zu mir sagt, daß er sich persönlich keine Sorgen über AIDS macht und einfach mit Männern ins Bett geht, wenn er dazu Lust hat, dann frage ich mich, wie blind er ist. Er will kein AIDS, also bekommt er es nicht. Und wenn er es bekommt, ist es sein Schicksal. Jemanden, der solche zweifelhaften Dinge behauptet, finde ich gefährlich. Und bei ihm hoffte ich Wärme und Solidarität zu finden! Es kann ihm einen Schlag versetzen, genau wie einer ganzen Menge anderer Schwuler. Ich hätte auch lieber Akkordeon spielen gelernt. Warum habe ich damit nie weitergemacht? Weil ich meine Energie statt dessen für andere Dinge brauchte, unter anderem für die Schwulenbewegung, weil ich selbst als Homosexueller doch etwas darstellen wollte. Aber das heißt noch nicht, daß ich daraus meine Identität herleite.

Daß ich mich zehnmal mehr für Schwule als für Schwarze eingesetzt habe, geht aus der Tatsache hervor, daß ich nicht schwarz bin, sondern homosexuell. Wenn ich in einer Zeit leben würde, in der Homosexualität genauso wenig mehr etwas Besonderes wäre wie schwarz sein, heterosexuell oder Frau sein, dann würde ich wahrscheinlich Briefmarken sammeln. Das finde ich auch sehr interessant.

Warum muß man alles am schwulen Getto festmachen? Das ist doch nicht repräsentativ für alle Homosexuellen. Natürlich befürworten eine Reihe von uns die sexuelle Freizügigkeit, aber Homosexualität wurde immer in die Sex-Ecke gedrängt. Zu Unrecht, denn die meisten homosexuellen Männer und Frauen in den Niederlanden leben genauso monogam wie viele Heterosexuelle. Sie leben befreundet in der Provinz und gehen nicht in darkrooms oder Saunas. Aber wenn wir schon in diese Schublade gesteckt werden, dann ist es auch das beste, aus dieser Ecke zurückzuschießen.

Und wenn es heißt: «Ihr seid nur homosexuell», dann stimmt das nicht. Ich habe mich nie ausschließlich in homosexuelle Kreise zurückgezogen, denn das finde ich unrealistisch. Aber wenn ich bemerke, daß Leute meine Homosexualität leugnen, und das geschieht tatsächlich mitunter, dann werde ich sehr homosexuell. Ich kenne so viele homosexuelle Männer und Frauen in meinem Umfeld, denen das nicht gelingt, die abgleiten in ein Doppelleben.

Ich war bis zu meinem 22. Lebensjahr heterosexuell in meinem Kopf, wobei ich ab und zu mit Männern und regelmäßig mit Frauen ins Bett ging. Dieses abscheuliche Doppelleben spüre ich immer noch. Deshalb finde ich, daß Homosexualität sichtbar gemacht werden muß. Wenn ich von einer Tante zu einer Hochzeit eingeladen werde, geschieht das mit der Bemerkung: «Ihr dürft kommen. Schön, nicht?» Zu meiner Schwester, die mit einem Mann zusammenwohnt, wird das verdammt noch mal nicht gesagt!

Ich stehe im Gemüseladen und sage: «Haben Sie grüne Bohnen für zwei Personen?» Dann fragt die Verkäuferin: «Ißt deine Freundin viel?» Ich bekomme eine neue Stellung, und die Kollegen fragen, wenn sie hören, wo ich wohne: «Findet deine Freundin das nicht sehr abgelegen?» Ich sage zum hunderttausendstenmal: «Ich habe einen Freund.»

Dadurch, daß ich es fortwährend betonte, mir meine Homosexualität immer anmerken ließ, habe ich unheimlich viele Lesben und Homosexuelle dazu gebracht, Farbe zu bekennen. Auch einen rauhbeinigen Taxifahrer, der plötzlich sagte: «Ich liebe Männer, aber das kann ich meiner Frau nicht erzählen.» Und eine Lesbe im Tante-Emma-Laden, die dort als heterosexuelle Frau ihre Arbeit tut. In dem Moment, in dem ich dort etwas forciert auftrat, faßte sie sich ein Herz und sagte: «Ich habe eine Freundin.» Und ein Polizist sagte einmal zu mir: «Ich bin verheiratet und habe drei Kinder, aber ich habe auch einen Freund in Amsterdam.» Aber irgendwann bekommen die Leute genug von dir. Ich war eine lange Zeit hindurch ein unverdaulicher Brocken Schwulenemanzipation, der immer wieder davon anfing, wo er auch war. Meinen Eltern begegnete ich auch zu oft mit dem Satz: «Stellt euch vor, was es jetzt wieder gegeben hat!»

Aber die Norm in dieser Gesellschaft ist nun einmal heterosexuell, egal ob du Gemischtwarenhändler, Lehrer oder Sozialarbeiter bist. Und die Leute sind durch diese Norm beschädigt. Es klingt vielleicht überzogen, aber wenn mich mitten in der Nacht ein Mann aus Assendelft anruft und sagt: «Meine Frau und die Kinder sind zu meiner Schwiegermutter. Jetzt kann ich es endlich wagen, einmal anzurufen», dann rede ich sehr lange mit einem solchen Mann. Eine Stunde. Lefert machte das auch, aber er ging darin nicht so weit wie ich. Jemand ruft dich an, und dann mußt du dieser Person ganz konkret etwas geben können. Ich erinnere mich nur allzugut daran, wie es war, als ich selbst über Jahre hinweg den Mut nicht aufbrachte. Und daß liebe Männer mich auf eine gute Art aufgefangen haben.

Wenn man in der Schwulenbewegung aktiv ist, will das nicht sagen, daß man auf anderen Gebieten untätig bleibt. Lefert und ich nahmen immer an Demonstrationen gegen Rassismus, gegen Faschismus teil, wir gedachten des Februarstreiks (Streik der öffentlichen Verkehrsmittel in Amsterdam, Zaandam und Hilversum am 25. Februar 1942 gegen die Judendeportationen, d. Ü.), wir waren bei der Enthüllung des Denkmals zur Erinnerung an Kerwin Duinmeijer (niederländischer Jugendlicher aus Surinam, der am 20. August 1983 von einem rassistischen Jugendlichen erstochen wurde, d. Ü.) dabei. Es ist nicht nur das Schwulsein: Man muß ein Zusammenwirken von Menschen zustande bringen, die von der Gesellschaft in bestimmte Randpositionen gedrängt werden. Ich werde auch böse, wenn Frauen von Männern geschlagen werden, wenn betrunkene Jugendliche einen Marokkaner angreifen, wenn sie einen alten Menschen mißhandeln. Der Kampf geht über homosexuelle Belange hinaus, aber ich bin nun einmal zufällig homosexuell.

Dick, ein alter COC-Gefährte, schickt mir regelmäßig liebe Post. Gestern abend rief er an: ‹Safe is the rule›; errötend wie ein pubertierender Junge hat er Kondome gekauft. Nicht in der Drogerie um die Ecke, sondern in einem ganz anderen Viertel seines Wohnortes. Er wartete, bis das Geschäft leer war, dann ging er hinein. Was darf es sein? Kondome? Welche Sorte? Ja, und dann steht man als erwachsener schwuler Mann da und kennt sich mit einem solchen Heteroprodukt nicht aus. Plötzlich hatte er eine Idee: Welche Kondome können Sie mir empfehlen? Damit wußte die Verkäuferin umzugehen. Man berief sich auf ihre fachliche Qualifikation. Mit den diskret verpackten Kondomen verließ er erleichtert das Geschäft. Das alles, erzählte er, nach einem mißlungenen Geschlechtsakt mit seinem Freund. Hierbei blieben von der wahrscheinlich weniger zuverlässigen Kondommarke, die sie verwendeten, nach der ‹Tat› lediglich eine Art Gummiring und einige Fetzen übrig. Das kann doch auch für Heteros kaum der Sinn der Sache sein.

Eigentlich finde ich es eine Katastrophe, besonders für uns homosexuelle Männer, daß wir zu einer anderen Form finden müssen, einander lieb zu haben. Denn wenn man jemanden liebt, liebt man ihn ganz. Und jetzt – mit dieser neuen Volkskrankheit, wie ich es nenne – sind gewisse Dinge nicht mehr möglich. Arschficken, blasen, das klingt roh, aber es kann so lieb sein. Wenn man mit jemandem Sex macht, findet man sein Ohr genauso lieb wie seine Zehen, seinen Schwanz oder seinen Hintern. Das gehört alles zusammen. In der Skala der angenehmen Dinge, die man miteinander unternimmt – dazu gehört auch, daß man zusammen einkaufen geht oder gemeinsam seine Mutter besucht –, nimmt Sex jetzt eine andere Stellung ein.

Es ist eine Katastrophe, daß ich einen Schwanz nicht mehr in den Mund nehmen darf. Es ist schrecklich, daß jemand dich nicht mehr an bestimmten Stellen küssen kann, wo es schön für dich ist. Ich finde, das ist ein so starker Eingriff in das, was Menschen brauchen. Man kann nicht nur ein Körperteil lieben. Man liebt jemanden insgesamt. Ich denke dabei nicht nur an mich. Ich habe sehr viel erlebt und kann sehr viel ändern, aber es ist vor allen Dingen schlimm für Jungen und Mädchen um die vierzehn, fünfzehn Jahre, die ihre Sexualität erst noch erleben müssen. Das kann jetzt nicht mehr spontan geschehen, weil da eine neue Krankheit ist. Das muß sich auf die Entwicklung ihrer Persönlichkeit auswirken.

Auch mit anderen Freunden spreche ich über sicheren Sex. Die Diskussion kommt im ganzen Land schnell in Gang, kombiniert mit der Aufklärungskampagne ‹Bezint eer ge bemint› (etwa: Denkt nach, bevor ihr Liebe macht; d. Ü.). Hat es Zweck? fragen wir uns. Gewiß; solange wir nicht wissen, wer was weitergibt, müssen wir aufpassen. Es ist noch immer nicht ganz genau bekannt, bei wie vielen Virusträgern AIDS wirklich ausbrechen wird und welche Faktoren dabei eine Rolle spielen. Man kann jahrelang damit herumlaufen. Aber vielleicht können Schwule durch Safer Sex die beängstigenden Verläufe etwas eindämmen.

Eine neue Krankheit? Das weiß ich eigentlich nicht. Hängt es zum Beispiel mit der verseuchten Umwelt zusammen, daß ein Virus den Abwehrmechanismus angreift oder zerstört, wie man mitunter zu hören bekommt? Wie wirken sich die Medikamente aus, die uns für oder gegen alles Mögliche verabreicht werden? Jeder richtet sein Augenmerk auf AIDS, aber jährlich sterben unzählige Menschen an Krebs. Und in Zaire sterben die Menschen schon seit Jahren an einem seltsamen Virus, das die körpereigene Abwehr zerstört. An AIDS also. Und seltsamerweise ebenso viele Frauen wie Männer. Auch andere Risikogruppen werden jetzt alarmiert, zum Beispiel Drogenabhängige und Hämophile. Es muß mehr Information geben; viele Symptome sind so allgemein. Wir haben alle irgendwann einmal Durchfall, jeder hat mitunter geschwollene Lymphknoten.

Aber für mich als Mitglied der größten Risikogruppe wirft AIDS noch eine zusätzliche Frage auf: die nach der Kombination von AIDS mit diesem fest verwurzelten Phänomen, das ich Schwulenhaß nenne. In verschiedenen Ländern wird AIDS zum Anlaß genommen, gegen die verabscheuenswürdige Homosexualität vorzugehen. In den Niederlanden ist gottlob keine Hysterie ausgebrochen, doch darf man die Diskriminierung im kleinen, die es immer gegeben hat, nicht unterschätzen. Wie ein oberflächlicher Bekannter und frischgebackener Universitätsabsolvent kürzlich zu mir sagte: «Weißt du, rational kann ich dich zwar verstehen, aber emotional ruft Homosexualität doch einige Probleme bei mir hervor.» Dann denke ich sehr aggressiv: «Ja, du Arsch. Du hast mit meinem Steuergeld ein interessantes Studium machen können und dabei gleichzeitig gelernt, mich auf eine etwas intelligentere Art zu diskriminieren.» Wenn ich eine solche Figur dann mit ein paar gut placierten Bemerkungen herunterputze, bekomme ich später zu hören, wie er zu anderen Gästen sagt, daß Reijer noch immer so ein großes Geschrei um seine Homosexualität macht. So versucht er, mich wieder als die frustrierte Tunte hinzustellen.

Dabei sind wir gerade jetzt so besonders auf Solidarität angewiesen. Gute Aufklärungsarbeit tut not, und der Kampf um unsere Emanzipation muß weitergeführt werden. Und vor allem darf man nicht vergessen, ab und zu zu lachen. Das habe ich mit Hennie auch so gehalten, selbst bei all dem Kummer.

Dieser Text wurde zuerst 1985 in den Niederlanden unter dem Titel «Is het waar dat Lefert aids heeft?» als eigenständiges Buch bei © Van Gennep, Amsterdam veröffentlicht.

Das neue Lieblingsspiel: Schätzen, wie viele Infizierte in unserem Land leben und lieben. Der eine tut ein paar Nullen hinzu, der andere streicht sie wieder weg. Wetten, daß? Martin ist infiziert. Martin ist keine Zahl.

Ein Porträt von *Matthias Frings.*

Das Sterben lernen

Er gehört zu den Leuten, die jenseits der Dreißig hübscher werden; jedes Gesicht hat wohl seine Zeit. Würde ich ihn nicht kennen, ich hätte ihn nie wirklich *gesehen.* Auf den ersten Blick ist alles an Martin «mittel»: nicht groß, nicht klein, weder breit noch schmächtig. Gestöhnt hat er immer über seine Haare. «Mausig», sagt er, «die sind einfach mausig!» Irgendeine Farbe, und sie hängen runter, wachsen ohne Schwung. Das Henna und die Strähnchen und die chemischen Locken haben nichts genutzt: einfach mausig.

Neulich habe ich ihn angeschaut. Hübscher geworden, habe ich gedacht, im zweiten Anlauf dann: man müßte Sachen sagen können wie «charaktervoller». Als hätte sich das Gesicht ausgeprägt hinter der Haut, sich weiter nach vorn geschoben, klarer und härter. «Ich bin härter geworden», sagt Martin in einem Gespräch, und ich sage: ja.

Erste Eindrücke sind nicht richtig, nicht falsch, aber wichtig. Vor Jahren, da kannte ich ihn nicht, habe ich ihn gehört. Es war eine Nacht während der Filmfestspiele, man hatte Videos angeschaut, der Künstler beantwortete lächelnd törichte Fragen, und schließlich gab es den ersehnten Wein; lau und billig, aber Alkohol. Alle haben geschnattert. Neben mir Martin, der mit schweren Wörtern um die richtige Ideologie schwuler Emanzipation stritt. Man hatte ihn rausgeworfen aus einer Gruppe, und soviel ich schließen konnte, war er «zu radikal» gewesen. Er? Da saß er in erdfarbenen Klamotten und glich ein wenig dem Klischee eines Verwalters in seiner Freizeit. Beine übereinandergeschlagen, in einer Hand den Plastikwein, in der anderen eine Zigarette, die immer hektischere Kreise zog.

Smalltalk, gewiß, wer redet schon morgens um vier Substanz? Aber seine Rede war nicht *nur* Smalltalk. Hinter dem Plauderton, hinter dem «na hör mal» und «findste nicht auch?» schwang noch etwas anderes mit. Da war zu spüren ein Insistieren, eine Genauigkeit, das Vermögen, den Widerspruch einer «bürgerlichen Homosexuellengruppe» zu begründen. Der stellt sein Licht unter den Scheffel, habe ich damals bei mir gedacht. Das denke ich noch heute.

Martin ist infiziert. In ihrem Blut lassen sich Antikörper gegen HTLV-III nachweisen, sagen die Ärzte. Der ist positiv, sagen die Schwulen. Man hat sein Blut genommen und es mit zentrifugierten Virushüllen gebunden. Eine Platte mit vielen kleinen Näpfchen wird damit gefüllt, ein Enzym zugegeben, die Platte gewaschen, ein Färbungsmittel verteilt. In einem Näpfchen leuchtet es rotbraun. Das ist Martins. Rotbraun heißt positiv. Rotbraun muß nicht den Tod bringen, aber es verändert das Leben.

Wie lächerlich! Eine kleine rotbraune Vertiefung. Ein dummes kleines Wort: positiv. Wie albern!

Martin rennt herum und lacht. Er raucht zuviel und trinkt zuviel und kauft sich neue Hosen. Familie Schmidt ist bei ihm eingezogen; das sind drei Mäuse aus irgendeiner Wüste. Martin fällt bei jeder neuen LP von Barbra Streisand in Ohnmacht.

Soll man jetzt hingehen und sagen: Ach Gott, der Arme!? Soll man hingehen und alles angucken durch die Brille eines Befunds, jedem *Jetzt* schon einen wehmütigen Geigenton unterlegen? Nein.

Leben. Da macht man einen großen Bogen, fragt nach Vater und Mutter, fragt nach dem Kind. Zurück an die Anfänge, wo in geradezu peinlicher Manier der Grundton angeschlagen wird, später so häufig variiert, überspielt, verleugnet. Und immer wieder taucht er auf und erklärt viel. Das ist vulgär und wahr.

Sein Vater, seine Mutter als Kind; wir wissen nicht, was sie geträumt haben, aber was aus ihnen geworden ist. Vater; nehmen wir als Grundierung das Aroma des Bürgertums, ganz in der Ferne noch ein Hauch verlorener Größe. Da war Geld, da war eine Fabrik vielleicht. Wenn die Taler nicht mehr glänzen, versucht man es mit Kultur, die hält länger. Martins Vater hat sich auf die Musik verlegt. Er bläst ein seltenes Horn, und er bläst es gut. Also sind die Linien vorgezeichnet. Konservatorium, Engagements, Philharmonische Orchester, Schallplatten, Erfolg. Das meint nicht den ganz großen Glanz – es ist nur ein Horn –, aber Sicherheit. «Mein Vater», sagt Martin, «ist ein Schwächling!» Etwas Schlimmeres kann ein Sohn dem Vater, einem Mann, nicht sagen.

Weniger behütet wächst die Mutter auf. Ein angenommenes Kind, ungeliebt; der Bastard. Solche Realität kann man schwer nur ertragen, also träumt man sich. Beispielsweise auf die Bühne, dort, wo alles seine sicheren Abläufe hat und ein Ende. Sie besucht eine Schauspielschule, hat erste Engagements in der Provinz und Erfolg. Ein großes Talent, schreiben die Herren ins Feuilleton. Dann die große Stadt, fast hörbar schon die Ovationen. Ein, zwei Starregisseure sind interessiert. Sie lernt einen Musiker kennen, hat eine Affäre. Heiraten werde ich den nie, sagt sie immer. Sie wird schwanger. Sie heiratet ihn.

Na und? fragen wir heute. Ihre Karriere kann sie doch weiter verfolgen. Aber ein neues Wort ist hinzugekommen: Familie. Das, was sie nie gehabt, nie gekannt hat. Ihr Kind aber wird eine richtige Familie haben. Also klebt sie die verheißungsvollen Kritiken in ein Album und legt es in den Schrank. Sind es (immer immer) wieder die gleichen Abläufe, die gleichen Frauengeschichten voller Entsagung? Ja.

Aber das Mutterglück! Und was für ein Kind! So nett, so freundlich; ein Junge! Der Stolz einer Mutter. Vater bläst. Vater ist beschäftigt mit den Herren Dirigenten, den Intrigen, den anderen Jungs im Frack. Vater geht den Rest seines Lebens in eine musizierende Schulklasse und schimpft über den Herrn Direktor.

Das ist seine Welt.

Seit der Sohn sprechen kann, spricht er nicht viel mit dem Vater. Mutter ist der beste Freund, sie versteht. In der Schule hänseln sie ihn, er ist ein zartes Kind. Einmal fällt das Wort «Zwitter». Was ist ein Zwitter? Kinder sagen dieses Wort, wenn sie nicht verstehen. Martin versteht sich auch nicht. Er wehrt sich mit seinem Köpfchen, ertrotzt sich Respekt wenigstens fürs Wissen, entgeht so den Prügeln, die andere Kinder abbekommen. Über die Tortur der Leibesertüchtigung stöhnt er noch heute. Am Reck hängen wie ein Bündel, Angst vor den Seilen haben. Sagt der Sportlehrer: Zehnmal um den Platz! Sie laufen, und irgendwann rennt Martin durchs Ziel als erster und einziger. Ein Minuspunkt weniger. Martin mag den Sportlehrer. Der hat breite Schultern und breite Beine, die mitten auf der Welt stehen.

Als die Hormone durcheinandergeraten, spielen sie «froschen». Sie fassen sich an die Eier und lachen dabei. Nach einer Weile ist das vorbei, aber Martin will immer noch. Hatten sie nicht «Zwitter» gerufen, früher? Was meinten sie damit?

Martin hat einen Kopf. Er liegt im Bett und überlegt. Mit sechzehn muß es gewesen sein. Er liegt im Bett und denkt: Ich bin homosexuell. Dann weiß er es.

Verrutschte Bilder von schleimigen Männern, die sich ranmachen. Phantasien von Unglück und Einsamkeit im Alter. Und Selbstmord natürlich. Martin verliebt sich in den Sportlehrer, jetzt, wo er ein Wort dafür hat.

Auch hat Martin jetzt einen Körper und will andere. Er streift durch Schwimmbäder. Einmal, die Familie macht Urlaub in Westerland, provoziert er Zusammenstöße im Gang vor den Duschen, ganz zufällig, man könnte ohne Problem «Entschuldigung» sagen und pfeifend weitergehen. Ein Mann versteht, dreht sich um und geht ihm hinterher. In der Umkleidekabine hat Martin seinen ersten Orgasmus – und rennt weg. Der Mann war gewöhnlich, etwas über dreißig, normal. «Mein Traummann», sagt Martin heute, «ist so zwischen dreißig und vierzig. Schönheit interessiert mich nicht. Er muß männlich sein, nicht supermuskulös, aber gestanden, einen Schnäuzer haben und was Erdnahes, ruhig auch einen Bauch.»

Einmal ist ein junger Pfarrer zu Besuch. Als der geht, muß Martin weinen, einfach so. Was los ist, will die Mutter wissen und Martin – verstört – erzählt. Ist doch nicht schlimm, sagt die Mutter mit Überzeugung, das ist eine Phase, die hat jeder Junge. Eine Phase, denkt Martin erleichtert. Eine Phase, Gott sei Dank, eine Phase ... Und: Was habe ich nur für eine tolle Mutter. Ich wußte es immer schon, aber daß sie so phantastisch ist.

Martin hat einen Kopf und jetzt also auch einen Körper. Er geht auf öffentliche Klos. Dort reibt er an Schwänzen und läßt sich reiben. Schön. Er lernt Fritz kennen. Fritz ist eine alte Sau, das versteht er aber erst später. Erst mal ist Fritz nur geil. Sie steigen ins Bett, in ein richtiges Bett. Fritz macht alles richtig, bringt Martin alles bei. Ein guter Lehrer – lernen durch Erfahrung. Martin übt, sich ficken zu lassen. Es tut anfangs weh. Du mußt den Schmerz verhindern, sagt er sich, du mußt etwas finden, damit es nicht weh tut.

Er lernt Entspannung. Er nimmt auf, nimmt hin, gibt. Schön.

Fritz, die Sau, ist zwielichtig. Er hat nur Sex im Kopf und treibt sich rum und säuft. Zu Hause bläst der Vater sein Horn. Die Mutter ist in Panik. Das war keine Phase, das ist für immer. Die Mutter versteht und hat Schmerzen. Sie bricht zusammen, leidet unter schrecklicher Migräne und versteht *nicht*. Ihr Leben nicht gelebt, alles beiseite geschoben für das Wort Familie, für den Sohn – und der ist *so*. Ich glaube, dein Vater ist auch so, hat sie später einmal gesagt. Und der Vater erzählt eine Geschichte aus dem Krieg. Einer hatte sich an ihn rangemacht – so einer –, und der Vater mußte sich wehren mit aller Kraft, mußte dafür sorgen, daß die Person an die Front kam, weg, ganz weit weg.

Martin ist siebzehn und bringt Fritz mit zu den Eltern. Das tun doch alle, ihre Freundinnen mitbringen. Natürlich wird es eine Katastrophe. Die Eltern sind entsetzt. Ein Mann wie ein Zuhälter, ordinär, ungepflegt, so gar nicht kultiviert. Es ist den Eltern gleich, daß Martins Körper bei ihm die prächtigsten Lieder singt, es ist eine Schande.

«Ich war ihm sexuell hörig», sagt Martin heute und hat jetzt noch ein Funkeln. «Langsam habe ich gemerkt, daß ich ihm überlegen war. Gut, wenn er mich anfaßte, war es passiert, dann hatte er mich. Das wußte er auch. Aber durch ihn hatte ich Schwulenkneipen kennengelernt, vor allem aber andere Schwule. Ich war sicherer geworden und mir selbst sicherer geworden.»

Die üblichen schwulen Tempowechsel, jäh und notwendig, ebenso überstürzt wie richtig, fanden auch bei ihm statt. Zum Kaffee bei Freunden war ein Berliner Gast. Einige Wochen später hatte Martin ein Zimmer in Berlin, noch ein paar Wochen später zog er beim Kaffeeflirt ein. «Meine erste Ehe.» So lakonisch. Sie hatten eine hübsche Wohnung, Geld und einen Hund. Martin arbeitete mit einem Zeitvertrag auf dem Arbeitsamt, der Ehemann bei einer Stahlfirma, aber im grauen Anzug. Abends traf man sich mit Freunden im Transiclub *‹Chez Nous›*, trank überteuerten Sekt und schenkte den Doubles von Monroe und Leander rote Rosen. Ruhig waren die Abläufe, gesetzt und gesichert. Berlin hatte keine Sommersprossen, sondern Bügelfalten. «Es ging schon wieder los, ich merkte, daß ich ihm über war. Er war ein konservativer Langeweiler und ich begann gerade, mich zu politisieren. Die Ereignisse in Chile haben mich damals sehr ins Grübeln gebracht. Ich hab gedacht: das ist nicht richtig, so geht das nicht.»

Immerhin lebten die beiden zwei Jahre lang wie Mann und Mann. Der Hund brachte schließlich das Konstrukt einer Ehe zum Einsturz. Der wurde krank, und als er starb, war es, als sei der letzte Grund zum Zusammenbleiben weggefallen.

Martin mußte auf seinen Füßen stehen. Er begann eine Ausbildung im öffentlichen Dienst und vervollkommnete seine Fortbildung auf öffentlichen Bedürfnisanstalten. Etwas Sex an Ort und Stelle oder Männer aufgabeln und mitnehmen. Hatte er Probleme damit? «Nein, wieso? Das war nett und praktisch. Ich hatte doch kein schlechtes Gewissen! Später habe ich mich immer geärgert, wenn es bei den braven Homogruppen hieß: die böse, böse Heterogesellschaft treibt uns auf die Klappen. So ein Unsinn! Ich wollte das, es hat Spaß gemacht.»

Wie wichtig ist ihm Sexualität? Angenommen, es gäbe eine Skala zwischen null für nichtig und hundert für extrem wichtig – wo würde er sich einordnen? «Na, irgendwo in der Mitte», sagt er, überlegt einen kleinen Moment, grinst und verbessert sich: «Sagen wir mal lieber bei fünfundsiebzig.»

Ein paar Affären folgen und der Eintritt in eine schwule Emanzipationsgruppe. Martin will sich engagieren, beginnt zu verstehen, daß der bewußte Umgang mit der eigenen «Perversion» ein politischer Akt ist. Er trifft auf die große Liebe. Doch, die gibt's. Vor allem, wenn man sie nicht leben muß. Sie dauert drei Wochen. Zum erstenmal ist da jemand, dessen Körper *und* Kopf er schätzt. «Das war auch das letzte Mal», meint er. «Ich habe damals gelernt, lernen müssen, daß beides bei mir nicht geht. Ich will eine feste Beziehung, brauche sie, aber sexuell ist das immer problematisch. Da paßt was nicht zusammen, bei mir jedenfalls.»

Martin sitzt mit einer Freundin im Café. Warum grinst der Typ vom Nebentisch immer so? Der Typ steht auf und sagt ihm: Ich würde gerne mit dir spazierengehen.

Das war vor Jahren. Die beiden gehen noch miteinander. Manchmal ist es ein Spaziergang, manchmal ein Hindernislauf (mit Wassergräben), hin und wieder ein voreinander wegrennen. Einmal wollte Martin weg, hat gesagt, laß uns doch einfach nur gute Freunde sein, diesen dummen Satz. Sexualität war das Problem. Sex – wer? was? wen? wie? Das läuft nicht wie im Frauenroman. Kein Feuerwerk. Ansonsten sind sie gut zusammen, sehr gut sogar. Sie reden so offen miteinander, wie

Martin es noch nie erlebt hat, reden viel, arbeiten jetzt auch zusammen. Das ist waghalsig.

Ist das Erwachsenwerden: einsehen, daß nicht alles geht, der geliebte Freund *und* Funkenschlag auf den Matratzen? Was sagt der Unterleib dazu? «Man gewöhnt sich, es geht. Ich hatte kleine Abenteuer, er auch. Ich verschwand schon mal in dunklen Ecken mit einem Mann.»

Martin denkt: das geht nicht, eine Beziehung haben, lange Jahre vielleicht und gleichzeitig «die Sau rauslassen», der sexuelle Rausch. Niemand weiß nichts. Ist es ängstliche Flucht, die völlige Hingabe nur in völliger Anonymität wagen zu können? Ist das Ideal von Liebe *und* Sexualität eine übermächtige Falle, an der wir nur scheitern können, oder müssen wir ihm wenigstens als Ziel so nahe wie möglich kommen? Martin weiß es nicht, aber er weiß eines: vereinigt hat er die beiden Bereiche bisher nie. Freund Paul ist da optimistischer. Paul glaubt, durch eine forcierte Intimität, durch Nähe und Offenheit müsse sich ein Punkt erreichen lassen, wo lustvoll-schutzlose Hingabe möglich ist. Paul sucht den Rausch in der Nähe, Martin in der Anonymität. Gleiches Ziel, unterschiedliche Wege; wo kann man sich treffen?

Wie sähe für ihn das Wunderland des Sex aus? «Männer, also richtige Männer. Die müssen das haben, was ich nicht habe: Sicherheit.» Bist du eine Tunte? Er zögert und sagt: «Ja.» Hast du jemals einen selbstsicheren Mann kennengelernt? Kein Zögern: «Nein. Das ist es ja gerade, die gibt es nicht. Wenn du sie näher anschaust, sind sie alles andere als Felsen in der Brandung. So schwer es mir fällt, habe ich mir sagen müssen, daß ich mein eigener Fels bin, daß ich es sein muß.» Ist es das, was sie eine Tunte nennen, ehrlicher sein, die Show vom starken Mann übersteigen, freundlicher sein zu sich selbst – und also stärker?

In den frühen Achtzigern konnte man Angst bekommen als Schwuler in der Frontstadt. So beängstigend radikalliberal, das kostenlose jeder-nach-seiner-Façon. Du darfst alles, du kannst alles, was kümmert es mich. Indifferenz reicht aus, sich selbst den Orden der Toleranz umzuhängen – aber wenigstens lassen sie dich in Ruhe. Der schwule Bäcker, Arzt, Buchhändler. Die Kneipen, Galerien, Verlage, Gruppen. Ist das soziale Demokratie?

Jeder wartet auf den Rückschlag. Und der kommt in Gestalt von vier Buchstaben.

Martin liest US-amerikanische Schwulenmagazine seit Jahren. Immer öfter war die Rede von einer neuen Krankheit, und nach den ersten Zweifeln – wieder so eine Medien-Mode-Krankheit – nahm er das Gelesene ernst, er konnte nicht anders. Der Ton in den Zeitschriften war alarmierend. Seitdem las Martin über AIDS, was er in die Finger kriegen konnte. Sonntags nachmittags saßen Freunde zusammen und redeten, machten sich Sorgen, versuchten, eine Haltung zu finden, eine Meinung so weit ab vom Schuß. Dann ging es schnell; die Krankheit kam über den Ozean, und bald hörte man Bekannte sagen: Ich hab's. Im Bundesgesundheitsamt gab es die Möglichkeit, den HTLV-III-Antikörpertest machen zu lassen, kostenlos und anonym.

«Paul und ich sind hingegangen», Martin schüttelt den Kopf. «Allzu viele Gedanken haben wir uns nicht gemacht. Wir dachten, es sei doch gut zu wissen, ob man infiziert ist oder nicht. Keinen Moment lang haben wir uns über die Konsequenzen Gedanken gemacht. Warum? Obwohl wir wirklich recht gut informiert waren, sind wir automatisch davon ausgegangen, daß wir negativ sind.»

Eine Woche nach dem Test konnte das Ergebnis erfragt werden. Martin kannte den Arzt persönlich. Also rief er zwischen Abendessen und Denver-Clan kurz bei ihm zu Hause an. Hallöchen! Na? Der Arzt begann mit einer Floskel, und sofort schrillten alle Frühwarnsysteme. Etwas wie: *Ich muß dir leider ... es tut mir leid, daß ...*

Positiv-infiziert-erhöhtes AIDS-Risiko. Ist da Panik, Todesangst, Entsetzen? Bei Martin ist gar nichts. Der Kopf ist leer, weil zu voll. Zum Arzt: «Ich kann jetzt nichts dazu sagen. Tschüs.» Martin geht zum nächsten Kiosk, vier Dosen Bier, bitte! Dann wählt er Pauls Nummer an. «Hast du dein Ergebnis schon?» – «Na klar», sagt Paul und produziert ein nachlässiges «Negativ natürlich!» Martin wird wütend, hebt die Stimme: «Und ich bin positiv!» Das ist kein Vorwurf, aber der Ärger muß raus, vor allem der Ärger, so arglos zur Blutentnahme gegangen zu sein. Paul ist alarmiert. «Soll ich zu dir kommen?» Nein, Martin will allein sein. Sein Kopf arbeitet. Erst einmal verstehen, was «positiv» bedeuten mag; begreifen, einkreisen, planen vielleicht.

Es dauert ein paar Tage, bis Martin die Ordnung seiner Gefühle angeht. Diagnose positiv heißt nichts und alles. Du wirst unter Umständen an AIDS erkranken – aber unter welchen Umständen? Du wirst möglicherweise sterben – aber wie konkret ist diese Möglichkeit? Wie geht es weiter mit Paul? Was bedeutet der Befund für ihre Beziehung, für ihre Sexualität? Martin beginnt sich zu sortieren, aber dieser Prozeß, so sagt er eineinhalb Jahre später, ist bis heute nicht abgeschlossen.

Dreiunddreißig – das wäre Halbzeit, schlimmstenfalls. Mit dreiunddreißig den Tod auf die Rechnung setzen? Wie macht man das? Hieße es nur: Krebs, hieße es: du hast noch ein, zwei Jahre. Aber überall nur ein *vielleicht*, diese vage, hinterhältige Todesdrohung. Artikel aufspüren, Medizinisches durchforsten, statistische Wahrscheinlichkeit abwägen. Keine Lüge will Martin heute mehr, keine billigen Strohhalme, an die er sich klammert wie ein paar Monate lang nach dem Befund. Zwischen fünf und fünfzehn Prozent der Infizierten werden manifest an AIDS erkranken, hatten die seriösen Wissenschaftler verlauten lassen. Damals war diese Zahl korrekt. Martin hat sie nie geglaubt und doch auch gehofft, heimlich: da bin ich nicht dabei. Kein Satz mehr ohne *aber*: Aber wenn doch? Heute sind Zahlen zwischen zwanzig und dreißig Prozent im Umlauf. Die glaubt Martin auch nicht. «Es werden mehr sein. Ich will das nicht, mir weiter vormachen: Du hast eine gute Chance, du wirst Glück haben.» Ist das Resignation? Sie besteht doch wirklich, die Chance, mit dem Virus weiterzuleben, ohne daß AIDS daraus wird. «Das ist nicht Resignation. Ich will nur realistisch sein und vorbereitet.»

Sich auf den Tod vorbereiten. Da ist kaum etwas, was man *tun* kann, da muß sich eine Haltung ändern. Vor Jahren schon ist er Mitglied der Deutschen Sterbegesellschaft geworden. Nach einem Jahr bekommt man ein Büchlein mit Tips für den hausgemachten Tod, für den Fall, daß die Lage aussichtslos ist. Das ist schrecklich. Stell dir vor: Tabletten einzunehmen und dann eine Plastiktüte übern Kopf. Furchtbar. «Was sehr, sehr wichtig ist, ich muß mit Paul nicht so viel reden. Vieles ist ohne Worte klar zwischen uns. Letztens sagte er ganz unvermittelt: Wenn einer von uns krank wird, ziehen wir zusammen! Es ist schön zu wissen, daß du nicht allein bist und daß du nicht so viel reden mußt.»

Martin arbeitet: Ich bin härter geworden ... Martin haßt diese therapiesäuselnde, penetrant-positive Sichtweisenmode: Unter der Bedrohung des Todes lebe ich überhaupt erst mein Leben. Ich bin ganz bei mir. Alles ist beautiful, das Leben ist wonderful, I love you all! Applaus – Abgang. Martin sagt: «So unvorbereitet zu diesem Test zu gehen war der größte Fehler meines Lebens. Ich hätte gern von nichts gewußt, hätte gern beide Augen geschlossen.» Ein schöner Satz, weil ohne Attitüde, weil verständlich, weil nah. Und Sex? «Keine Ahnung. Ich werde mir was überlegen müssen, weiß noch nicht. Erst mal ging gar nichts. Mit Paul läuft auch nichts, aber da war vorher auch sehr wenig. Paul hat es manchmal mit anderen, er praktiziert Safer Sex. Was ich mache? Ich bin manchmal so geil, gehe dann in den Park und gucke zu. Weißt du, die Positiven haben was, das sie ‹Ausrutscher› nennen. Ich habe zwei gehabt. Einmal in der Sauna war dieser Typ, und ich habe ihm einen Pariser in die Hand gedrückt. Er wollte ihn auch überziehen, aber es ging nicht, verdammt, es ging einfach nicht. Dann hat er ihn weggeschmissen und seinen Schwanz so reingesteckt. Und ich habe nichts gesagt.»

Spätestens hier muß das Zentnerwort von der *Verantwortung* fallen. «Ich weiß noch nicht was das heißt – Verantwortung. Muß ich jedem, der mir näher kommt, sagen: Ich bin positiv! Das hat so etwas Absurdes. Jeder weiß um AIDS, keiner kann sich mehr dumm stellen. Jeder weiß doch, daß er sich dieses Virus holen kann. Und wenn er dann doch mit Leuten ins Bett geht, ist es egal, ob der andere beim Test war oder nicht – er *könnte* positiv sein; das ist alles, was zählt. Wenn ich Sex mache, mache ich Safer Sex. Muß ich dann noch dazu sagen, daß ich positiv bin? Die rennen doch weg aus Angst, obwohl kaum etwas passieren kann. Die Angst ist unbegründet und unvernünftig, aber die Leute sind eben unvernünftig.»

Möglicherweise die nächsten dreiunddreißig Jahre ohne Sex auskommen? Nein. Wer kann das schon?

Martin zeigt mir sein Fotoalbum. Vater, Mutter, Kind, Schule, Liebhaber, Freunde, Job. Ich will noch viele Seiten beklebt sehen, will sehen das Foto nach der Injektion: das Gegenmittel ist erhältlich bei allen Gesundheitsämtern. Will sehen das rauschende Fest mit Sekt und Knutschen und Kopflosigkeiten. Will das Feuer voller lodernder, stinkender Kondompackungen. «Ich muß jetzt das Sterben lernen», sagt Martin. Ich wünsche mir, daß hier einmal Lernen ganz überflüssig ist, weil er es Ewigkeiten lang nicht brauchen wird.

Er ist wissenschaftlicher Mitarbeiter am Robert-Koch-Institut des Bundesgesundheitsamtes. Er ist beschäftigt mit der Durchführung und Organisation von AIDS-Diagnostik und hält gemeinsam mit Kollegen zweimal wöchentlich eine AIDS-Beratung ab.
Er ist Arzt.
Er ist ein homosexueller Mann.
Von *Ulrich Marcus.*

«Ich muß Ihnen leider mitteilen ...»

Aus der Sprechstunde des Bundesgesundheitsamtes

Die schlimmsten Sekunden sind die vor dem Fahrstuhl und während der Fahrt nach unten. Ich weiß zwar das Untersuchungsergebnis schon, teile es den Leuten aber erst in dem kleinen Untersuchungsraum im ersten Stock mit. Den Blick gesenkt und stumm, höchstens ein paar belanglose unverfängliche Worte wechselnd, hoffe ich, daß der Aufzug schnell kommt. Wenn ich dann in dem Kämmerchen sitze und angefangen habe zu reden, sind für mich die schrecklichsten Momente schon vorbei. Das Reden, und wenn es in noch so routinierten und ausgetretenen Bahnen verläuft, verdrängt doch wenigstens für diese Zeit die Ohnmacht gegenüber einem Ereignis, das meine Welt einschneidend verändert. Die Alltäglichkeit dieser Veränderung verleiht ihr allerdings eine Banalität, die das Gespür für den tatsächlichen Wandel abstumpft. So bleiben mir vor allem die Besucher im Gedächtnis, die in der mir fremden, der «normalen» heterosexuellen Welt leben.

Das Eindringen des Virus in diese Welt erscheint mir viel schrecklicher als sein Einbruch in die schwule Subkultur. Nicht weil der einen Welt recht geschieht und der anderen unrecht, sondern weil die Konsequenzen den einzelnen um so radikaler aus seinen Lebenszusammenhängen reißen, je «normaler» diese sind.

Das Mädchen war gerade achtzehn Jahre alt und sorgte sich über die geschwollenen Lymphknoten am Hals. Eine Zeitlang hatte sie gefixt und sich dabei wohl die Infektion zugezogen. Als ich ihr das Untersuchungsergebnis mitteilte, schaute sie mich aus Kinderaugen an. Sie habe geglaubt, daß diese Krankheit nur Schwule betrifft. Ihren Freunden könne sie das gar nicht erzählen. Da bleibe ihr ja nur noch, auch schwul zu werden.

Ihr Freund war Seemann, und sie brachte ihn ein paar Wochen später beim nächsten Besuch mit, ebenso wie einen früheren Freund, mit dem sie öfters zusammen gefixt hatte. Bei beiden war keine Infektion feststellbar. Den Seemann hatte sie heiraten wollen und sich schon sehr auf die gemeinsamen Kinder gefreut. Von dem Kinderwunsch mußte ich ihr dringend abraten. Monate später erfuhr ich zufällig, daß sie gerade eine Abtreibung durchführen ließ. Der Seemann trennte sich von ihr, die Suche nach möglichen Ansteckungsquellen gab sie schließlich ohne Erfolg auf. Ihr Zahnarzt weigerte sich, sie weiter zu behandeln.

Trotz alledem arrangierte sie sich nach und nach mit ihrer Situation, und die Niedergeschlagenheit der ersten Monate wich einer trotzigen Selbstbehauptung. Dann hörte ich viele Monate nichts mehr von ihr.

Als sie wieder auftauchte, erzählte sie mir mit hochrotem Gesicht, daß sie etwas Schreckliches getan habe. Sie hatte einen jungen Araber kennengelernt, sich in ihn verliebt und geheiratet, ohne ihm irgend etwas von der Infektion zu erzählen. Dann waren sie in das Heimatland des jungen Mannes gefahren, wo sie nach einigen Wochen schreckliche Durchfälle bekommen hatte. Das war auch der eigentliche Grund, weshalb sie wieder auftauchte – sie brachte diese Durchfälle mit der Infektion in Zusammenhang. Ich konnte darauf keinen Hinweis finden, riet ihr aber, die Durchfälle, falls sie andauern sollten, im Krankenhaus abklären zu lassen. Doch bevor es dazu kam, erschien sie aufgeregt wieder bei mir, in Begleitung zweier mir unbekannter Personen. Ich sprach zuerst mit ihr allein, und völlig verzweifelt berichtete sie mir, was geschehen war. Ihr Mann hatte zufällig ihr Tagebuch in die Hand bekommen und auf diese Weise alles erfahren. Sie lebte nun in der Angst, auch er würde sie wieder verlassen. Ich versuchte, sie zu beruhigen und klärte dann ihren Mann so ausführlich wie möglich auf. In der Tat fand sich bei ihm kein Hinweis darauf, daß er sich infiziert hatte, obwohl er monatelang ohne jede Vorsichtsmaßnahme mit ihr geschlafen hatte. Bei einer weiteren Untersuchung Wochen später bestätigte sich dieses Ergebnis nochmals. Das Mädchen selbst war dadurch so irritiert, daß sie daran zweifelte, die Infektion überhaupt weitergeben zu können und hoffte schon, sie könne vielleicht doch noch Kinder bekommen. Die beiden sind noch immer zusammen.

Diese Geschichte erzählte ich einem Politiker, der ins Institut gekommen war, um sich sachkundig zu machen. Er war entsetzt, und wenngleich er behauptete, gegen gesetzliche Maßnahmen zu sein, sah man ihm doch an, daß ihn wenig davon zurückhielt. Dabei hatte das junge Mädchen nur versucht, ihren Anspruch auf ein bißchen Glück durchzusetzen. Wenn man ihr das untersagen will, kann man das nur, indem man sie einsperrt. Solange ich das nicht will, muß ich akzeptieren, daß die Infektion möglicherweise weitergegeben wird.

Der junge Mann besuchte mich mit seinem Freund. Er trug Schnäuzer, mittellange blonde Haare und war sorgfältig im Ami-Look gekleidet: Flanellhemd, darüber eine wattierte Jacke, enganliegende Jeans. Sein Freund war eher unscheinbar. Dunkle Haare, Vollbart, etwas kleiner. Eine ruhige, unauffällige Erscheinung. Dem jungen Mann mußte ich mitteilen, daß er «positiv» sei, sein Freund war «negativ». Einiges schien mir dafür zu sprechen, daß es sich um eine relativ frische Infektion handelte. Ich beruhigte den jungen Mann so gut es ging und erklärte ihm, daß seine Symptome keineswegs ungewöhnlich oder besorgniserregend seien, sondern im Rahmen dieser Infektion durchaus normal. Dies galt auch für den im Zusammenhang mit der Infektion aufgetretenen Haarausfall. Nachdem ich mich eine gute halbe Stunde mit ihm unterhalten hatte, verabschiedete ich mich von den beiden. Dem Freund empfahl ich noch, sich ein paar Wochen später nochmals untersuchen zu lassen. Einige Wochen später berichtete mir dieser, daß der junge Mann sich in eine Psychose hineinsteigerte. Er verbrachte jeden Tag eine Dreiviertelstunde vor dem Spiegel und prüfte, wie viele Haare im Kamm geblieben waren. Jede Kleinigkeit versetzte ihn in Panik, von seinem Freund zog er sich mehr und mehr zurück. Er sei ein Mensch, der Außenstehenden gegenüber zwar ruhig und gefaßt erscheine, sich in seinen vier Wänden aber hoffnungslos in seine Ängste verrenne. Ich empfahl dem Freund, der selbst weiterhin negativ war, den jungen Mann zu bewegen, zur AIDS-Hilfe zu gehen oder nochmals bei mir vorbeizukommen. Wochen später meldete sich der Freund am Telefon: der junge Mann hatte sich am Fensterkreuz seiner Wohnung erhängt.

Die Frau war Anfang Dreißig, hatte lange blonde Haare und war gebürtige Tschechin. Ihr Mann, Anfang Vierzig, war braun gebrannt, hatte ein schmales Gesicht und eine Stupsnase. Ich verstand zunächst gar nicht, warum sie gekommen waren. Sie hatten sich bei einem Laborarzt testen lassen, weil der Mann während des Urlaubs mehrere Kilo abgenommen hatte, unter schweren Durchfällen und Nachtschweiß gelitten hatte. Sie waren zu der Zeit etwa ein halbes Jahr verheiratet gewesen. Der Laborarzt hatte ihnen mitgeteilt, die Frau sei «positiv», der Mann «negativ» und sie dann zu uns geschickt. Die Frau fühlte sich nicht krank, hatte auch in den letzten Monaten keine Symptome gehabt und konnte sich das alles nicht erklären. Der Mann fragte immer wieder, ob seine Frau jetzt in Quarantäne komme und ob er dann mitgehen könne. Jene Ereignisse, die ihn schließlich zur Untersuchung bewogen hatten, seien im Grunde nichts anderes als Ausdruck seiner Liebesneurose gewesen. Er könne seine Frau niemals verlassen. Das erste Untersuchungsergebnis ließ sich nur bestätigen. Der Mann meinte daraufhin nur, dann wolle er sich auch infizieren.

Er war der erste Mensch, bei dem ich sah, wie Angst die Sprache verschlagen kann. Deshalb war er wohl auch mit seiner Mutter gekommen. Sonst hätte ich wahrscheinlich überhaupt nicht erfahren, was los war. Er befand sich noch in der Ausbildung und hatte im Gespräch mit Kollegen eine Bemerkung über AIDS gemacht. Diese war so verstanden worden, daß er die Infektion bei sich selbst nicht ausschließen könne. Darauf war er von der Arbeit suspendiert worden, bis er einen Untersuchungsbefund vorweisen konnte. Meine Bemerkungen über die rechtliche Problematik eines derartigen Vorgehens schienen überflüssig – ich wurde von der Mutter unterbrochen. Das sei nicht das Problem. Allmählich fing auch der junge Mann an, sich, wenn auch stockend, zu äußern. Er war groß, schlank, muskulös und hübsch. Er lebte mit seinem Freund in einer offenen Beziehung. Seitdem die neue Krankheit ihre Spur so penetrant durch die Medien zog, plagte ihn die

Ungewißheit. Er wußte nicht mehr, ob diese Ungewißheit oder ein positives Testergebnis schwerer zu ertragen sei. Als er sich schließlich entschied, den Test durchzuführen, sah ich auf Grund der vorangegangenen Unterhaltung nur eine geringe Wahrscheinlichkeit für eine Infektion und daher keinen Anlaß, ihm davon abzuraten. Als ich ihm ein paar Tage später das negative Testergebnis mitteilte, fiel er außer sich vor Freude seiner Mutter um den Hals.

Monate später erhielt ich einen Brief von ihm. Sein Freund ist «positiv», und nun verfolgt ihn die Angst, sich anzustecken. Nach seinen Fragen zu urteilen muß ihn diese Angst sozusagen auf Schritt und Tritt quälen und macht ihm das Leben zur Hölle, weil er nicht weiß, wie er sich seinem Freund gegenüber verhalten soll.

Der Mann von der Stadtreinigung erzählt mit gedämpfter Stimme, daß er hin und wieder in eine schwule Sauna geht, um zu ficken. Seine Frau hatte ich hinausgebeten. Sie glaubte, daß es in ihrer Abwesenheit wegen eines Kuraufenthalts einen Fehltritt gab. Den Mann hatte sein schlechtes Gewissen zum Arzt getrieben. Das Testergebnis lautete: Antikörper nachweisbar.

Der Besuch bei mir findet wegen eines Bestätigungstests statt. Das Testergebnis bestätigt sich, die Frau ist aber negativ. Als Konsequenz muß ich empfehlen: Safer Sex in der Ehe. Ich reduziere die «Sicherheit» und empfehle nur die Benutzung von Präservativen. Als ich sie zum Abschied noch auf Selbsthilfegruppen und psychotherapeutische Beratungen hinweise, lehnen sie ab – sie würden alleine damit fertig.

Der Junge ist vielleicht zwanzig Jahre alt, sehr kräftig gebaut, eher untersetzt. Der Betreuer aus der Drogenrehabilitationseinrichtung beschreibt ihn als jemanden, der mit dem positiven Testergebnis sehr verantwortungsvoll umgeht, vor allem, was Beziehungen zu Frauen im Heim angeht. Ich erlebe ihn als still, fast scheu. Dann höre ich von einem Vorfall, der sich ereignet, als er, rückfällig geworden, in eine Polizeikontrolle gerät. Er spuckt einem Beamten ins Gesicht mit den Worten: «Ich bin AIDS-infiziert!» Der reagiert hysterisch und betreibt eine Anklage wegen gefährlicher Körperverletzung.

Ein achtzehnjähriges Mädchen wird von ihrer Hausärztin vorbeigeschickt. Mit der Mutter habe ich schon am Telefon gesprochen. Sie ist ganz fassungslos, daß so etwas ausgerechnet in ihrer Familie geschieht. Das Faltblatt von Rita Süßmuth hat sie damals gleich weggeworfen, in der Annahme, daß sie davon sowieso nicht betroffen ist. Jetzt, wo ihre Tochter infiziert ist, ist sie ganz ratlos. Der Vater wollte das Mädchen gleich vor die Tür setzen. Sie war vor zwei Jahren kurz in die Fixerszene geraten, hatte ein paarmal gedrückt und hatte auch einen Freund, der an der Nadel hing. Vor einem Jahr bemerkte sie erstmals geschwollene Lymphknoten. Die Ärztin veranlaßte einen Antikörpertest, der positiv ausfiel. Das Mädchen zieht sich jetzt von allen Freunden zurück. Ihre Lehrstelle wurde ihr gekündigt, weil sie in aufrichtiger Gutgläubigkeit die Geschichte ihrem Chef erzählt hatte. Sie fragt mich, ob sie einem Jungen, den sie kennenlernt, alles mitteilen soll, bevor sie mit ihm schläft. Ich weiß nicht, was ich ihr darauf antworten soll. Es ist mir ebenso wie ihr selbst klar, daß das eine kurze Beziehung wäre.

Der junge Amerikaner war vor AIDS aus Los Angeles nach Berlin geflüchtet. Um ganz sicherzugehen, hatte er sich einen Freund im Ostteil der Stadt angelacht. Dann waren ihm aber doch Bedenken gekommen, und er entschied, sich bei uns untersuchen zu lassen. Er war positiv. Die Blutprobe seines Freundes, die er über die Grenze schmuggelte, war negativ.

Die beiden lebten seit vielen Jahren zusammen. Der eine war in den Vierzigern, groß und kräftig. Der andere war klein, schmächtig und jünger, vielleicht Anfang Dreißig. Der Jüngere war gerade aus dem Krankenhaus entlassen worden. Dort hatte man eine sich plötzlich manifestierende Gehirntoxoplasmose behandelt. Eine Hirntoxoplasmose bei einem erwachsenen Mann ist eine Erkrankung, die die AIDS-Diagnose rechtfertigt. Aber entweder hatten die Ärzte ihn nur unvollkommen aufgeklärt oder er hatte die Diagnose verdrängt, jedenfalls schien er sich über die Konsequenzen nicht im klaren zu sein. Für einen jungen Menschen ist die plötzliche Gewißheit des baldigen Todes schwer anzunehmen.

Sein Freund war auch infiziert, zeigte aber keine Krankheitserscheinungen. Bei ihrem nächsten Besuch ging es den beiden körperlich gut, ich unterhielt mich länger mit dem Älteren, der sich aufopfernd um seinen Freund kümmerte. Er wußte, was ihnen bevorstand. Er fragte mich, ob sie wohl eine Reise nach Griechenland machen könnten. Wegen der Unsicherheit bezüglich einer möglicherweise notwendigen medizinischen Betreuung riet ich ihm, lieber in Mitteleuropa zu bleiben.

Das nächste Mal, zwei Monate später, krümmte sich der Jüngere unter Schmerzen. Er litt an schweren Durchfällen. Jetzt wußte auch er, daß bald alles vorbei sein würde. Das letzte, was ich von ihm sah, war ein kleines Stück Gehirn, das ich in einem Mörser zerstampfte, um aus der Suspension Virus anzuzüchten.

Er war schon etwas älter, Ende Fünfzig etwa, und mein Chef, der ihn zufällig mal gesehen hatte, fragte mich verwundert, ob der etwa auch schwul sei. Er hatte sich die Infektion wohl über einen jungen Mann zugezogen, den er eine Weile ausgehalten hatte. Anfangs erregte er sich noch über die Verantwortungslosigkeit seines Liebhabers, der, wie er wußte, öfter mal mit anderen zusammen war. Nachdem der junge Mann ihn verlassen hatte, legte sich das aber bald. Seine vielfältigen Beschwerden waren schwer einzuordnen. Die Bauchspeicheldrüse machte ihm schon seit einer drei Jahre zurückliegenden Krebsoperation zu schaffen. Wegen Bluthochdruck war er seit Jahren in ärztlicher Behandlung. Ein schwer therapierbares Ekzem führte schließlich zu seiner Aufnahme in eine Hautklinik. Aufrichtig hatte er von seiner Infektion erzählt. Von Anfang an wurde er in einem Einzelzimmer isoliert, was ihm gar nichts ausgemacht hätte, wäre er nicht von Ärzten und Pflegepersonal wie ein Aussätziger behandelt worden. Das ging so weit, daß er sogar mit Plastikbesteck von Plastiktellern zu essen bekam. Das hatte ihn erbittert. Ob er unter solchen Bedingungen ein anderes Mal auch so mitteilsam sein werde, müsse er sich noch überlegen.

Eine über siebzigjährige Berlinerin aus Lichterfelde-Süd macht den weiten, für sie sicher beschwerlichen Weg in die Beratungsstelle, weil sie Angst hat, ihr Fußpfleger hätte sie infiziert. – Eine Sechzigjährige Frau kommt mit ihrer neunzigjährigen Mutter in die Sprechstunde.

Natürlich hat die Mutter in dem Alter gesundheitliche Beschwerden. Und eine Bluttransfusion hat sie auch schon einmal bekommen. Die Tochter macht sich jetzt Sorgen, ob sie denn noch aus der Tasse ihrer Mutter trinken darf. – Eine Frage, die im tierlieben Berlin immer wieder auftaucht: Können Hunde oder Katzen AIDS bekommen oder übertragen? – Und auch die Zimmerpflanzen geraten in Verdacht: Eine Frau hat den Kaktus ihres Nachbarn versorgt und sich daran gestochen. Der Nachbar – die Frau glaubt, daß er schwul ist – könnte sich ja auch am Kaktus verletzt haben. Ist sie jetzt gefährdet?

In vielen solcher Fälle ist es einfacher, den Leuten Blut abzunehmen und es zu testen, als sich auf Diskussionen über derart unbegründete Ängste einzulassen.

Nur wünschte ich manchmal, die Journalisten, die durch ihre absurden und reißerischen Geschichten diese Hysterie anheizen, müßten sich auch mit den Folgen beschäftigen.

Klaus W. kannte ich noch aus der Zeit, als ich nächtelang bis morgens gegen fünf oder sechs Uhr in den Kneipen und Bars um den Nollendorfplatz ausharrte. Die wenigen Worte, die ich mit ihm wechselte, gingen über Smalltalk nicht hinaus. Klaus erkannte mich gleich wieder und war überrascht, mich hier als Arzt zu sehen. Sein junger Freund, ein Franzose, der kein Deutsch verstand, begleitete ihn. Einige Wochen zuvor hatten sich beide wegen einer frischen Syphilis behandeln lassen, aber die Lymphknotenschwellungen waren nicht zurückgegangen. Beide, so stellte sich heraus, waren infiziert. Klaus schien das schon erwartet zu haben – ja, ich hatte sogar den Eindruck, es sei ihm ganz recht. Er hoffte, die gemeinsame Betroffenheit würde die Beziehung festigen. Das Virus sollte also die gleiche Rolle spielen wie bei heterosexuellen Paaren das erwartete Kind.

Über ein paar Ecken höre ich von Leuten, die mein Auftreten in der Beratungsstelle zu lasch finden. Sie ziehen den Schluß daraus, daß ich die Krankheit zu wenig ernst nähme. In der Tat berührt dieser Vorwurf einen Widerspruch in meiner Arbeit, auf den ich fast täglich gestoßen werde. Der Widerspruch zwischen der Funktion des Arztes, von dem erwartet wird, daß er alles in seiner Kraft Stehende unternimmt, um die Weiterverbreitung von AIDS zu verhindern, und mir als Person.

Immer wieder muß ich mich an Hand meiner Freunde und meiner eigenen Wünsche mit der Unmöglichkeit und Unmenschlichkeit einer rein medizinischen Betrachtung des Themas AIDS auseinandersetzen. Die Ursache für meine «Nachsichtigkeit» ist, daß ich mir über die Möglichkeit bewußt bin, jederzeit selber getroffen zu werden. Ich kann daher guten Gewissens nichts von jenen verlangen, wozu ich selbst nicht in der Lage wäre. Aber dieser Drahtseilakt zwischen der abzulehnenden bewußten Gefährdung anderer und dem möglichst geringen Verzicht auf Glück und Befriedigung ist nicht in knappe, feste Verhaltensregeln zu fassen. Jeder Versuch, dies dennoch zu tun, wie beispielsweise die Safer Sex-Kampagne oder Überlegungen über die Anwendung oder Neuanschaffung von Gesetzen, führt zu einer Beschränkung der persönlichen Freiheit, die in aller Regel das notwendige Maß überschreiten muß. Sicherlich gibt es Menschen, denen klare, auch einschneidende Regeln lieber sind als die Freiheit, selbst zu entscheiden, eine Freiheit, die mit dem Risiko einer möglichen Fehlentscheidung behaftet ist. Manchmal habe ich den Eindruck, daß vor allem diese Menschen zu mir kommen. Aber ich verfüge nicht über genügend Zynismus, für sie Maßstäbe zu errichten, die ich für mich selbst nicht gelten lassen würde. Daher kann eine Beratung nach meinem Selbstverständnis nur so aussehen, Möglichkeiten des Verhaltens aufzuzeigen, wobei die Entscheidung darüber von den Betroffenen selbst gefällt werden muß.

Im Bewußtsein, daß diese Krankheit noch nicht heilbar ist, daß bestenfalls die Ausbreitung verlangsamt werden kann, muß ich mir die Frage der Mittel zum Zweck stellen.

Da das Ziel realistischerweise kein absolutes sein kann, ist auch die Wahl der Mittel von den jeweiligen persönlichen Umständen abhängig. Solange die Umwelt in den Betroffenen in erster Linie eine Gefahr für sich, also Täter sieht, bestehe ich darauf, daß es sich um Opfer handelt, die Mitgefühl verdienen.

Die Nr. E 117 (alle Untersuchten erhalten einen Zahlencode, um ihre Anonymität zu wahren) war einer der ersten Besucher der im Frühsommer 1983 eingerichteten Beratungsstelle. Und wie sich später nach Einführung des Antikörpertests im Sommer 1984 herausstellte, war er einer der Fälle einer Serokonversion, einer der seltenen Fälle, wo sich die Infektion sozusagen unter den Augen des Beobachters ereignet. Daher waren wir daran interessiert, ihn in möglichst regelmäßigen Abständen zu sehen. Ich unterhielt mich immer ausführlich mit ihm, erklärte die Untersuchungen, die wir durchführten, und interpretierte die Resultate. E 117 war aufgeschlossen und kooperativ. Er hatte sich ein Heft angelegt, in dem er die Verlaufskurven der verschiedenen Laborparameter aufzeichnete. Die Laborwerte blieben auch, abgesehen von einem Ausrutscher, der mit dem Auftreten einer Gürtelrose einherging, konstant. Nach der siebten Untersuchung, etwa zweieinhalb Jahre nachdem ich ihn das erste Mal gesehen hatte, erklärte er mir, er hielte diese psychische Anspannung, ständig mit dieser Krankheit konfrontiert zu sein, nicht länger aus. Er wolle nicht mehr zur Untersuchung kommen und lieber versuchen, diesen Alptraum zu vergessen. Monate später sah ich ihn zufällig in der Sauna. Wir taten so, als kennen wir uns nicht.

Roland war Fixer, Anfang Dreißig etwa, und einer der Menschen, denen man Dinge ein dutzendmal erzählen kann, und beim nächstenmal merkt man, daß sie es doch nicht begriffen haben. Wahrscheinlich wäre es das beste gewesen, ich hätte ihm gleich zu Anfang von der Untersuchung abgeraten. Die ersten Male mußte ich ihm immer von neuem klarmachen, daß er zwar infiziert sei, aber noch kein AIDS habe. Niemand könne vorhersagen, ob, und wenn ja, wann, er tatsächlich erkranken würde. Seine Freundin, eine Frau um die Vierzig, begleitete ihn bei den ersten Besuchen. Sie erzählte mir einmal, daß sie weiter mit Roland schlafe, weil sie keine Angst vor der Infektion habe. Aber auch mit vereinten Kräften gelang es uns nicht, seiner Hysterie Herr zu werden. Schließlich empfahl ich ihm, nicht mehr zu den Kontrolluntersuchungen zu kommen, da seine Angst angesichts der Testergebnisse immer noch gesteigert wurde. Überraschenderweise tauchte er drei Monate später gegen sieben Uhr abends etwas angetrunken im Institut auf. Zufällig war ich noch anwesend. Er war am Ende seiner Nerven und den Tränen nahe. Nachdem ich etwa eine Dreiviertelstunde mit ihm geredet hatte, war ich zum Kern seines Problems vorgestoßen. Er hatte eine Tochter, die bei seiner geschiedenen Frau lebte und die er sehr liebte. Aus Angst, sie anzustecken, wollte er sie nicht mehr besuchen. Auch die Ärztin, die ihn in der Drogenklinik untersucht hatte, habe ihn ja nur mit Handschuhen angefaßt. Es bedurfte einer weiteren Stunde des gemeinsamen Rauchens und Trinkens aus der mitgebrachten Whiskeyflasche, um ihn halbwegs zu überzeugen, daß er für seine Tochter keine Gefährdung darstelle. Heute erzählte er mir am Telefon, daß er inzwischen Schlaftabletten hortet.

Die Gruppe der Hauptgefährdeten steht gesellschaftlich ganz unten. Aber selbst dort gibt es Privilegierte und Parias. Drogenabhängige Infizierte und Kranke haben weder Stimme noch Vertretung. Sie sind ganz, ganz unten.
Von *Elmar Kraushaar.*

«Ich werde noch der erste AIDS-kranke Mr. Universum»

Drogenabhängig, HTLV-III-infiziert und im Knast

Roger ist Fixer, er sitzt im Knast, er ist positiv. Wie soll ich so einem begegnen, was soll ich ihn fragen, können wir miteinander reden? So viel liegt zwischen uns, und wir sitzen im gleichen Boot, wir gehören zu den sogenannten Risikogruppen: er, der Fixer, ich, der Schwule.

Ganz locker will ich sein, wenn wir uns begegnen, erfahren und cool, wie der Job es verlangt. Vokabeln habe ich gelernt, Pumpe für Spritze, Junkie für Fixer, drücken, clean, turkey. Keine Unsicherheit soll entstehen, so tun will ich, als ob mich nichts umhaut, und den Kopf habe ich voller Sozialreportagen über Drogen und Knast, dazu das viele Wissen und die Schlagzeilen zu AIDS. Gewappnet bin ich, und doch mit dem verdammten Gefühl im Magen, dem perfekt inszenierten Elend zu unterliegen.

«Wie erkennen wir uns?», fragte er mich am Telefon, «also ich bin nicht schwarz und nicht weiß, irgendwas dazwischen, aber groß. Ich bin groß.» Roger hat Freigang, für zwei Tage darf er die Haftanstalt Tegel verlassen, sich in der Stadt aufhalten, seine Freundin besuchen. Wir haben uns in einem Café verabredet, ein Szene-Café mit lauter Musik, Plastikpalmen, Milchkaffee und Baguette. Ich erkenne ihn sofort, stehe vor ihm und habe seinen Namen vergessen. Meine Blicke verheddern sich, seine Pupillen, stecknadelkopfgroß?, und die Lymphknoten am Hals, geschwollen? Das sollen die Zeichen sein, an denen man beide in einem erkennt.

Wir halten uns nicht lange auf, keine Vorrede und nichts übers Wetter, so als ob wir keine Zeit zu verlieren hätten. «Ich bin jetz 29, und seit 1974 bin ich drin, immer mit Unterbrechungen habe ich jetzt 10 Jahre runter. Die Strafe jetzt ist 4 Jahre, die längste Strafe, die ich abgemacht habe. Wenn ich damit fertig bin, bin ich aber bedient. Warum ich drin bin? Drogen, alles im Zusammenhang mit Drogen, eigentlich Raub, Beschaffungsdelikt. Ich werde ja schon dafür bestraft, wenn man mir nachweisen kann, daß ich mir einen Schuß gesetzt habe, auch wenn ich damit niemanden anders schädige.»

Ich frage ihn nach seinem Leben, nach seiner Kindheit, und er legt los, geübt und ohne Pausen. Wie oft hat er seine Geschichte schon erzählt?

Geboren wurde er in einer westdeutschen Kleinstadt, als Kind einer Deutschen und eines farbigen US-Soldaten. Die Mutter war 45, als Roger geboren wurde, «... ein bißchen zu alt, um in der Zeit in diesem Land ein farbiges Kind großzuziehen». Der Vater verläßt beide, als Roger ein Jahr alt ist und geht zurück in die Staaten. Viele Jahre später, Roger fixt schon seit geraumer Zeit, hört er noch einmal von seinem Vater, nach dessen Tod, er hat sich totgefixt. Seine Mutter starb vor einigen Jahren, und zur Beerdigung ist er hingefahren, aber danach hat er nie mehr das Grab gesehen. Er will es nicht, und auch keine Blumen aufs Grab legen. Oft muß er an sie denken, nachts, wenn er alleine ist, und dann fühlt er sich ihr ganz nah.

Er hat die Volksschule absolviert und denkt nur ungern daran zurück. Wenn er davon erzählt, packt ihn wieder die Wut, auf die Lehrer, die immer nur zuschlugen, und auf die Kinder, die ihn beschimpften und hänselten. «Ich war der einzige Exot unter 800 Schülern, und da hast du Programm. Wenn so zwei, drei Kinder auf mich losgingen, da hatte ich Schiß in der Hose. Und dann ging's nach vorne los. Ich habe mich gewehrt, zurückgeschlagen, aus Angst und Panik.» Er bleibt ein Einzelgänger, beendet die Schule und macht eine Lehre als Einzelhandelskaufmann. Nach der Prüfung macht er nichts mehr, inzwischen hat er angefangen zu kiffen, mit 16 fängt er an zu drücken. «Ich habe irgendwo gemerkt, diese Scheißgesellschaft paßt dir nicht, und ich paß auch nicht rein. Ich wußte nicht warum und wieso das alles so komisch für mich ist, aber ich wußte definitiv, irgendwas stimmt hier nicht. Wo sollte ich hin? Zu den Spießern konnte ich nicht, und mit den ganz abgefahrenen Fußballfans hatte ich auch nichts am Hut. Nur in der Drogenszene bekam ich leicht Kontakte, die Leute waren zugänglicher, die waren für mich eher da als andere, und die haben das alles nicht so eng gesehen.»

Dann beginnt das Übliche: er dealt, wird dabei verhaftet, kommt zum erstenmal in den Knast. Nach der Entlassung wieder auf die Szene, ein Einbruch, wieder Knast. Er haut ab, springt aus einem Klofenster im zweiten Stock und setzt sich ab nach Amsterdam. Wieder wird er verhaftet, kommt zurück in den Knast. Hier heiratet er, seine Frau fixt ebenfalls. Nachdem er erneut entlassen wird, versucht er es in seinem erlernten Beruf, bricht nach kurzer Zeit ab, geht wieder zurück in die Szene, pendelt mit seiner Frau hin und her zwischen den europäischen Drogenmetropolen, bis er nicht mehr kann. Er will aufhören, spürt es körperlich, daß es nicht mehr weitergeht. Beide verschwinden nach Südfrankreich, ohne Drogen, und versuchen den Entzug. Zusammen wollen sie es schaffen und bereiten sich vor auf eine harte Zeit. Seine Frau hält nicht durch, verläßt ihn schon nach ein paar Tagen und geht zurück nach Deutschland. Er meldet sich bei der Fremdenlegion, wird für tauglich befunden und in eine Uniform gesteckt. Nach einer Woche wird er wieder entlassen, es gibt keinen Platz für Junkies in einer Armee, die noch jeden Mörder aufgenommen hat. Roger weiß keinen Ausweg mehr, in Deutschland stellt er sich der Polizei und geht wieder in den Knast, diesmal für vier Jahre.

Von AIDS hört er zum erstenmal aus der Zeitung, und daß er zu einer der sogenannten Risikogruppen gehört. Im Gefängnis läßt er sich untersuchen, den Test machen. Sein Ergebnis erfährt Roger am 16. Juni 1984, er ist positiv, infiziert mit dem HTLV-III / LAV-Virus. Er hat damit gerechnet und doch gehofft, daß es nicht so wäre. Er zieht sich zurück, redet mit niemandem darüber, das dauert Tage, Wochen.

In der Haftanstalt sitzt er ein auf der Drogenstation, einer von 40 Junkies, mitten in der Szene. «Das ist die gröbste Drogenszene, die man sich vorstellen kann.» Der Markt ist bestens organisiert, gegen Bares bekommt man hier alles: Heroin, Kokain, Haschisch. «Die Anstalt hat ihre Sicherheitstruppe und ihre hauseigenen Spitzel. Die werden mit allen Informationen versorgt, die kennen jeden Dealer, jeden Junkie, die wissen genau, was abgeht, bis auf genaue Mengenbestimmungen. Aber das interessiert die nicht, ob sich da nun einer totfixt oder sich zwei blutig schlagen, das ist richtig Wilder Westen. Von denen oben darfst du nie erwarten, daß sie irgendwelche Hilfe leisten, das ist mir mittlerweile klar.»

Wie viele noch infiziert sind auf der Station, weiß er nicht, aber sicher viele, vielleicht alle. Kaum einer redet darüber, aus Angst vor den Folgen. Roger will nicht schweigen, er erzählt es jedem, der es hören will. «Ich hab das richtig vermarktet. Wenn mir was nicht paßt, sag ich nur, daß ich infiziert bin, und ich habe meine Ruhe.» Er gründet eine AIDS-Selbsthilfegruppe: «Das lag auf der Hand, daß man sich nicht ergeben darf, und solange wir isoliert und vereinzelt rumlaufen, solange kommen wir auf keinen grünen Zweig. Da mußte was passieren. Leider ist die Gruppe nie größer als drei Leute geworden.»

Erst letzte Woche hat er eine Aktion gemacht, damit die Gruppe größer wird, sich stabilisiert. Im September wird Roger entlassen, und er möchte, daß die Gruppe danach weiterläuft, auch ohne ihn. «Und zwar habe ich kostenlos an Junkies, die Sport machen, Eiweiß verteilt. Eiweiß ist sehr begehrt und sehr teuer, und man kriegt's überhaupt nicht in den Knast rein, das ist verboten. Aber ich krieg's rein, denn ich bin Roger, und bei mir wagt man nicht, das abzulehnen. Wir haben letztens eine Spende bekommen, und dafür habe ich dann 14 Kilo Eiweiß gekauft. Und das habe ich dann verteilt. Die haben vielleicht gekiekt, die sind ja nicht gewohnt, daß sie was geschenkt bekommen. Und so bringe ich die AIDS-Selbsthilfe ins Gespräch, mit Speck fängt man Mäuse. Anders geht das nicht, denn die wollen keine Sprüche, und die wollen auch nicht wissen, daß man da miteinander reden kann, denn geredet wird noch genug, in ganz Tegel, im ganzen Strafvollzug, in der ganzen Justiz. Aber was Handfestes wird nie gemacht. Die Leute sind doch ganz arme Schweine, und die müssen erst mal was Handfestes kriegen, dann läuft das.»

Roger erzählt überzeugend, Kopf und Oberkörper mir zugebeugt, insistierend, engagiert. Die Worte kommen im Berliner Knast-Jargon, dazwischen viel Mundart aus seinem Geburtsort, unentschieden die Sprache, nur die Erfahrungen machen sie präzise. Keine Pausen läßt er aufkommen, doch manchmal lehnt er sich in seinem Stuhl zurück, schaut mich nicht an dabei, mit dem Blick nach unten, nach innen vielleicht. Für einen kurzen Moment ist dann alles ganz anders, wenn er weiterspricht. Die Farbe bleibt weg und die Kraft, er mißtraut sich und seinen Worten, und in wenigen Sätzen erzählt er das Gegenteil.

Einmal nennt er die Kellnerin kurz ‹Süße›, wie ein Profi im Umgang mit Frauen. Dabei sei er eigentlich schüchtern mit Frauen, wie er mir versichert, passiv, die Frauen müßten auf ihn zukommen. Das klingt selbstgefällig und schüchtern zugleich. Roger ist ein attraktiver Mann, mit dem ersten Reiz des Exotischen und einem sportlichen, muskulösen Körper, der sich unter keiner Kleidung verbergen läßt. Er habe einen 45er Oberarm, denn im Knast gehört er seit langer Zeit zur Sportgruppe. Er macht Bodybuilding, täglich, mit der naiven Freude des Kindes, zuzusehen, wie der Körper sich neu bildet nach eigenen Vorstellungen. «Geil, Muskeln sind geil», findet er und bedauert, daß der Spiegel im Sportraum viel zu klein ist, alles davon zu zeigen. «Jedes Drücken ist Lebenswille, Lebensmut, Leben. Das spüre ich, und ich habe dem Virus was entgegenzusetzen.» Der Anstaltsarzt hat ihm erst kürzlich bescheinigt, daß das Krafttraining sein Immunwertesystem nachweisbar stärkt. «Ich werde noch der erste AIDS-kranke Mr. Universum.»

Er fixt weiter im Knast, ohne davon abhängig zu sein, wie er meint. Tagelang kann er ohne auskommen, «... aber einmal die Woche, da haut's mich um. Ich leide jedesmal, jedesmal leide ich, grauenhaft, davor, danach. Dann habe ich große Schuldgefühle, mir gegenüber, meiner Freundin gegenüber, aber ich sehe keinen Ausweg. Das ist so eine Art Todessehnsucht.» Was fängt er an mit seinem Wissen um die Infektion, damit, daß er sich mit jedem Schuß neu infizieren kann? Die Versorgung mit sauberen Spritzen im Knast ist schlecht, er benutzt seit 6 Monaten immer die gleiche, zusammen mit anderen: «Die sind auch alle schon infiziert. Die Pumpen, die im Umlauf sind, sind alle verseucht. Das wissen wir alle, aber das stört niemanden, das stört absolut niemanden. Das ist so, als ob du einem Verhungernden ein Brot hinhältst und sagst, daß die Gelbsucht dran ist oder daß es vergiftet ist. Der beißt trotzdem rein.» Die Forderung nach Bereitstellung von Einwegspritzen im Knast hält er für unrealistisch: «Diese Forderung liegt uns zwar auf der Zunge, aber würde der Teilanstaltsleiter den medizinischen Dienst beauftragen, uns Pumpen zur Verfügung zu stellen, dann würde er sich strafbar machen. Das können wir uns abschminken. Das, was wir brauchen, sind ein paar beherzte Insassenvertreter, die irgendwie ein paar tausend Pumpen kriegen und die bunkern und verteilen bei Bedarf. Und wir brauchen einen beherzten Anstaltsleiter und eine beherzte Sicherheit, die das stillschweigend duldet.»

Kritisch ist sein Verhältnis zur AIDS-Hilfe, die Unterstützung von außen bringt. «Die AIDS-Hilfe sind doch alle Schwulen-fixiert, die wollen doch von uns überhaupt nichts wissen. Das ist meine Erfahrung, die Junkies sind für die zweite Klasse, sonst hätten wir doch wohl mal mehr von diesen Leuten gehört. Deshalb meine ich, daß von den anderen keine Hilfe kommen kann, das müssen die Junkies selbst bewerkstelligen. Die müssen selbst auf die Barrikaden gehen, geschlossen vors Rathaus Schöneberg marschieren und denen 50 gebrauchte Pumpen vor die Tür schmeißen. Solche Aktionen müssen laufen.»

Wird er sich dafür engagieren, wenn er entlassen wird? «Wenn ich rauskomme, geht nix mehr damit. Ich könnte nicht mit Junkies zusammensein und vom Heroin wegbleiben. Die Gefahr ist zu groß, und ich will nicht mehr draufkommen.»

Wenn er rauskommt: dann wird alles besser, er wird aufhören zu drücken, er wird sich fernhalten von der Szene, einen Arbeitsplatz hat er schon gefunden. Zwei Jahre will er dann «auf ganz ruhig machen», immer wieder spricht er von zwei Jahren, Geld verdienen, sparen, eine Wohnung, ein Auto, ein bißchen Urlaub. «Dann bin ich ein zufriedener Mensch, ein zufriedener kleiner Spießer, und das ist auch mal was Feines. Die Spießer haben's doch gut, da lebste einfach mal zwei Jahre so und kümmerst dich einen Scheißdreck um die Welt.»

Die Prostituierten fallen mir ein, die irgendwann einmal aufhören wollen, um sich eine bürgerliche Existenz aufzubauen. Und all die Schwulen, die es satt haben und gerne in der Heterosexualität zur Ruhe finden möchten, und wenn nicht gleich in der Heterosexualität, zumindest aber in der Kopie davon, in der kleinen Beziehung, die fast so funktioniert wie die richtige Ehe. Je weiter man sich entfernt hat von der allumfassenden Normalität, um so größer scheint der Wunsch, gerade darin aufzugehen.

«Vielleicht schaffe ich es, in Amerika unterzutauchen, mit anderem Namen, mit einer neuen Beschäftigung. Da würde ich mir ein kleines Häuschen kaufen und in der amerikanischen Masse untergehen.»

Sind das Träume oder ganz konkrete Pläne? Er hat Kontakte nach Amerika, seine Stiefschwester lebt dort. Noch nie hat er sie gesehen, aber sie schreiben sich schon seit Jahren, und manchmal telefonieren sie miteinander. Fast zärtlich spricht er von seinem «Schwesterchen» und freut sich auf das erste Treffen mit ihr. «Das steht uns noch bevor, das erste richtige Weihnachtsfest. Das wird erledigt, vorher gehe ich nicht von der Bildfläche.» Daß er im Knast sitzt, weiß sie, schließlich könne er ihr nicht zehn Jahre lang erzählen, daß er auf Montage sei. Nur daß er infiziert ist, davon will er nichts erzählen, nicht bevor ein Gegenmittel gefunden ist. Und dann kann er vor sie hintreten und sagen: «Siehste, Schwesterchen, das habe ich auch mal gehabt.»

Was bedeuten diese Pläne, die erst halb sind? Können die Träume der Sucht Paroli bieten? Die Antwort darauf kommt sofort, ohne Zögern: «Dagegen ist alles machtlos. Wenn du dem Heroin was Gleichwertiges oder Höhergestelltes entgegensetzen könntest, dann gäbe es keine Probleme mehr. Dann hätten wir den Nobelpreis gewonnen, die Story wäre erledigt.»

Roger spricht nie vom Tod, nur von der Todessehnsucht. Für ihn gibt es kein doppeltes Risiko, vorzeitig zu sterben, als Junkie und als Infizierter. Im Drücken sei er Profi, da gäbe es nicht die Gefahr des ‹Goldenen Schuß›, er sei sich sicher in der genauen Dosierung. Und manifest zu erkranken? Vielleicht ist es schon soweit? Er weiß es nicht und vertraut auch nicht darauf, daß der Anstaltsarzt es ihm mitteilen würde. Gibt es eine Vorstellung davon, den Tod, die tödliche Erkrankung bewußt einzukalkulieren ins eigene Tun, ständig wider besseres Wissen zu handeln? Die Überlegung kommt von außen, von dem, der noch nie im Knast saß und keine Erfahrung hat mit jedweder Droge, und kommt von innen, von mir, der sich in der Auseinandersetzung sieht mit der eigenen Sexualität, einem Sexualverhalten, das den Suchtcharakter kennt und nicht so begriffen sein will unter der Last der beständigen Gefahr einer tödlichen Ansteckung. Roger antwortet mir: «Da mußt du einfach mal in den Knast gehen, von den Bullen in die Fresse geschlagen werden, zusehen, wie andere kaputtgemacht werden, oder ein Besuch fällt aus, ein Antrag wird abgelehnt. Du siehst diesen ganzen Dreck, jeden Tag, so gebündelt. Ihr da draußen, entschuldige, wenn ich das sage, aber ihr wißt doch wirklich nicht, was abgeht.»

Da treffen sich zwei und sind sich fremd, und doch so gleich in vielen Punkten. Exoten in einem Alltag, der sie nicht mag und nur einen Platz für sie bereithält jenseits der gesicherten Grenzen. Und beide Gefährdete in einem Ausmaß, daß man Abstand nehmen muß von ihnen und jede Berührung fürchtet, nicht wie die Pest, sondern aus Angst vor AIDS. Er und ich, wir kennen einander und wissen um unsere Stabilität durch unsere Abseitigkeit.

Als wir uns verabschieden, frage ich ihn, ob er den fertigen Text vor der Veröffentlichung noch einmal sehen möchte. «Ich vertraue dir wie mir selbst. Irgendwelchen Menschen muß ich doch vertrauen, und jeder muß in eigener Verantwortung das Richtige machen. Ich habe dir alles so erzählt, wie ich es verantworten kann, und wenn du es genauso wiedergibst, na prima. Und wenn nicht, dann bist du genauso ein Scheißer wie die anderen.»

Seine Freundin Sabine, als er ihr erzählt, was er gleich erzählt, ruft laute Dinge am Telefon. Sie ruft: Daß die Leute sterben! Daß die Welt so schrecklich ist! Daß du darüber reden kannst! – *Ronald M. Schernikau* schreibt über ein paar von denen, die so was hören, wenn sie ihren Beruf nennen.

Das Personal

Über die Arbeit mit AIDS

Daß Leute krank sind, Leute sterben, ist so ungeheuer (sagt man mir) und so sehr nicht auszuhalten, daß kein Weg daran vorbeiführt. Nichts hilft uns. Kein Trost besteht gegen das Unvermeidliche. In den Betten die Siechen sprechen in unsere Richtung von Mut. Das schwache Licht von hinter ihren Köpfen macht ihr Lächeln sanft. Das Überleben ist ein Werk des Personals.

Bertolt Brecht, Das Personal

Natürlich verlaufe ich mich. Das Krankenhaus in München-Schwabing ist groß genug dazu. Hinten rechts, hatte mir Dr. Jäger am Telefon gesagt, hinten rechts, das versuche ich also. Nach hinten rechts komme ich durch wirklich hundert Meter lange Gänge, nach hinten rechts muß ich über zwei Stationen laufen, ich versuche mich unsichtbar zu machen zwischen den Weißgekleideten mit den Tabletts vom Frühstück, zwischen den fahrenden Betten und spazierenden Bademänteln. Nachdem ich lange vor einem falschen Zimmer gewartet habe, weitere Gänge und Treppen. Dann bin ich da. Die Tür ist verschlossen. Vor der Tür wartet jemand. Ich frage:

– Sie wollen auch zu Dr. Jäger?

– Ja.

Der Mann senkt sofort den Blick. Es ist Dienstag morgen, Aids-Sprechstunde.

In einem kleinen Zimmer unter dem Dach berät jeden Dienstag morgen Dr. Hans Jäger, 37, Stationsarzt der Hämatologie, Patienten, für die er noch gar nicht zuständig ist. In der Klinikhierarchie ist seine Arbeit nicht die bedeutendste. Aber Dr. Jäger ist auch Berater der Weltgesundheitsorganisation, hat eine Tagung zur psychosozialen Betreuung von AIDS- und AIDS-Vorfeldpatienten organisiert, und wenn er für ein paar Tage nicht im Haus ist, ist er wohl in den USA, um neueste Informationen zu holen. Seine Arbeit in diesem Zimmer nennt das Türschild lapidar: Prästationäre Diagnostik.

Da kommt er auch schon die Treppe hoch! Hans Jäger ist ein Mann: massiv, schnauzbärtig, freundlich, kühl, besorgt, aufmerksam, groß. Nun macht so ein weißer Kittel schon viel, auch spricht er präzise und schnell; das merke ich später beim Abtippen der Bänder. Er hat alles schon einmal gehört, er ordnet ein und fragt weiter, genau und wissend. Für mich hat das etwas ungemein Beruhigendes. Dieses große Krankenhaus hat etwas Beruhigendes, hier braucht man nur einen der endlosen Gänge lang geschoben zu werden, und schon kann man nicht mehr sterben; Hans Jäger kann man Dinge fragen. Hans Jäger weiß Dinge. Hans Jäger ist Arzt.

Einen Schritt hinter ihm geht der Doktorand Mayr, er hält sich im Hintergrund, wird Blut abnehmen, Papiere bereitlegen, Zuträgerarbeiten machen, sucht irgendwann überall die Fieberthermometer, die sind neu, zum Indenmundstecken, ich werde sie finden. Als die beiden kommen, sehe ich auch ihn an, da guckt er mit großen Weitsichtigenaugen und lächelt und nickt. Das ist er wohl nicht gewöhnt.

Wir gehen rein, der Mann wartet die Minute. Drei kleine Zimmer, schöne Schränke mit Hängeakten. Da drin sind die Krankengeschichten, anonym. Jede hat eine Nummer, die Nummer steht in einem Hefter, der Hefter ist auch in dem Schrank. Die Verschlüsselung ist pure Psychologie. Aber wer soll auch an den Schrank gehen? Wer die Kranken kennen will, kann die Kranken kennen. Die Welt ist nicht sicher. An der Wand eine Fotoserie mit einer, ich glaube, nackten Frau (künstlerisch).

Dann wird Blut abgenommen, das macht Doktorand Mayr; ein Stich in den Arm, die Kanüle bleibt drin, eine größere Spritze wird drangesetzt, das dunkle Blut füllt das Plastik. Der Mann dreht den Kopf zur Seite, als gestochen wird, auch er nicht frei davon.

Dann muß der Fragebogen ausgefüllt werden, Krankheiten, Beschwerden, Zahl der Sexualpartner, Art der Kontakte, letzter Geschlechtsverkehr, fester Partner, Medikamente, Drogen, Eß-, Schlaf-, Lebensgewohnheiten.

Auch Frau Müller guckt zu. Frau Müller hat hier famuliert, ein vierwöchiges Praktikum gemacht, heute ist ihr letzter Tag. Die nächste Patientin verspätet sich, ein paar Minuten Leerlauf, ich entführe Frau Müller in das kleine Nebenzimmer, wo auch die Privatsachen der Leute hier über einen Stuhl geworfen werden, und interviewe sie. Frau Müller ist Anfang Zwanzig, zierlich, mit einer kleinen Stimme. Frau Müller sagt:

Frau Müller

Jemand, der hier in die Beratung kommt, ist erst mal nicht krank. Er ist eher ein Ratsuchender. Er will wissen, was er tun soll.

Wenn jemand erfährt, daß er Leukämie hat, dann erfährt er, daß er sie hat. Er erfährt nicht, daß er sie möglicherweise bekommt. Da sind nicht eventuell zehn Jahre dazwischen oder fünf oder zwei, bis irgendwas zum Ausbruch kommt. Das macht, glaub ich, den größten Unterschied. Wenn ich nicht weiß, ob ich in einem Jahr krank werde oder vielleicht später, dann steh ich ja wie vor einem Vakuum. Und es sind so junge Leute.

Es ist ja für jeden ein neues Gebiet, hier. Man muß sich Informationen holen. Schon die Gesprächsführung ist anders. Man berät, auch mit dem Patienten.

Es ist interessant. Es ist interessant, Menschen kennenzulernen, die mit dem Problem konfrontiert sind. Zu sehen, wie sie damit umgehen. Was sie sich für Gedanken machen. Wie sie reagieren.

Die hämatologisch Kranken, die ich sonst auf Station sehe, die werden ja sehr bedauert. Und bei AIDS soll man womöglich selber schuld sein. Das macht viel aus.

Es ist nicht langweilig.

Man muß vorsichtig sein. Man muß sich zurückhalten mit Einschätzungen. Als ich vorhin in der Nachbereitung sagte, mir scheint es so, als daß Schwule neben dem einen Partner noch mehrere Kontakte haben, ich denke mir, mit diesem Satz hätte ich mich zurückhalten müssen. Ich hätte es auch nicht vor den Patienten gesagt. Vielleicht sollte man gar nicht Patient sagen, sondern Klient.

Man weiß auch nicht, wie nah man einem Klienten kommen kann. Und eigentlich soll es ja umgekehrt sein, der Klient soll sich mir nähern, Vertrauen haben.

Ich glaube, der Klient erwartet etwas, das ihm selber nicht bekannt ist. Es können ja ganz neue Dinge kommen. Es ist irgendwas da bei einem Arzt, bei diesem Arzt, von dem man gehört hat. Vielleicht will man auf Dinge angesprochen werden, und weiß es selber gar nicht.

Hans Jäger wurde die AIDS-Beratung durchaus nicht angetragen. Er mußte darum kämpfen, sie durchführen zu können. Er hat lange von seiner Hämatologie-Station aus mit den Betroffenen geredet, Kontakte zu Selbsthilfegruppen gesucht, eine Form gesucht, den Patienten nicht mit einem positiven HTLV-III-Testergebnis allein zu lassen. Schließlich bekommt er nicht mal zwei Tage in der Woche. Die beiden Doktoranden – inzwischen ist auch der andere eingetrudelt, er zieht sich schnell um – arbeiten, weil sie ja noch studieren, freiwillig bei ihm und umsonst. Eine Sekretärin gibt es nicht.

Dr. Jäger betont, daß er für die drei Räume dankbar ist. An einem weiteren Ausbau ist das Krankenhausreferat der Stadt München offenbar nicht interessiert.

Denn AIDS ist teuer. In der Logik der Krankenkassen und in der Logik der städtischen und staatlichen Träger ist der lebenslustige, also anpassungsfreudige Mensch gefragt, der mit sechzig einen Verkehrsunfall hat: das spart Rente. Nein, im Ernst: Wir hören neuerdings immer das Wort Rentabilitätsdenken. In diesem Denken haben natürlich die paar Schwulen keinen Platz, die da an irgendwas sterben, dessen Behandlung überdurchschnittlichen Aufwand erfordert. Die Krankenkassen bezahlen die AIDS-Untersuchungen hier auch nicht ohne weiteres. Wer zu Dr. Jäger will, braucht keinen Überweisungsschein. Er braucht einen Einweisungsschein, der ist rosa und bedeutet, daß man sozusagen einen Tag im Krankenhaus war. Wie lange die Krankenkassen sich das von den Schwulen noch zumuten lassen, werden wir sehen. Wenn Sexualität keine Frage der Entscheidung ist, Prophylaxe ist eine.

Herein kommt der Mann von eben, Ende Dreißig, Krankenpfleger. Der Mann ist sehr verunsichert.

Als er wegen einer anderen Geschichte im Krankenhaus lag, wurde ihm mitgeteilt, er habe AIDS. Er bittet seinen Kollegen von der Station um Einsicht in die Akte (die normalerweise nicht gestattet wird). In der Akte steht, daß er HTLV-III-positiv ist. Der Mann fühlt sich nicht krank, die andere Geschichte ist erledigt. Er glaubt auch nicht, daß er AIDS hat. Aber er beobachtet sich selbst, spürt nach Krankheitszeichen. Er ist für diese Untersuchung weit gereist, gibt an, in München arbeiten zu wollen. Zu wem kann er Vertrauen haben? Wohl zu niemandem.

Jäger reagiert mit Fragen. Er fragt: Haben Sie Beschwerden? Wie fühlen sie sich im Augenblick? Glauben Sie, daß Sie AIDS haben? Wie, glauben Sie, kann ich Ihnen helfen? Haben Sie jemanden, mit dem Sie reden?

Keiner hat, alle fühlen sich gut, keiner glaubt es, niemand hat wen zum Reden. Ich werde einige Patienten sehen, und bei allen ist es das gleiche: ein unbenennbares Problem.

Der Mann zieht sich bis auf die Unterhose aus, legt sich auf die Couch. Jäger tastet und horcht, prüft Reflexe, sieht in den Mund, schaut die Haut an, sieht den Gesamtzustand. Nichts Besonderes. Er wird noch einmal den Test machen lassen, wird einen Hauttest machen, verschiedene Werte ermitteln, die mit dem Allgemeinzustand zu tun haben.

Die Frage, die hinter den fünf oder sechs Geschichten stehen, die ich an diesem Vormittag höre, ist: Was kann ich tun? Die Frage wird oft gar nicht ausgesprochen, aber sie ist es, die diese Beunruhigung macht, die Ungewißheit. Dieser Krankenpfleger, der Routine haben soll im Betreuen von Kranken, versagt bei sich selbst. Er weiß überhaupt nicht, was er mit diesem positiven Ergebnis soll.

Aber Somatik beruhigt. Das Behandeln des Körpers ist eine Beruhigung an sich. Jäger versichert an diesem Tag oft, daß das Testergebnis keineswegs bedeutet, daß derjenige krank ist. Jeder der Betroffenen weiß das auch. Und jeder ist froh, es noch einmal zu hören. Der letzte Händedruck ist immer erleichtert, immer ist da die kleine Sicherheit der Zahlen, die irgendwelche Werte bedeuten, die bedeuten, daß man noch nicht stirbt.

Herein kommt, die Verspätung gar nicht wahrnehmend, eine Frau, dreißig, mit offenem Lächeln, alternativen Umgangsformen, in ihren besten Kleidern, sie war drogenabhängig. Die Frau ist verunsichert.

Ihr Kind, der Vater ihres Kindes und sie selbst sind HTLV-III-positiv.

Sie hat eine hohe Stimme, spricht sehr bayrisch, durchsetzt mit Drogenslang. Über ihren Kokaingebrauch sagt sie, sie habe Koks immer gedrückt: Weil des viel a besseres Feeling is. Sie kann sich schwer auf die eigene Geschichte konzentrieren, verheddert sich, kennt das aber wohl schon, redet weiter und lächelt. Jäger ist vielleicht die tausendstel Spur ungeduldig, weil sie zu spät ist und den Zeitplan durcheinander bringt. Später erzählt er mir das als typische Schwierigkeit: Junkies sind unzuverlässig und erwarten Zuverlässigkeit. Aber vielleicht ist das ihr Recht. Jäger jedenfalls tut so.

Dann schickt sie mich raus, sie sagt zu mir: Ich kann mich überhaupt nicht mehr konzentrieren durch dich. Kein Problem, sage ich und gehe.

Natürlich werde ich den Leuten vorgestellt, und natürlich werden sie gefragt, ob ich drinbleiben darf. Alle sagen Ja; aber schon daß drei, vier, fünf Personen ihnen gegenüberstehen und nicht bloß eine, ist wohl verwirrend. Hier geschehen intime Vorgänge, und keinem fällt es leicht zu reden. Ich weiß auch nicht, ob ich selber den Mut hätte, gegen die akzeptierte Situation jemanden rauszuschicken, bloß weil ich ihn nicht kenne: Die andern kenne ich ja auch nicht.

Aber sie werden also immerhin gefragt, ich sitze dabei, sie gucken auch zu mir, in vielen Blicken ist diese Bitte um Verständnis, die Frage: Nicht wahr, ich habe es doch richtig gemacht; nicht wahr, so ist es normal, unbedenklich, gesund. Und natürlich nicken wir immer, wir wollen ja hören, auch die langen und umständlichen Geschichten, auch die merkwürdigen Dinge, auch die vielen Vorstellungen von Heilen, von Sexualität, von Leben eben. Soll ich einer Ex-Drogenabhängigen erzählen, daß ich sie nicht verstehe? Lächerlich. Soll ich dem Schwulen erzählen, daß er sich auch mit diesem Risiko seine Sexualität nicht nehmen lassen soll? Das darf ich nicht, und ob ich dürfte, wenn ich der Arzt wäre, ist die zweite Frage. Ich überlege beim Zuhören, ob die medizinisch richtige Antwort immer die richtige Antwort ist. Wäre, bei aller Vorsicht, nicht auch die Aufforderung richtig, wenigstens mit seinem Freund nicht vorsichtig zu sein, und zwar gar nicht und nie?

Eben das fragen sich die Patienten.

Zum Abschlußgespräch darf ich wieder rein. Die Frau erzählt, daß sie in einer Bäckerei arbeitet jetzt, sie hat Angst, entlassen zu werden.

Soll sie aufhören, dort zu arbeiten? Kann sie entlassen werden? Muß sie es?

Aus medizinischer Sicht, sagt Jäger, besteht dazu keinerlei Veranlassung und erzählt die Geschichte von dem New Yorker Chirurgen, der AIDS hatte und weiter operiert hat; natürlich ging es. Die Chance, sich über alltäglichen Umgang mit AIDS zu infizieren, ist nur theoretisch. Es gibt bisher keinen einzigen Fall. Was aber, sagt Jäger weiter, die Behörden machen, wenn sie von Ihrem Testergebnis erfahren, können wir nicht sagen. Weil viele Leute nicht Bescheid wissen, kann ich Ihnen nicht ohne weiteres dazu raten, Ihr Testergebnis allen mitzuteilen.

Na, des sowieso net!, sagt die Frau und guckt entschuldigend zu mir.

Jäger fragt die Frau: Meinen Sie, daß Spritzen legal verkauft werden sollten? Ja. Die paar Apotheken, wo es welche gibt, sagt sie, sprechen sich rum, aber die Wege sind dann weit, dann braucht man den Schuß, dann nimmt man eben die Spritze, die grad da ist, zu mehreren. Davon hängt nichts ab: keine Entscheidung, kein Aufhören.

Haben Sie noch Fragen? Jäger fragt das jedesmal zum Schluß. Ich hätte bei dieser Frage den totalen Blackout, und auch die Frau nimmt sich vor, zum nächstenmal einen Zettel zu schreiben und ihn mitzubringen. Aber Jäger wartet wirklich ein bißchen, bis man wirklich keine Frage mehr hat.

Schwule und Junkies haben ja überhaupt mehr Krankheiten, und ich nehme an, mit abnehmendem Mitleid läßt die Geduld der Ärzte nach. Dieses hier ist, will ich sagen, ein positives Beispiel, nicht die Regel.

Herein kommt ein richtiger Mann, er begrüßt uns mit Handschlag, füllt den Raum, er ist keine dreißig, sicher und groß. Der Mann ist sehr verunsichert.

Er sagt: Nachts um vier fallen mir meine Sünden ein. Er war beim Gesundheitsamt und hat den Test machen lassen, dort ist eine Grauzone, er ist nicht richtig negativ, er ist nicht richtig positiv. Warum, fragt Jäger, haben Sie den Test machen lassen? Ich wollte es genau wissen, sagt der Mann. Zur Beruhigung. Gehören Sie zu einer der Risikogruppen? Naa, sagt der Mann, ich nehm keine Drogen, I bin kaa Bluter, und ich hab auch noch nie mit schwulen Männern geschlafen. Gibt es irgendwelche andern Möglichkeiten, bei denen Sie sich hätten infizieren können? Nein. Im Puff hab ich halt gehockt, nicht.

Jäger wird den Test noch einmal machen; ihn interessiert weniger die

Grauzone, die es wohl manchmal, sehr selten, gibt, und die man abwarten muß. Jäger fragt mehr nach der Situation des Patienten, hat er eine Freundin? Ja. Hat er mit ihr gesprochen? Nein, das Ergebnis ist ja nicht sicher. Sie sollten jetzt schon mit Ihrer Freundin sprechen, sagt Jäger vorsichtig. Erst mal das Ergebnis abwarten, oder?

Das Ergebnis, sagt Jäger, wird Sie nicht von Ihrer Unsicherheit erlösen. Ein Testergebnis kann sich ändern, es sagt auch gar nichts darüber aus, ob Sie krank sind; wie Sie sich verhalten, kann nicht von ihm abhängen. Diese Ruhe von Jäger. Es ist wie bei den Sexualwissenschaftlern. Immer, wenn ich einen dieser grandiosen Artikel von Günter Amendt lese, denke ich natürlich: Wie macht es Günter Amendt? Hans Jäger, wenn er einen Patienten nach etwas ganz Intimem fragt, hält seine Stimme wie immer. Ein bißchen wirkt er, als wenn er die Antwort schon vorher weiß, er nickt gleich und fragt weiter.

Von der hilflosen Kälte um mich sonst immer wieder erschreckt, lerne ich hier, daß Kälte gut sein kann. Kälte ist richtig, wenn man jemandem raten soll. Wer jemanden aus dem Sumpf zieht, darf selber nicht im Sumpf sein. Kälte bedenkt, daß man selber in diesem Moment Hilfe nicht braucht. Das ist gut.

Wäre AIDS so leicht übertragbar wie Grippe, dann wären wir schon alle tot. Weil das nun aber so schwer geht mit dem Anstecken, scheinen plötzlich gerade die Personen für uns gefährlich, die uns am nächsten kommen. Vor den wenigen, zu denen wir Vertrauen haben, haben wir jetzt Angst. Das ist das Grauenhafte.

Dieser nette große Heteromann, wie er im Sitzen mit dem einen Bein wippt, wie er die Hände, die großen schönen Hände in die Ellenbogen steckt: Das kann jeder ausnutzen. Hier haben Illustrierte, hier hat jeder leichtes Spiel, der Angst macht, noch mehr Angst, noch mehr Verunsicherung. Er würde jetzt alles glauben. Dieser Mann weiß nicht, wovor er Angst haben soll, und deshalb hat er vor allem Angst.

Dabei wissen wir gar nicht, was der Nachweis der HTLV-III-Antikörper bedeutet! Der Test sagt weder, daß jemand krank ist, noch daß er krank werden wird. Zufällig sind bestimmte Menschen betroffen. Die Eigenschaften des Patienten, die ihn nicht krank machen, haben den Arzt nicht zu kümmern. Wer über Homosexualität diskutiert, setzt voraus, daß sie krank macht. Daher die Forderung, ohne ausgeführte Homosexualität zu leben.

Aber Sexualität ist keine Frage der Entscheidung. Niemand kann ohne Sexualität leben, also kann kein Homosexueller ohne Homosexualität leben. Es geht nicht. Verblüffend bloß: Alle behaupten, daß es geht.

Ich erinnere mich an den Anfang der AIDS-Diskussion; da hieß es, betroffen seien Personen, die sogenannten passiven Analverkehr machen, mehr als fünftausend Partner am Tag haben und sich ausschließlich von Drogen ernähren. Und dann flüsterte der sterbende Klaus Nomi plötzlich den rührenden Satz: Aber ich habe doch gar nichts gemacht. Damit war diese Theorie hinfällig. Auch dies eine Mal kann das entscheidende sein.

Die einzig sichere Sexualität ist keine Sexualität. Sex ist nicht sicher. Küssen ist nicht sicher. Menschen sind dreckig und naß. Wer zu Vorsicht rät, rät zu Vorsicht vor Menschen. Hier gilt es, gesund zu bleiben. Maß der Gesundheit kann nicht die Zahl unserer Bakterien sein (übrigens sind viele Bakterien lebensnotwendig). Wer panische Angst vor Hautkontakt entwickelt, ist nicht gesund.

Herein kommen zwei Männer, beide um die Dreißig, der größere hat dunkle, der kleinere helle Haare, sie haben klare offene Augen, die lachen können, sie sind freundlich und schön. Die Männer sind sehr verunsichert.

Der eine hat, als der andere in Urlaub war, den Test gemacht und ist positiv. Beide sind schockiert und wissen nicht weiter. Jägers erste Frage: Warum haben Sie den Test machen lassen? Er war zu einer Routineuntersuchung beim Arzt. Hatten Sie vor, den Test machen zu lassen? Nein. Es ergab sich auf einmal. Ich habe ihn halt dann machen lassen.

Die beiden sind gesund. Der Positive arbeitet mit Autos, Jäger fragt ihn danach, er lächelt und erzählt. Jäger fragt: Haben Sie geweint? Der Mann sagt: Ja. Und sofort: Das hätten doch alle, nicht? Ja, sagt Jäger: Ja.

Sie fragen, was sie dürfen. Wieder habe ich dieses deutliche Gefühl: Jetzt könnte man ihnen alles erzählen. Der eine sagt: Beim Blasen, da kommt doch schon manchmal vorher was. Ist das gefährlich?

Natürlich ist es gefährlich. Jäger empfiehlt Blasen mit Kondom. Das ist doch eklig! Medizinisch ist dieser Rat im Moment richtig, keine Frage. Aber dieses liebe, ganz intime Detail, daß der Positive offenbar aktive Cowpersche Drüsen hat, das bringt mich gegen diesen Rat auf. Ist es richtig, den beiden dies zu versagen? Liegt die Grenze, die jeder für sich ziehen muß, liegt diese sehr große und wichtige Entscheidung für oder gegen Dinge, für oder gegen Menschen, vielleicht jenseits des Medizinischen?

Ach, ich sehe mich schon auf dem Scheiterhaufen, wie die Gesundheitsinquisitoren vor dem Anzünden rufen: Er war's! Er hat die Seuche mit verbreitet! Hier habt ihr ihn, den Schuldigen! – Und ich gucke blöd und verbrenne.

Die beiden gehen, schon das Gespräch an sich hat sie erleichtert, das merken wir. Wir bleiben sitzen und machen Nachbereitung. War es ein Vertrauensbruch, den Test heimlich machen zu lassen? Ist es nicht ein positives Zeichen, daß beide zusammen gekommen sind? Will der Ungetestete die Schuld von sich weisen? Wer hat sich von wem angesteckt? Ist das wichtig?

Wie bei jeder Krankheit hat auch hier der Arzt die Aufgabe, dem Patienten ein Verhalten zu empfehlen, mit dem er die Krankheit in Zukunft verhindern kann. Wie bei jedem Arzt-Patient-Gespräch ist auch hier der Arzt gefordert, die Welt dabei mitzudenken. Einen Patienten von seiner Homosexualität heilen zu wollen ist unsinnig; so weit sind wir ja nun schon (gewagte Behauptung). Was aber ist mit dem Verhalten, das Krankheit vielleicht nur begünstigt? Wenn ich einmal im Jahr wegen meines Magens zum Arzt komme, wird mir immer zugerufen: Ändern Sie Ihr Leben! Dann lache ich und gehe wieder.

Im Nebenzimmer, wo ich Frau Müller interviewt habe, gibt es Gedrängel. Der Mann sitzt dort noch und füllt seinen Fragebogen aus, die beiden von eben kommen dazu. Der Mann sieht ernst aus, auch als ich ihm zwei Tage später noch einmal über den Weg laufe hier im Haus, er hat wieder ein halb positives Ergebnis, irgendwas ist da, vielleicht auch bloß mit dem Test, immerhin hat dieser Test vier Prozent Fehlerrate, in der Medizin ist das viel. Aber er wird mit seiner Freundin gesprochen haben, da ist ihm leichter. Wohl ist ihm nicht.

Jäger erzählt, er habe den Fragebogen mit der Münchner Gay Community zusammen entwickelt. Gay Community! Jäger findet das vielleicht normal, aber ich kann sie mir richtig vorstellen, die Münchner Schwuchteln, wie sie hoffen, daß die Welt kein Englisch versteht! Gay ist wirklich alles andere als ein selbstbewußtes Wort.

Dann stelle ich mein Tonbandgerät an. Dann klingelt das Telefon. Überhaupt klingelt während des ganzen Vormittags andauernd das Telefon. Mindestens fünfmal sagt Jäger, die Telefonsprechstunde sei erst nachmittags. Bitte rufen Sie dann noch einmal an. Nein, ich habe jetzt keine Zeit. Ein Mann will einen Extratermin, weil er privat versichert ist. Jäger sagt: Wir machen hier keine Unterschiede in der Terminplanung. Dr. Jäger hat keine Sekretärin. Dann stelle ich das Tonband wieder an.

Hans Jäger, erstes Gespräch

Warum haben Sie angefangen, mit AIDS zu arbeiten?
Ich hatte zehn Jahre mit Krebspatienten gearbeitet, und zwar mit Leukämiepatienten, die sehr früh ans Sterben kommen, und bin dann in die USA gegangen, um dort mehr zu lernen über die psychotherapeutische und psychologische Betreuung. Und gleich am zweiten Tag, als ich da anfing, war da ein Suizid-Problem mit einem AIDS-Patienten. Und das hat mich so auf die Spur gesetzt. Ich hab dann ein erstes Forschungsprojekt durchgezogen, wo wir versucht haben rauszukriegen: Wie geht es eigentlich jemand, der AIDS hat oder der im Vorfeld krank ist.

Und mit Dingen, die man lernt, wenn man über viele Jahre Leukämiepatienten betreut, kann man relativ gut ausgestattet sich mit AIDS-Patienten beschäftigen, muß dann aber noch 'ne Menge dazulernen.

Was?
Dazulernen muß man alles, was damit zu tun hat, daß die Krankheit ansteckend ist, Leukämien sind nicht ansteckend. Und dazulernen muß man dieselbe erhebliche psychosoziale Last, die mit der Krankheit verbunden ist; die gibt es bei Leukämien auch, aber längst nicht in dem Ausmaß.

Liegt diese Last nur im Sozialen?
Die Mehrbelastung liegt im wesentlichen in diesem psychosozialen Bereich. Ich glaube, das war wohl der Grund für mich, da einzusteigen. AIDS ist eben eine Herausforderung in der ganzen Möglichkeit der ärztlichen Betätigung, nämlich von der Forschung im Reagenzglas bis hin zu psychologischen Aspek-

ten. Es sind auch alle medizinischen Disziplinen befaßt, neben Internisten und Hautärzten die Augenärzte, die Psychiater, die Pathologen, die Gastroventorologen, das heißt die Menschen, die in den Darm hineinschauen, die Neurologen; und es sind zunehmend auch die geisteswissenschaftlichen Disziplinen damit befaßt. Es macht Spaß, andere Kollegen für das Gebiet zu interessieren. Am Anfang mußte ich immer sagen: Lest doch mal, bildet euch mal weiter. Und zum Beispiel die Endoskopie, da haben die Kollegen inzwischen eine große Expertise entwickelt hier im Haus und sehen jetzt auch mehr, einfach weil sie sich eingeübt haben.

Was unterscheidet einen AIDS-Patienten von einem Krebspatienten

AIDS ist eine schwere Erkrankung wie andere schwere Erkrankungen auch. Wir haben bei manchen Leukämien die Möglichkeit, sie erfolgreich zu behandeln, wir haben bei manchen Formen von AIDS die Möglichkeit, das erfolgreich zu behandeln, bei manchen aber auch nicht, das ist bei Leukämien ganz ähnlich. Die Lebenserwartung ist bei bestimmten akuten Leukämien zwei Jahre, manchmal etwas weniger, und sie ist bei AIDS zwei Jahre und manchmal etwas weniger. Es gibt bei beiden Krankheiten Patienten, die auch nach vier, fünf Jahren – das sind Einzelfälle – noch leben und denen es gutgeht.

Aber: Wenn Sie einem Leukämiepatienten sagen, daß er Leukämie hat und das mit ihm besprechen, dann ist es im allgemeinen so, daß die Familie näher zusammenrückt. Das wird also wärmer bei dem Patienten, das braucht er auch, er braucht körperliche und menschliche Wärme, jeder, der schwer krank ist. Und wenn sie einem AIDS-Patienten sagen, daß er AIDS hat, dann passiert meistens oder oft folgendes – es gibt ganz tolle Ausnahmen –, daß die Familie zweifach abrückt: Einmal kriegen die sozusagen den offiziellen Stempel, was sie schon immer dachten aber nie richtig wußten, daß ihr Sohn schwul ist. Wir haben in einer unserer Studien hier rausgefunden, daß nur 30 Prozent der schwulen Männer ein coming out geleistet haben. Das zweite ist, daß die Familie eine unbegründete Angst hat, sich anzustecken. Das führt nun dazu, daß gerade für denjenigen, der die Wärme und Unterstützung der Familie braucht, die Familie erst mal nicht existent ist. Wie gesagt, löbliche Ausnahmen haben wir erlebt mit Patienten, die bei uns gestorben sind oder schwer krank waren, wo die Familie und der Freund um das Bett herum sozusagen mit gelebt haben in der letzten Lebensphase. –

Dazu kommt, daß AIDS immer auch anhaftet, daß es etwas ist, das schuld-

haft entstanden ist. Das ist natürlich ein ganz unsinniges Prinzip, dieses Prinzip von Schuld und Krankheit, das kann man schon mit dem Beinbruch beim Skilaufen ad absurdum führen, der wäre dann auch schwer zu verurteilen. Es hilft niemand das Gefühl, schuld zu sein an dem, was man hat, im Gegenteil: Das schadet. Wir haben auch mal eine Untersuchung gemacht, wie weit Schuldgefühle vorhanden sind, zum Glück waren die gar nicht so ausgeprägt bei den AIDS-Patienten.

Wenn jemand schwer krank ist, dann ist er da, hat Schmerzen, braucht Medikamente, und zwar viele, braucht Infusionen, und dann unterscheidet er sich nicht mehr so sehr, aus der medizinischen Sicht.

Er unterscheidet sich, weil er sich auch dann mit seiner Homosexualität auseinandersetzen will; manche haben das aber auch geleistet und können einfacher Patient sein, aber viele haben da noch Schwierigkeiten und machen Schuldzuweisungen in einer Situation, die dafür nicht geeignet ist.

Bei Krebs gibt es sicher auch Mythen, aber es gibt bei dieser Krankheit sehr viel mehr Mythen, die viel mit Sexualität und Sterben zu tun haben.

Praktisch alle, die bei mir erfahren, daß sie HTLV-III-positiv sind – das sind nur noch wenige, weil die meisten schon kommen mit diesem Wissen –, mache ich damit vertraut, daß es Selbsthilfegruppen gibt und empfehle auch, dahin zu gehen. So etwa die Hälfte kann mit dieser Empfehlung was anfangen. In Einzelfällen überweise ich zum Therapeuten.

Es haben sich in München bisher sieben Selbsthilfegruppen gebildet, und das deutet an, daß da noch ein starker Bedarf ist.

Überhaupt kann man ja in der Schwulenszene sehen, daß die in vielerlei Hinsicht das repräsentieren, was sonst die Familie gemacht hat. Es sind Hilfssysteme gewachsen, von denen wir nicht im entferntesten annahmen, daß sie überhaupt möglich wären. So die platte Meinung ist doch erst mal über einen fünfunddreißigjährigen schwulen Mann: Der hat ja nie gelernt, Verantwortung zu übernehmen, hat für sich selbst verdient, keine Familie, keine Kinder, und mit den Eltern ist er auch nicht sehr in Kontakt – und wir haben gesehen, daß man AIDS-Arbeit heute gar nicht mehr machen kann ohne AIDS-Hilfe.

Wir haben bei einem Forschungsprojekt hier in München 93 gesunde schwule Männer untersucht, wir wollten wissen, wie ist es denn, wenn jemand nicht infiziert ist, mit dem Immunsystem und so. Das wär ja gar nicht möglich gewesen, 93 gesunde schwule Männer auf Herz und Nieren und auf ihre psychische Vorgeschichte und auf ihre Zahl der Partner und all das hin zu untersuchen, wenn nicht eine Vertrauensbildung dagewesen wäre, aber wenn nicht auch die Münchner AIDS-Hilfe dagewesen wäre. Gerade auch mit den Erfahrungen, die wir in unserem Land haben mit den Schwulen, mit Gesundheit, Krankheit und auch mit Forschung an Homosexuellen. Wenn wir 50 Jahre zurückblicken, da sind Sachen passiert, die es auch jetzt noch verständlich machen, daß da eine Zurückhaltung besteht.

Was der Faschismus auch gebracht hat, ist eine Abwehr gegen jede Art von Sichkümmern um Schwule, das gleich als Angriff und Gefährdung – zu Recht – erlebt wird.

Ich bin aus ganz medizinischen Gründen gegen Meldepflicht, weil wir damit eine stärkere Grauzone bekommen würden. Die Leute würden doch gar nicht kommen.

Weil es mißbrauchbar ist.

Einen Überblick über die Krankheit können Sie auch aus dem bisherigen Material bekommen. Wir hätten vielleicht ein paar Fälle mehr, aber das macht den Kohl nicht fett. Das Problem ist zunächst ein qualitatives Problem.

In den USA ist es inzwischen ein quantitatives. Ein Drittel aller Kosten, die für Infektionskrankheiten dort anfallen, werden für AIDS ausgegeben. AIDS ist die Todesursache Nr. 1 von Männern zwischen 25 und 40 in New York. Geld, das wir jetzt ausgeben für Information und Qualifikation, sparen wir ja hinterher wieder ein. Jeder, den wir jetzt davor bewahren, sich zu infizieren, ist ja direkt verdientes Geld, sozusagen.

Wissen Sie, wenn man zum Beispiel Herzkatheter legt oder Magenspiegelungen macht, dann wird ein Arbeitsschwerpunkt gebildet; der wird personell ausgestattet, und dann kann man vernünftig arbeiten. Und da warten wir hier noch auf die Hilfe durch die Administration.

Es wird hier viel gearbeitet mit Doktoranden, und wir arbeiten relativ viel mit Freiwilligen aus der Szene. Das ist keine Lösung.

Zum Essen kann mich Jäger nicht mitnehmen, weil ich keine Essensmarke habe für die Kantine; ich nehme an, er hat auch keine Lust dazu.

Ich werde mit Hans essen, der noch kurz reinschaut und sich nach dem weiteren Tagesablauf erkundigt; er liegt hier auf Jägers Station, für drei Tage. Hans ist Mitte Dreißig, freundlich, stämmig und attraktiv. Hans hat ein Kaposi-Sarkom.

Jäger fragt ihn: Wie geht es Ihnen? Gut, er lacht, müde halt. Haben Sie akute Beschwerden? Nein. Jäger fragt die Liste ab. Hatten Sie Durchfall? Nein. Dann, nach einem kurzen Zögern: Doch, einmal. Jäger sieht ihn sich an, zeigt dem Doktoranden Mayr die blaubraunen Stellen auf der Haut. Die Stellen jucken nicht, man kann sie anfassen, befühlen, hin und her schieben. Sie sind unauffällig. Als die erste Untersuchung abgeschlossen ist, gehen Hans und ich in das Gasthaus gegenüber. Wir sitzen mitten unter den Kindern, die hier unruhig werden, unter den älteren und weniger älteren Leuten dieses Dienstagnachmittags; ein kleines Tonband auf dem Tisch.

Hans betreibt mit seiner Mutter einen Laden. Hans ist die absolute Frohnatur. Er sieht gut aus, freut sich über das Interview, fragt nach meiner Arbeit. Er lacht viel. Beunruhigungen spricht er gelassen aus. Er ist der Typ, der mit Jeans und Karohemd in die Subkultur geht. Hans hat niemandem von seinem Kaposi-Sarkom erzählt, außer seinem Freund. Seiner Mutter erzählt er Geschichten, wenn er ins Krankenhaus geht.

Mehr als Diagnostik ist hier nicht nötig. Die Krankheit, deren Namen Hans umgeht auszusprechen, er hält dies wie viele Kranke mit vielen Krankheiten, die Krankheit wird beobachtet, das Krankheitsbild ist stabil. Hans kann lange so leben. Er braucht nicht isoliert zu werden, er kann arbeiten, er kann seine Krankheit verheimlichen. Dazu muß man wohl auch raten.

Hans lacht, wenn er erzählt. Er sagt:

Hans

Du bist hier eingewiesen?
Ja, für drei oder vier Tage, das haben wir offen gelassen. Wie es mir geht, alles nachschauen. Ich war erst einmal vorher drin, neun Tage, bin ganz gründlich untersucht worden.

Wie bist du darauf gekommen, zum Jäger zu gehen?
Ich hab seine Adresse vom Gesundheitsamt bekommen. Da war ich eben, den Test machen lassen, weil ich immer sehr, sehr müde war. Und der war positiv, dann bin ich zuerst zum Hausarzt gegangen, ich hatte so einen Pilz im Mund

gehabt, der ist dann behandelt worden, ging wieder weg, und ich hab mich dann ganz wohl gefühlt, aber die Flecken haben mich immer noch gestört. Und mein Hausarzt hat gesagt, das kann sehr vieles sein, mich getröstet, der wollt's halt nicht sagen oder was, und dann hab ich den Jäger angerufen. Und normalerweise heißt's ja, man muß sechs Wochen warten, aber wenn man Flecken hat oder so, dann nimmt er einen sofort, das war ganz toll, am nächsten Tag hatte ich einen Termin.

Beschwerden hab ich überhaupt keine. Bis auf das, daß ich eben nicht mehr so belastbar bin wie früher. Werd schneller müde. Die ganzen typischen Beschwerden hab ich alle nicht. Das find ich toll. Die Krankheit ist natürlich beschissen.

Mit wem hast du gesprochen?
Ja, mit meinem Freund. Der ist auch positiv.

Und schlaft ihr noch zusammen?
Wir schlafen noch zusammen, aber eben mit Kondom. Das ist eine Umstellung mit dem Sex, aber das kann man schon alles arrangieren.

Und wie hat er reagiert?
Er hat überhaupt keine Symptome. Er hat mir schon sehr geholfen. Weil, man tendiert dann schon dazu, daß man sehr depressiv wird. Und da hat er mir geholfen, und zwar nicht weinerlich, sondern er hat mich einfach aufgerichtet.

Wohnt ihr zusammen?
Wir wohnen zusammen, ja.

Und du arbeitest zusammen mit deiner Mutter, die aber nichts weiß?
Sie weiß, daß ich homosexuell bin, aber von meiner Krankheit weiß sie natürlich nichts.

Und die Stimmung? Hast du das Gefühl, eigentlich möchtest du's ihr sagen?
Nein. Ich möchte ihr gar nichts sagen.

Warum nicht?
Meine Mutter ist 75 Jahre, und das ist eine wahnsinnige Belastung für sie. Ich hab vor, daß ich den Status, wie ich jetzt bin, einigermaßen halte, so lange, bis es eben wirklich irgendwas gibt dagegen, und da braucht sie's überhaupt nicht zu wissen. Wenn's dann irgendwas gibt, dann kann ich ihr ja sagen: Du, wart einmal, bei mir war des so und so; aber momentan sag ich's ihr nicht.

Du verstehst dich gut mit ihr?
Ja.

Mit deinem Freund, ist es da jetzt belastet?
Sex ist schon belastet. Es geht einem ab, daß man sonst mit überhaupt niemandem mehr Sex machen kann. Wenn man einen Jungen sieht auf der Straße, denkt man sich: So ein Scheiß. (Er lacht.) *Manchmal will einen einer anmachen, und man kann einfach nicht. Das ist schon schwierig. Ansonsten ist das Leben fast schöner, weil man mehr unternimmt. Früher bin ich Samstag in die Sauna gegangen, Sonntag ins Kino; heut fahrn wir in die Berge, arbeiten im Garten, diese ganzen Sachen. Man freut sich auch mehr an Dingen, die man selber hat, wir haben im letzten Jahr ein paar Teiche angelegt, da freut man sich jetzt viel mehr. Das war früher so nebenbei.*

Ich les auch wieder viel mehr Bücher.

Ich war früher sehr promisk. Hatte sehr viel Sex, teilweise auch mit Drogen; man vergißt eigentlich, daß es anderes auch noch gibt. Und das muß man halt wieder lernen, daß man sich drüber freut, wenn man einen Vogel fliegen sieht, daß man sich über Kleinigkeiten freut, die sonst völlig vorbeigehn an einem. Und das macht viel aus, daß man jemanden hat, mit dem man sprechen kann.

Und so Überlegungen, die man dann hat, am Anfang. Zum Beispiel seit einem Jahr hab ich vor, mir eine neue Einbauküche zu kaufen, die kostet mich 30 000 Mark, da will ich die größte haben, die es gibt, die hält für fünfzehn Jahre. Aber dann fängt man zu denken an, die hält für fünfzehn Jahre, vielleicht hab ich nur noch ein paar Jahre zu leben. Also ich war echt dran, meine ganzen Pläne abzubrechen. Aber des ist das Allerschlimmste, was man machen kann. Und da hat mir mein Freund sehr drüber geholfen. Mir die Lustlosigkeit genommen. Gesagt: Schau mal, welche wolln wir kaufen.

Wie ist es hier im Krankenhaus?
Es ist eher angenehm. Komischerweise, das hätt ich nämlich vorher nicht gedacht. Ich kann mich ausschlafen, wenn ich müde bin, ich kann tun und lassen, was ich will, und toll ist natürlich, daß ich abends nach Hause gehen kann, daß man nicht alleine schläft. Das macht schon viel aus. Irgendwie find ich's ganz entspannend. Es ist immer ein blödes Gefühl, wenn man ins Krankenhaus geht. Aber wenn man drin ist, ist es nicht schlimm. Der Jäger ist wahnsinnig nett. Das ist das allerwichtigste bei der Krankheit, daß man einen guten Arzt hat. Er gibt einem das Gefühl, daß man in guten Händen ist.

Ich hatte ein Erlebnis hier mit einem jungen Pfleger, mit dem hab ich mich über die Krankheit unterhalten, und er fragte mich, ob ich weiß, wie das jetzt weitergeht. Hab ich gesagt: Na ja, wahrscheinlich werd ich eben irgendwann in absehbarer Zeit wieder reinkommen. Da hat er gesagt: Ja ja, das geht dann in immer kürzeren Abständen. Das fand ich dann schon etwas doof von ihm. Das hat mich sehr beschäftigt. Ich weiß es ja, aber wenn man dann so drauf gestoßen wird.

Kannst du mit jemand anders noch sprechen, hast du so einen Bekanntenkreis?
Nee, hab ich nicht. Hab ich schon, aber die wissen des nicht. Mit denen telefonier ich ab und zu mal, aber ich möcht nicht drüber reden. Ich weiß ja, wie es in Schwulenkreisen ist, es gibt dann ein Getuschel um einen, ich haß des. Ich hab mir auch schon überlegt, ob ich zu so Selbsthilfegruppen gehen sollte, aber ich glaub, das ist doch nichts für mich. Vielleicht würd ich meine Meinung ändern, wenn ich drin wär, aber mir ist einfach der Gedanke unangenehm, daß ich zu Leuten hingeh, die ich überhaupt nicht kenne. Ich hab im Fernsehen so Leute von einer AIDS-Hilfe gesehen, und die haben sich so tuntig aufgeführt, meiner Meinung nach. Im Fernsehn!

Daß Leute anfangen würden, mir nicht mehr die Hand zu geben, das würde mich schon belasten. Vor allem, wenn meine Kunden das wüßten, ich glaube schon, daß die wegbleiben würden. Es gäbe sicher ein paar, die soweit aufgeklärt sind zu wissen, daß sie sich nicht anstecken können und die dann vielleicht noch eher kommen würden, weil ich ihnen leid tu, aber die Masse würde wegbleiben.

Ich geh seit einem halben Jahr nicht mehr in die Sauna. Aber ich war vorher noch so einige Male da, hab zwar nur Handbetrieb gemacht mit den Leuten, da wußt ich, daß ich positiv bin, da wußt ich also noch nicht, daß ich also, da kannt ich Jäger noch nicht. Hab also nichts mehr gemacht.

Ich hab eigentlich relativ ziellos gelebt vor meiner Krankheit. Eben konsumiert wie alle andern. Und wenn man Drogen nimmt, find ich, daß man eben ein bissel das Leben verliert. Weil die Droge einfach dann so wichtig wird. Ich hab Kokain genommen ziemlich lang, und Kokain ist schon ein richtiges Scheißzeug.

Die Sachen haben mich dann auch, durch die Krankheit nehm ich an, nur noch müde gemacht. Es war alles nur noch Abführmittel. (Er lacht.)
Ich würd auch gern mal wieder nach Berlin fahren. Aber du überlegst dir: Zu was? Berlin kennst du schon, und in der Sauna übernachten und so, das geht halt nicht mehr. Du kannst ja nichts mehr machen. Da kann ich zu Hause bleiben. (Er lacht.)

Hast du das Gefühl, du bereust es?
Überhaupt nicht. Ich bin selber schuld, daß ich's hab, aber bereuen tu ich's nicht. Leid tun mir die Leute, die's durch 'ne Blutinfusion kriegen, die haben nicht mal was gehabt davon. Kommen wie die Jungfrau zum Kind.

Wenn man sich überlegt, eigentlich ist man doch ganz gut dran, daß man sechsunddreißig geworden ist. Die jungen Leute, die heute rauskommen und merken, daß sie schwul sind, sie wachsen ja mit Ängsten auf, das muß ganz, ganz schlimm sein, das hatten wir alles nicht. Wir haben unser Leben genossen. Im Mittelalter sind die Leute nur dreißig Jahre alt geworden.

Was wünschst du dir?
Zufriedenheit.

Und wie kriegt man die?
Ich bin im großen und ganzen ein sehr zufriedener Mensch. Mir geht es gut, ich bin finanziell unabhängig, ich habe einen Freund, ich kann mir ziemlich viel leisten. Ich glaub, daß ich einigermaßen mit mir selber zurechtkomm, auch mit der Sexualität und mit allem, daß ich mich selber bejah wie ich bin. Daß ich schwul bin, da steh ich schon jahrelang zu, aber wenn mich jemand fragen würde, ob ich schwul bin, daß ich ganz ohne weiteres ja sag, das hätt ich früher nicht, das würd ich jetzt machen. Und gerade jetzt, wo die Hetero-Hetze auf die Schwulen offensichtlich wieder angeblasen wird, wegen dieser Krankheit, find ich, sollt man noch viel mehr zu seinem Schwulsein stehen.

Die Dinger hier, die störn mich natürlich, diese blöden Hautstellen. Ich hab auch Hemmungen, deswegen, in ein schwules Lokal zu gehen. Vielleicht ist es unauffällig, aber es gibt doch viele Leute, die es wahrscheinlich kennen. Man selber nimmt es halt dann an, nicht. Jeder wird da drauf schauen.

Was auch blöd ist, daß man bei jedem Pickel schon bald verrückt wird und denkt: Mein Gott, jetzt kommt schon wieder so 'n Ding; und dann stellt sich eben raus, daß es dauernd nur Pickel sind. Aber jedesmal fängst du an zu denken.

Ich lese alles über AIDS. Ich habe alles über AIDS gelesen. Und des und des könnte der Anfang von AIDS sein, und dann liest man des, und dann schießt es einem durch den Kopf, das war schon schlimm. Der Anfang ist sehr schwierig von der Krankheit.

Telefonsprechstunde, Dienstag nachmittags. Jäger sitzt an seinem Schreibtisch, macht Notizen, befühlt sein Ohr, hört zu, redet ruhig. Wenn jemand neu ist, fragt er zuerst: Haben Sie den Test schon gemacht? War das Ergebnis positiv? Glauben Sie, daß Sie AIDS haben? Wie, glauben Sie, kann ich Ihnen helfen? Jäger gibt einem der Anrufer einen Termin, den er das alles gefragt hat, der Anrufer, entnehme ich dem betont ruhigen Ton Jägers, ist sehr aufgeregt. Der Anrufer wird sechs Wochen Wartezeit überstehen müssen. Als Jäger auflegt, frage ich ihn: Hatte er ihn gemacht? Ja. War er positiv? Ja. Warum will er kommen? Angst. Wir haben, sagt Jäger dann noch, öfter ein Kaposi-Sarkom gefunden, das andere nicht bemerkt hatten.

Viele Anrufer kennt er, sie erwarten ihr Testergebnis oder die von anderen Untersuchungen zum Allgemeinzustand. Er sucht den Namen in seiner Liste, in der Liste steht die Nummer, unter der Nummer hängen im Schrank die Akten. Er erklärt ausführlich die Befunde, bespricht die Tendenzen der Blutwerte, bringt statistische Vergleiche, nennt Zahlen. Und immer wieder die Frage: Wie geht es Ihnen. Sie ist der Anfang, und sie ist zwischendurch die Erinnerung daran, wie es jetzt ist, in diesem Moment: Nicht so schlimm, wie die Stimmen wohl klingen.

Einer ist besorgt um seine Versicherung, er ist positiv und weiß nicht, ob er das bei Abschluß seiner Lebensversicherung angeben muß. Von alleine, sagt Jäger, müssen Sie das nicht, Sie sind ja nicht krank. Wenn die Versicherung Sie aber fragt, und immer mehr Versicherungen tun dies, machen Sie sich schuldig, wenn Sie lügen. Ich hätte Ihnen in diesem Fall empfohlen, den Test nicht machen zu lassen. Der Patient entgegnet etwas, Jäger sagt: Sie verstehen, daß ich Ihnen da weder zu- noch abraten kann. Krank sind Sie jedenfalls nicht.

Jäger redet ruhig, fragt schnell ab, fragt immer weiter, insistiert, will wissen. Aus Oldenburg ruft einer an, er kommt hierher zum Test, regelmäßig, läßt sich hier beruhigen. Warum geht er nicht in Oldenburg? Offenbar ist dieser Test so ungeheuer, daß er ihn vom Alltag vollkommen trennt, er fährt diese lange Strecke und hört über sich, hier trifft er niemanden auf der Straße. Aber ist Telefon sicher? Es kann jemand eingeschaltet sein, aus Versehen vielleicht, aber was ist schon sicher? Was ist das, dieser Drang nach Verschwinden, dieses Unauffälligsein, dieses Nichtexistieren?

Abends in der Deutschen Eiche schmeißt Elisabeth Volkmann mit Eiern, bald ist Ostern. Barbara Valentin guckt etwas pikiert, hinter ihr rutschen die Reste die Wand runter. Dann umarmen sie sich.

Nachts gehe ich auf die 20b. Wie ich immer an dem Pförtner vorbeikomme, weiß ich nicht; jedenfalls hält er mich kein einziges Mal an, fragt mich auch nur irgendwas. Vielleicht ist das überall und immer so: Tasche festhalten und durch! Wer so tut, als hätte er Mut, wie sollte der aufzuhalten sein?

Nachts ist das Krankenhaus nicht mehr hell. Die Gänge sind leer und nicht weniger lang, wer hier langgeht, hat es eilig: ins Bett zu kommen vom Bereitschaftszimmer, zu einem Patienten, schnell einen Kaffee beim Kollegen.

Dr. Jäger hat Nachtdienst, Intensivstation. Die Intensivstation hat eine Klingel, Zutritt für Unbefugte strengstens verboten. Ich klingle und warte. Neben der Tür mit der Klingel ist eine Tür ohne Klingel, da geht ein junger Mann durch, der wäre für den Beruf des Journalisten geeignet. Aber ich will ja nicht rausgeworfen werden. Schließlich summt es, eine Krankenschwester fragt nach meinem Begehr. Die Schwester hat keine Haube, einen weißen Hosenanzug, ein Schild mit ihrem Namen. Das Begehr wird durch eine Sprechanlage weitergegeben. Dann holt mich Dr. Jäger in sein Zimmer: Schlafcouch, kleines Regal, Bücher, eine Schreibmaschine. Dr. Jäger sagt:

Hans Jäger, zweites Gespräch

Was ist eine Situation, die Ihnen überhaupt keinen Spaß macht?
Situationen, wo sehr viel Wiederholung drinnen ist. Da ist man gut, weil die Routine einen Teil der Qualität ausmacht, aber die sind nicht so erfüllend wie eine Situation, die neu ist, ein Problem, was neu ist. Ich arbeite besonders gern mit Patienten, die so als schwierig gelten, weil das 'ne Herausforderung ist, mit diesen Patienten klarzukommen.

Spaß macht Neuland. Spaß macht neues Lernen, neue Lernmöglichkeiten, und die gibt's bei AIDS ja in Hülle und Fülle. Es gibt ein dermaßen großes Wissen, man selbst kann ja nicht im entferntesten all das lesen, was man lesen müßte.

Spaß macht es, mit Leuten zu arbeiten, die mehr wissen in dem Bereich als man selbst. Deshalb bin ich auch häufig in den USA.

Wenn Sie es, wie Sie gesagt haben, mit Leuten zu tun haben, die diskriminiert werden, heißt das, Sie müssen aufpassen, Sie nicht zu diskriminieren? Müssen Sie sehr auf sich aufpassen?
Eigentlich haben Sie recht. Aber ich mach das nicht. Und deshalb gibt's auch immer wieder Patienten, die zu andern Ärzten gehen. Ich glaube, das ist was ganz Natürliches, daß man nicht allen Patienten gegenüber ein guter Doktor sein kann. Nun, bei den meisten Patienten hat man das Gefühl, daß sie ganz gerne kommen.

Jedenfalls beobachte ich mich nicht selber oder reflektiere über das; außer, es ist was schiefgelaufen, wo ich das Gefühl habe, da ist jemand wütend geworden in der Arzt-Patient-Beziehung mit mir, oder ich bin wütend geworden.

Ein Beispiel von heute: Da ist ein Patient, der hat heute morgen angerufen, ob er nicht sofort einen Termin bei mir kriegen kann. Obwohl ich überhaupt keine Zeit hatte, hab ich ihm gesagt, ja, er kann kommen. Das war sicher ein Fehler von mir. Dann hab ich ihn untersucht, wir haben relativ schnell herausgefunden, was er hat, und da ich wenig Zeit hatte, hab ich ihm gesagt, das und das haben Sie, und ich würde vorschlagen, daß Sie dann und dann kommen, um sich weiter untersuchen zu lassen. Das ist ein Mensch, der im Vorfeld von AIDS krank ist, also das Vollbild nicht hat, und der heute zum erstenmal da war. Der hat vorher von irgendwem gesagt bekommen, er habe AIDS, und ich konnte ihm sagen, er hat kein AIDS, er hat bestimmte andere Symptome, die wir behandeln können, auch erfolgreich behandeln können, so daß er eigentlich hätte froh sein müssen. War er aber nicht. Er hat hinterher angerufen und hat gesagt: Das war aber gar nicht schön, daß das alles so schnell gegangen wär. – Und ich hatte das Gefühl, wir sind sehr viel weitergekommen, ich hatte ihm extra einen Termin eingerückt zu einer Zeit, wo ich gar keine Zeit hatte, der hat auch gemerkt, daß ich keine Zeit hatte. Es waren einfach unterschiedliche Ansprüche. Es ist so.

Sie sind so verständnisvoll. Geben Sie ihm doch die Schuld.
Ich erinnere mich, daß ich mal in Ulm war und da die psychosomatische Abteilung besucht hab, und da kamen wir, es war im Winter, da draußen an so einer Mauer vorbei, und da stand auf dieser großen Mauer mitten im Winter, wo der Schnee da drunter lag, mit schwarzer Schrift, ganz groß: Scheißpatienten. Da hatte also jemand wirklich aus seinem Herzen keine Mördergrube gemacht, ich fand das ganz toll, weil, sonst heißt es ja immer, Scheißärzte, das kennen wir ja schon, und hier hat mal jemand geschrieben, Scheißpatienten, und das war befreiend. Sie sagen, warum geben Sie ihm nicht die Schuld. Natürlich, warum geb ich ihm nicht die Schuld.

Haben Sie schwule Männer in ihrem Bekanntenkreis?
Jetzt schon.

Gibt's nicht doch manchmal 'ne Zehntelsekunde Irritation, ein Überlegenmüssen?
Das gab's komischerweise mit den amerikanischen Patienten häufiger, die haben nämlich häufiger gefragt, ob ich nicht mit ihnen mal abends ausgehen will, und was mit meiner eigenen Homosexualität ist. Das fragen deutsche Patienten nicht, trauen es sich kaum zu fragen, vielleicht fällt's ihnen auch nicht ein.

Ich selbst habe in der Szene keine Erfahrungen gesammelt, außer als ich mal eingeladen war, in einer Disko irgendeine Benefizgeschichte zu machen. Es gibt einige Forscher, die ganz bewußt mal in schwule Lokale gehen oder auch in schwule Saunen. Ich habe nie gemeint, daß ich diese Erfahrung brauche. Mir erzählen die Patienten, was sie für wichtig halten, und das halte ich selber auch für wichtig.

Worin unterscheiden sich Berufssituationen von privaten Situationen?
Die Distanz. In den beruflichen Situationen find ich Distanz eine wichtige Sache. Ich glaube, daß meine Familie von mir medizinisch relativ schlecht versorgt ist. Weil ich das auch gar nicht richtig ernst nehme, auch weil die mich nicht als Arzt kennen, sondern als Privatmenschen.

Was kann man mit dieser Distanz?
Zwei Dinge. Das Medizinmannhafte einbringen, das Schamanenhafte. Der Glaube an den Arzt hat auch damit zu tun, daß eine gewisse Distanz da ist. Ich glaube, der Arzt kann besser heilen, wenn er sich auf einer professionellen Ebene bewegt. Der Patient kommt, weil er erwartet, daß der Arzt ihn heilt, und das sind zwei verschiedene Ebenen. Wenn ich zu meinem Arzt gehe, will ich, daß er mehr davon versteht als ich. Sonst kann er mir nicht helfen.

Das zweite ist der eigene Schutz. Vielleicht, Dinge nicht zu nah an sich herankommen zu lassen. Das könnte man ein halbes Jahr machen, und dann könnte man es nicht mehr, weil man nicht genügend Abstand hält. Im Beruf ist Distanz eine Hilfe, um auch wieder Distanz herzustellen. Wobei Distanz nicht heißt, daß man nicht jemanden mal in den Arm nehmen kann oder jemandem die Hand halten oder jemanden berühren oder streicheln kann, oder daß man sich nicht einfach freundlich unterhalten kann auch über andere Dinge als das Krankheitsbild.

Was ist eine Situation, die Sie besonders berührt?
Patienten, denen es gutgeht, das ist natürlich eine tolle Sache. Wenn jemand eine schwere Krankheit hat und trotzdem arbeiten kann, trotzdem das tun kann, was er tun möchte, wenn wir dabei geholfen haben. Ich glaube, daß Ärzte letztlich nur Hilfestellung geben können. Wie beim Fahrradfahren, fahren muß man selber, und am Anfang braucht man jemanden, der einem in den Sattel hilft, das kann mit Antibiotika und mit Psychotherapie geschehen, das Sattelhalten, aber treten muß der Patient selber.

Es macht Spaß, wenn ein Patient berichtet, daß es ihm besser geht. Die meisten Patienten kommen natürlich dann, wenn es ihnen schlecht geht. Einige aber rufen zwischendurch an, da freu ich mich sehr drüber.

Sie haben das Gefühl, daß Sie etwas tun können?
Ja, sicher. Klar. Sonst wäre diese Arbeit nicht machbar. Ich habe das Gefühl, daß wir zunehmend mehr tun können, überhaupt für Kranke, aber auch für AIDS-Patienten. Es ist ganz unübersehbar, daß durch Forschung in den letzten zwei, drei Jahren erhebliche Kenntnisse gewonnen sind: es zeichnet sich ab, daß wir Medikamente haben, die mit dem Virus effektiver umgehen können als die bisherigen. Wir können durch Engagement, durch Forschung, durch unsere Arbeit die Situation verbessern.

Patienten und Ärzte schmeißen häufig die Flinte viel zu früh ins Korn, sie meinen: Ich hab AIDS, man kann ja sowieso nichts tun.

Es gibt ein ganz merkwürdigs Phänomen: Menschen, die meinen, sie hätten AIDS und haben kein AIDS. Manche Leute nennen das AIDS-Phobie, ich nenne das AIDS-Philie. Wenn die mir so gegenübersitzen, und ich würde ihnen sagen, Sie haben AIDS, dann würden die mir um den Hals fallen und sagen: Hab ich doch gleich gewußt, diese Testergebnisse, das war alles nicht das richtige, ich bin bei soundsoviel Spezialisten gewesen und jetzt noch bei Ihnen, endlich sagen Sie mir das, die andern haben es mir einfach verschwiegen. – Menschen, die tief in ihrem Innern wissen, daß sie AIDS haben, obwohl sie es einfach nicht haben. Die so davon überzeugt sind, daß sie Ärzten, die ihnen sagen, sie haben es nicht, sehr mißtrauisch gegenüberstehen. Häufig Leute, die gar keiner Risikogruppe angehören, von weit her reisen, die die besten Spezialisten gesehen haben, die den Stempel gern haben möchten. Ein Phänomen, das ich auch bei keiner andern Krankheit bisher gesehen habe. Ich habe lange Gespräche mit denen geführt, und ich merke, die warten darauf, daß ich es sage. Wenn man das durchleuchtet, kommt man oft darauf, daß irgendwann vorher ein schuldbeladener sexueller Kontakt stattgefunden hat, das sind häufig verheiratete Leute, und daß dann diese Schuld verlagert wird auf die AIDS-Angst. Die bestrafen sich sozusagen selbst. Sie lesen über die Symptome und haben die natürlich, weil sie Angst haben, stellen diese Symptome an sich fest und sind dann felsenfest davon überzeugt, daß sie das haben.

Was wünschen Sie sich von einem Patienten?
Man kann sich nicht von einem Patienten was wünschen. Ich hab gerne Patienten, die nicht nur von mir erwarten, daß ich das nun so bringe, sondern die auch Fragen haben: Was kann ich Patient dazu tun, daß das besser wird? Das finde ich entscheidend. Das Gefühl zu haben, daß sie selbst noch Einfluß dar-

auf haben, was läuft. Die unbequemeren Patienten sind die, die meinen, selber was tun zu können. Und fast immer können sie das auch, und das mag ich gerne.

Aber bei den Krebspatienten sind es leider nur 15 bis 20 Prozent, die mit solchen Fragen kommen, und das ist vielleicht sogar typisch dafür, daß es Krebspatienten sind, mit aller Vagheit der Vermutung. Es gibt eine amerikanische Untersuchung, die zeigt, daß Patienten, die gegen den ärztlichen Rat die Behandlung abgebrochen oder unterbrochen haben oder aus dem Krankenhaus gegangen sind, daß es denen besser geht als denen, die das nicht getan haben.

Ich glaube, jeder hat in bezug auf AIDS seine Alltagsmythologie, wo er sagt: So ist das für mich. Obwohl er keine Beweise dafür hat. Wie geht man mit einer unsicheren Situation um?

Meine Alltagsmythologie ist, daß man sich nicht ansteckt, wenn man mit den Patienten arbeitet. Dafür sprechen viele Forschungsergebnisse; ich glaube auch, man täte sich schwer, mit dieser Angst zu arbeiten. Ich weiß nicht, wie es wäre, wenn sich viele Ärzte anstecken würden. Ich glaube, es würde sich nicht viel ändern in meiner Arbeit.

Eine Alltagsmythologie, die ich häufig bei Patienten sehe, ist das Gefühl: Ich hab da früher vielleicht was falsch gemacht, und jetzt will ich mal ganz brav sein, dann wird das schon besser werden. So wie früher, wenn man sich gesagt hat: Wenn ich jetzt noch bei Grün über die Ampel komm, dann hab ich die Zwei in der Klassenarbeit. Das ist magisches Denken. Ich will das gar nicht negativ beschreiben, es ist etwas, das man häufig sieht, sowohl bei Leuten, die sehr krank sind, als auch bei Leuten, die noch nicht so krank sind; was die sich so zurechtgelegt haben und von dem man wohl gar nicht sagen sollte, das ist richtig oder falsch.

Meine Alltagsmythologie ist, daß es Möglichkeiten gibt, diese Krankheit zu beeinflussen. Die liegen vor allem bei den Patienten selber, und zum Teil sind sie im medizinischen Bereich gegeben. Und daß wir helfen können, die Situation zu verbessern. Wenn ich diese Mythologie nicht hätte, dann könnte ich nicht arbeiten.

Es gibt überhaupt beim Patienten nie die Situation, daß man dem nicht helfen kann. Man kann einem Patienten auch in einer Situation helfen, wo er in zwei Minuten stirbt. Indem man da ist, indem man mit den Angehörigen spricht, indem man es ermöglicht, keine Schmerzen zu haben oder nicht das Gefühl zu haben zu ersticken.

Ist AIDS wichtig?
Für mich ist AIDS natürlich wichtig, weil ich mich in den letzten vier Jahren bis weit in meine Freizeit hinein mit dem Problem beschäftigt habe. Es ist natürlich für die Betroffenen wichtig, es ist für Ärzte und Krankenschwestern wichtig, die damit zu tun haben.

Es gibt eine ganze Reihe von Menschen, die mit dem Problem überhaupt nichts anfangen können. Das hab ich jetzt wieder im Urlaub gesehen, da waren Leute, die hatten, glaub ich, zum Teil noch gar nie davon gehört.

Es ist gut, auch das mal wieder zu sehen.

Auf dem Rückweg durchs Haus verfehle ich eine Abzweigung, danach ist alles aus. Einmal glaube ich mich richtig, rüttle an einer Tür, die durchsichtig ist, aber hinter ihr ist es dunkel. Ich rüttle, weiß den Weg nicht, denke: Wenn man eine Art von Orientierungssinn hätte. Ich drehe mich um und sehe, daß ich hier doch richtig bin. Jetzt, weiß ich plötzlich, fehlt mir nur noch der erste Satz.

AIDS en fazla cinsel ilişkiyle bulaşti-ğindan, kondom (prezervatif) kullanilmasi, etkili, bir koruyucu önlem olarak görülmektedir.
Prävention für türkische Mitbürger; Safer Sex.
***Sichererer Sex* – wie praktiziert man ein Verhalten, das man kaum aussprechen kann? *Matthias Frings* unterhielt sich mit Befürwortern, Gegnern und Unentschlossenen.**

Safer Sex – sicher besser?

Schlimm im weiten Feld von AIDS ist, daß viele Sätze vernünftig klingen, sich aber auf Bereiche beziehen, die mit Vernunft recht wenig zu schaffen haben. Solange kein Mittel gegen AIDS zur Verfügung steht, gilt es, sich gar nicht erst anzustecken. Man steckt sich (u. a.) an beim Sex. Also muß man sexuelle Verhaltensweisen ändern. Logisch. Aber was hat der Sexualtrieb mit Logik gemein? Wie bringt man diese beiden Bereiche, das Bedürfnis nach Sicherheit und Sexualität unter einen Hut?

Safer Sex – mit Sicherheit: geil! verkündet ein modisch gestylter Aufkleber der Deutschen AIDS-Hilfe. In einem Faltblatt heißt es: «Laß Deiner Phantasie freien Lauf: Entdecke die Freuden des gemeinsamen Wichsens. Massiere den Körper Deines Partners, und laß Dich von ihm massieren. Drücke Dich an ihn; drücke ihn an Dich. Spüre ihn! Kämpfe zärtlich mit ihm, flüstere ihm etwas Schönes ins Ohr, streichle, umarme, umbeinle ihn. Es gibt sooo viele Möglichkeiten, probier sie aus!»

Der Phantasie freien Lauf lassen? Eben das geht doch wohl nicht. Der Phantasie – selbst der bescheidensten – sind durch Safer Sex enge Grenzen gesetzt. Es ist eine Zwickmühle: Niemand möchte an AIDS sterben, und jeder weiß, daß die Regeln des Safer Sex sehr schwer zu befolgen sind.

Ein paar schwule Männer habe ich zum Gespräch geladen. Zwei von ihnen leiten eine offene Gesprächsgruppe zum Thema in der «Beratungsstelle für homosexuelle Männer». Ein weiterer ist Mitinitiator einer entsprechenden Gruppe bei der Berliner AIDS-Hilfe.

Es gibt niemanden, der definitiv festlegen könnte, was «sicher» ist, was «eingeschränkt gefährlich» oder «sehr risikoreich». Auch unter Medizinern ist man sich uneinig. Seit das Virus selbst im Speichel nachgewiesen wurde, fordern einige Wissenschaftler eine «Kußabstinenz», andere halten dies für unsinnig. Die erste Frage rundum also:

Woran denkst du, wenn du Safer Sex hörst?

PETER, Buchhändler in einem Laden speziell für Schwule, meint: Kein Austausch von Blut und Samen. Ich sage bewußt diese beiden Sachen. So etwas wie Spucke zählt für mich nicht dazu.

Tauschst du beim Sex Blut aus?

PETER: Nein, ich beziehe das nicht auf Sex, sondern auf Zahnbürsten und Ähnliches, obwohl das eher unwahrscheinlich ist. Kein Austausch von Samen heißt: nicht blasen und nicht ficken ohne Pariser. Dazu gehört auch schon, den Schwanz nicht in den Mund nehmen.

RONALD: Für mich ist Safer Sex, wenn man voreinander steht, sich nicht anfaßt und wichst. Das ist das Bild, das ich habe, wenn ich Safer Sex höre.

RALF: Das Bild habe ich eigentlich nicht. Safer Sex heißt ja, den Sex sicherer zu machen, nicht hundertprozentig sicher. Für mich ist es wichtig, den Austausch von Körperflüssigkeiten zu vermeiden.

MATZ: Das gilt für mich genauso.

Gehört dazu auch Küssen?

MATZ: Da fängt es wohl an.

Die Frage geht weiter an Charly und Holger, die die Gruppe in der Beratungsstelle leiten.

CHARLY: Safer Sex hat für mich was mit absichern und zusperren zu tun, so daß ich in der perversen Situation bin, auf Menschen zuzugehen und gleichzeitig zu denken: das darf ich nicht – mal ganz spontan gesagt.

HOLGER: Safer Sex ist die Aufforderung, mich so zu verhalten, daß ich mich möglichst nicht anstecke.

Wer stellt diese Anforderung?

HOLGER: Die wird erst mal von außen an mich rangetragen, und ich habe sie ein Stück weit verinnerlicht. Als Bild fällt mir dazu ein: Pariser und monogame Zweierbeziehung.

Schließlich Joachim von der Berliner AIDS-Hilfe.

JOACHIM: Safer Sex ist für mich eine vielfältige Erscheinung zwischen Einschränkung und Möglichkeit. Ärgerlich ist für mich, daß wieder einmal die Medizin in meine Sexualität eingreift. Von daher muß ich meinen Kopf gebrauchen, und das ist immer auch eine Bremse. Diese Negativhaltung möchte ich aber nicht länger behalten als nötig, d. h., ich versuche Safer Sex wahrzunehmen als Spanne zwischen gar keiner Sexualität bis hin zu möglichst vielen Praktiken. Da Safer Sex auch was mit Vorsicht und Umsicht zu tun hat, kann ich mich eigentlich nur in einen sexuellen Rausch einlassen, wenn ich weiß, daß der andere in etwa eine ähnliche Einstellung zu Safer Sex hat wie ich. Man kann dann auch ein bißchen auf den anderen aufpassen, wenn der ausflippt – und der auf mich.

Warum beschäftigen wir uns überhaupt mit Safer Sex?

CHARLY: Weil es um den Tod geht. Die Frage ist auch: Machen wir überhaupt Safer Sex? Viele reden ja darüber, es gibt Einübungsgruppen dafür, aber eine ziemlich große Anzahl von Leuten in meinem Bekanntenkreis sagt ‹Ich mache keinen Safer Sex›, und die stehen auch dazu. Es gibt da noch keine allgemeinverbindliche Meinung; für viele gehört, wie wir ja eben auch gesehen haben, schon Küssen dazu, andere klammern das aus. Und eine große Anzahl von Leuten sagt: Ich will nicht diesen Wachstuchsex, das ist keine Begegnung mehr zwischen Menschen.

Peter, du arbeitest in einem Schwulenbuchladen. Hast du einen Überblick, in welchem Umfang Safer Sex praktiziert wird?

PETER: Ich habe natürlich nur Vermutungen. Ich glaube, die Diskussion um AIDS ist so weit fortgeschritten, daß sich sehr viele Leute damit beschäftigen. Ich glaube auch, daß viele Leute sich einschränken, daß die Zahl der Sexualkontakte zurückgegangen ist. Dazu kommt, daß das phasenweise abläuft. Viele sagen: Ich mache jetzt gar nichts mehr oder nur noch sehr wenig. Und dann gibt's wieder eine Phase, wo sie sagen: Ach Scheiße, ich kann es nicht mehr hören.

RONALD: Ja, es sind Phasen, aber die fangen bei jedem Sexualpartner wieder von vorne an. Die meisten Leute, die ich kenne, wollen ‹aufpassen› – nur weiß keiner, wie das so richtig funktionieren soll, aber jeder will das. Und dann in der Sauna beispielsweise das Phänomen, daß anfangs alle ganz vorsichtig und anspruchsvoll sind, sozusagen safe. Aber schließlich suhlen sie sich doch rum und machen alles.

PETER: Die Frage ist doch, ob du dich bewußt solchen Situationen aussetzt. Das meinte ich mit Reduzierung, daß du wirklich nicht mehr so oft zum Beispiel in die Sauna gehst, dich diesem Gefahrenherd (*lacht*) nicht mehr so näherst wie früher.

Charly, du hast eben vom Tod gesprochen. Schützt du dich auch in anderen Bereichen so vor dem Tod, bei der Ernährung oder im Straßenverkehr beispielsweise?

CHARLY: Ich bin Ethnologe, reise viel und bin oft irgendwelchen Todesbedrohungen ausgesetzt gewesen. Da habe ich überhaupt nie drauf geachtet. Ich hatte das Gefühl, wenn was passiert, passiert das. Da schränke ich mich überhaupt nicht ein. Ist ganz komisch, das fällt mir jetzt erst auf.

RONALD: Ich nehme mal das abgegriffene Beispiel vom Rauchen. Viele, die rauchen und auf eine Art ihren vorzeitigen Tod deswegen in Kauf nehmen, reagieren sehr sensibel und im Innersten berührt, wenn es um Sexualität geht. Das finde ich ganz selbstverständlich, mir geht es auch so. Ich reagiere mit einem *trotzdem*. Ich lasse mich auch um die Gefahr des Todes nicht davon abbringen, mich jemandem hinzugeben, denn das wäre die Konsequenz. Jemand hier hat gesagt: Man paßt aufeinander auf. Genau das will ich nicht. Ich finde es absurd, einen Lungenkrebs in Kauf zu nehmen, aber in der Sexualität laviere ich herum. Ich kann mir überhaupt nicht vorstellen, mir abzugewöhnen, meine Sexualität zu haben.

PETER: Es gibt einen Unterschied. Beim Rauchen ist der Tod in weite Ferne gerückt. Du stirbst nicht sofort, nicht mit fünfundsechzig, sondern ein paar Jahre früher, mit sechzig vielleicht. Bei AIDS ist der Tod sehr viel näher, deswegen reagieren wir so stark darauf.

JOACHIM: Ich kann mich mit dem Beispiel Rauchen nicht abfinden. Rauchen ist eine egozentrische Lust. Sexualität aber ist ein partnerschaftliches Ereignis, und dann ist auch das Aufeinanderaufpassen keine Beschränkung, sondern die Möglichkeit, sich in den Rausch fallen zu lassen. Safer Sex ist sicher eine Einschränkung, aber man soll nicht mehr als nötig darüber jammern, sondern sehen, was unterhalb einer gewissen Grenze noch für diesen sexuellen Rausch möglich ist. Vor einem Jahr habe ich noch gedacht, Safer Sex geht überhaupt nicht und mache am besten gar nichts mehr. Aber das hält kein Mensch durch.

Wird alles leichter, wenn man in einer festen Beziehung lebt?

CHARLY: Ich kenne ein Paar, da ist die Katastrophe eingetreten, daß der eine positiv ist und der andere negativ. Daraufhin hat der Negative «Vielen Dank» gesagt, und die beiden haben sich getrennt. So was ist schrecklich. Ich glaube, daß die Beziehungen, die jetzt gehäuft eingegangen werden, alle unter dem Zeichen AIDS stehen. Ich bin letztes Jahr auch in eine Zweierbeziehung gegangen, die letzte Woche zu Ende gegangen ist. Die Beziehung war u. a. auch eine Safer Sex-Maßnahme.

HOLGER: Mir ist auch jetzt erst klargeworden, daß meine Beziehung *auch* eine Sicherheitsmaßnahme ist, obwohl ich sehr verliebt war zu Anfang. Wir haben uns nicht testen lassen, und damit stehe ich wie alle anderen in der Auseinandersetzung. Ich mache mir immer wieder Gedanken, ob er nicht doch positiv ist, oder ob ich es vielleicht bin.

Betreibt ihr Safer Sex?

HOLGER: Im Moment. Wir sind auch gleich zusammengezogen, und das hat für mich auch so einen Kontrollaspekt: Man kann viel eher beobachten, ob er fremdgeht oder nicht. Anfangs haben wir nicht Safer Sex gemacht. Zur Zeit haben wir eine unbefriedigende Sexualität. Was von unserem Sex übrigbleibt, ist ziemlich safe.

Matz, machst du Safer Sex?

MATZ: Na, meine Form ist, daß ich mich halt sehr einschränke, was die Anzahl sexueller Kontakte angeht. Also ziemlich sehr. Das ist natürlich auf eine Art unlogisch, denn man kann es sich ja auch schon bei einemmal holen.

PETER: Hast du denn deine Praktiken geändert?

MATZ: Von mir aus nicht. Wenn der andere darauf besteht: natürlich.

Warum bist du, Ralf, in eine Safer Sex-Gruppe gegangen?

RALF: Ganz verschiedene Motive. Einerseits wollte ich mir Klarheit darüber verschaffen, was Safer Sex überhaupt ist. Ich wollte mir auch selber darüber klar werden, wie man mit AIDS und der Angst davor umgehen kann.

Warum eine Gruppe?

RALF: Natürlich habe ich vorher auch mit Leuten darüber geredet. Aber in einer Gruppe ist es so, daß man auch mit Leuten zu tun hat, denen man sonst nicht unbedingt begegnen würde. Man bekommt dort sehr viel mehr Feedback und kann seine eigenen Positionen besser festigen. Ich war eine Weile fest befreundet und habe mich mit dem Thema nicht so sehr beschäftigt. Für mich war das kein Thema, weil ich sagen konnte: ich lebe nicht promisk und mein Freund auch nicht. Ich habe mich sicher gefühlt, aber auf die Dauer ist das keine Lösung, die Auseinandersetzung muß trotzdem stattfinden. Ich merke jetzt an meiner Beziehung, daß sie auseinandergeht und man sich wieder mehr nach anderen Leuten umschaut. Ich betreibe auf jeden Fall Safer Sex, und zwar so, daß ich Schmusesex mache, wie ich das nenne. Ich arbeite mehr in Richtung Körperberührung und Sensibilität, denn Praktiken wie z. B. Vögeln haben für mich auch nicht die Bedeutung.

Joachim, warum leitest du eine Safer Sex-Gruppe?

JOACHIM: Mit der Frage habe ich gerechnet! Ich habe bei Gesprächsversuchen über Safer Sex ganz fürchterliche Erfahrungen gemacht. Das war so vor einem Jahr. Fürchterlich in der Wirkung auf mich. Die Leute reagierten eigentlich ziemlich brutal. Da hieß es: Hausfrauensex, Sozialhilfesex und ähnliches, so daß ich für lange Zeit den Mut verloren habe, überhaupt noch auf jemanden zuzugehen. Es gab dann zwei Gruppen: Die einen wollten ihren Trieb ausleben. Das kann ich akzeptieren – nur kann ich dann mit denen keinen Sex machen. Die andere Gruppe, und die scheint mir erschreckend groß zu sein, besteht aus Leuten, die schon lange keinen Sex mehr machen. Das halte ich für eine ganz fürchterliche Situation, ich habe das Gefühl, da entstehen Bomben mit Zeitzünder. Meine Motive, solch eine Gruppe zu machen, sind vielschichtig, zum einen bestehen große Unterschiede in der Ansicht, was Safer Sex ist, und ich wollte es auch für mich selber wissen, um aus diesem Einschränkungscharakter herauszukommen. Ich hatte selber auch eine Weile lang keinen Sex gemacht, und dann kam wirklich so ein Florence-Nightingale-Effekt, ich tat mir leid, und andere taten mir leid. Es hatte aber nicht nur diesen säuselnden Mitgefühlscharakter, sondern auch etwas von Zorn. Ich wollte einen Weg finden, aus dieser Einschränkungs- und Frustsituation herauszukommen. Ein Motiv war durchaus noch, bei dieser Gelegenheit ganz im lockeren Gespräch zu beobachten, ob sich jemand für mich interessiert und ob mich jemand interessiert. Es ist also eine Mischung von Egoismus und Menschenfreundlichkeit.

Ist es nicht eine Anmaßung zu sagen, es sei ganz fürchterlich, keinen Sex zu haben?

JOACHIM: Das kommt aus meiner subjektiven Wahrnehmung. Ich bin verrückt geworden ohne Körperkontakt. Es mag Leute geben, die das können. Ich kann das für mich nicht behaupten, das wäre einfach gelogen. Ich kann mir auch nicht vorstellen, daß Leute, die Sexualität gern gelebt haben, und dazu zähle ich mich auch, plötzlich jetzt auf Null schalten können.

Charly und Holger, ihr betreibt die andere Gruppe hier in Berlin.

CHARLY: Die Motivation, solch eine Gruppe mitzumachen, ich sage bewußt mitzumachen, ist herauszufinden, ob ich denn überhaupt Safer Sex machen will. Ich möchte jedem die Entscheidungsfreiheit zugestehen. Mich interessiert auch der Tod und die Angst davor, diese Themen werden immer wieder auftauchen, und ich möchte das nicht mit mir allein abmachen, sondern mit anderen besprechen können.

JOACHIM: Wir haben Leute angesprochen, die für sich die Bereitschaft schon entdeckt haben, sich auf Safer Sex einzulassen, die aber damit Schwierigkeiten haben. Wir wollen die Leute aus ihrer Negativhaltung herausholen und nicht die Safer Sex-Frage grundsätzlich stellen.

CHARLY: Bei uns geht es eher darum, den eigenen Sex mal unter die Lupe zu nehmen, Safer Sex spielt da natürlich mit rein.

Das Problem: Wir sollen alles über unsere Sexualität preisgeben, lustvoll bis in die letzten Ecken leuchten. Es entsteht ein Herrschaftswissen, das sogar die intimsten Seiten der Menschen umfaßt. Schweigen können wir aber auch nicht, denn das Schweigen ginge auf Kosten derer, die sowieso nie das Sagen hatten.

JOACHIM: Das macht mir ein schlechtes Gewissen. Ich habe lange überlegt, ob ich hierherkomme. Ich habe mich schon lange an der Sucht gestoßen, alles Sexuelle zur öffentlichen Beurteilung freizugeben. Und doch lasse ich mich darauf ein.

PETER: Es gibt keinen Ausweg aus diesem Dilemma. Man muß reden und kann eigentlich nur darauf achten, wie man damit umgeht – *sauber* ist vielleicht das richtige Wort.

JOACHIM: Die Tatsache, daß hier nur Schwule sitzen, ist auch ein Manko. Wenn AIDS nicht nur die Schwulen angeht, geht auch Safer Sex nicht nur die Schwulen an. Der Gesichtspunkt, daß AIDS nicht nur Schwule angeht, hat ja in der Arbeit der Deutschen AIDS-Hilfe ihren Widerhall gefunden. Aber auch besteht eine Gefahr: Irgendwann wird der Zeitpunkt kommen, wo alle Heterosexuellen problemlos verdrängen können, daß alle AIDS-Organisationen von Schwulen aufgebaut und weiterentwickelt worden sind. Die Schwulen sind dann so ein geduldeter, möglichst nicht erwähnter Bestandteil – und das regt mich auf.

CHARLY: Überall geht die Hetze gegen Schwule wieder los. Wir in der Schwulenberatungsstelle sind in der letzten Woche überfallen worden, auf den Klappen nehmen die Prügeleien zu, die Schwulengruppe AHA ist überfallen worden. Jetzt kann man sich über AIDS wieder an den Schwulen abreagieren.

Ich behaupte mal: Safer Sex ist ekelhaft, und es ist widerlich, im einzigen Bereich, wo man seinen Kopf mal abschalten kann, ihn wieder einschalten zu müssen oder zu sollen. Ist solch eine Einstellung verständlich, und ist sie für euch akzeptabel?

CHARLY: Die Therapeuten haben uns ja immer gesagt: Kopf raus! Bauch rein! Jetzt soll man plötzlich wieder analytisch vorgehen: Kopf, Kopf, Kopf! Nach dem therapeutischen Sex kommt jetzt der Analysesex. Das ist schlimm.

HOLGER: Für mich ist solch eine Haltung verständlich, aber nicht ganz akzeptabel. Ich habe eine ganze Menge Therapieerfahrungen gehabt, wo ich mich sehr aufs Gefühl konzentriert habe, und ich denke, es wäre gut, wenn ich den Verstand wieder integrieren könnte. Aber wie ich beim Sex damit zurechtkomme, weiß ich auch noch nicht.

RONALD: Ich möchte mich jemandem hingeben, ich möchte zu jemandem so viel Vertrauen haben, daß ich denke: der darf alles mit mir machen, was er möchte. Dieses Wollen ist so ein schönes Wollen – schon das Wollen selbst ist schön –, das möchte ich gar nicht aufgeben, das will ich nicht. Und das ist eigentlich der Hauptgrund, warum ich keinen Safer Sex mache.

Hast du keine Angst?

RONALD: Doch, es macht mir schon angst. Soviel steht fest, ich möchte nicht sterben! Aber ich weiß, daß ich ohne bestimmte Sachen nicht mehr leben will. Wenn man mir sagen würde, du darfst nicht mehr schwul sein oder du darfst dich politisch nicht mehr betätigen, dann würde mich das existentiell angreifen. Mit Aufpassen und Scheu und Abstand – das möchte ich wirklich nicht. Natürlich hatte ich so Momente, wo ich in der Sauna jemanden angeguckt habe und dachte: Ist das jetzt so 'n Schwein wie ich, der auch noch immer rummacht? Erhöht sich dadurch die Chance, AIDS zu kriegen? Das habe ich sofort weggetan und mir gedacht: Wenn ich mir das immer überlege, dann habe ich keine ruhige Minute mehr und kann eigentlich mit keinem mehr schlafen. Das wäre die einzige Konsequenz. Wenn ich ganz sichergehen will, kann ich auch nicht einmal pro Jahr mit jemandem schlafen, das wäre Selbstbetrug. Dann kann ich nur aus dem Fenster springen. Ich erzähle das natürlich sehr verkürzt, das war ein Prozeß.

JOACHIM: Die Haltung, ich lasse mich auf Safer Sex nicht ein, kann ich ohne jede Einschränkung akzeptieren als eine für den einzelnen gültige Entscheidung. Aber die Argumentation mit dem Tod macht mir schon Schwierigkeiten. Ich meine, wenn ich lebe, gehört auch der Tod zu meiner Existenz, und ich muß einfach lernen, mit der Existenz meines Todes vergleichsweise nüchtern umzugehen. Sich Stärke zu besorgen, indem man das Thema Tod verdrängt, damit kann ich mich nicht einverstanden erklären, denn es geht ja hier nicht nur um meinen Tod, sondern auch um den Tod meiner Freunde, beispielsweise.

Ich warte die ganze Zeit auf das Wort der Verantwortung.

PETER: Ich glaube, das ganze Moralisieren, die Rede vom ‹potentiellen Mörder›, wenn du Safer Sex nicht betreibst, ist hier in Berlin sehr zurückgegangen. Eigentlich sind sich alle einig. In den öffentlichen Diskussionen unter Schwulen ist eine Haltung, wie sie Ronald vertritt, akzeptiert.

HOLGER: Jeder, der heute in die Kneipen, auf Klappen oder in Saunen geht, muß davon ausgehen, daß soundsoviel Prozent der Leute infiziert sind. Wenn mein Sexualpartner keine Anstalten zum Safer Sex macht, muß ich mir doch denken: hoppla, mach ich mit oder nicht? Die Verantwortlichkeit liegt bei *mir*.

Muß irgend etwas noch dringend gesagt werden?

PETER: Der Zorn fehlt. Diese Krankheit ist so eine Unverschämtheit, daß es nicht zu fassen ist!

Ich habe mich auf die Medien eingelassen, damit ich nicht mehr nur dasitze und darauf warte, ob ich AIDS bekomme oder nicht. Ich bin im Fernsehen aufgetreten, war an Radio- und Zeitungsinterviews beteiligt, habe Artikel in Büchern geschrieben. Es war ein wichtiger Teil meiner Auseinandersetzung mit AIDS. Dieser Teil ist abgeschlossen.

Ein Bericht von *Rolf Erdorf.*

Bilder von mir

Ein Betroffener in den Medien

Bis etwa zu meinem neunzehnten Lebensjahr bedrückte mich eine Ahnung: Ich war verboten. Dumpf lastete das Verhängnis auf mir, von einer unglücklichen Veranlagung zu sein, die nur eine Perspektive zuließ: die allmähliche Mutation zu einem schlüpfrigen, verklemmten, heimlichen, sittenwidrigen Etwas, das bei jedem seiner Schritte eine Schleimspur hinter sich herzieht. Äußere, unveränderliche Kennzeichen: Glatze, dicke Brillengläser, Doppelkinn, blaßgrüne Haut, ein Mantel von etwa der gleichen Farbe, in dessen Taschen man zu Recht Dauerlutscher und ähnliche Lockmittel vermutet.

Dieses Bild stammt nicht von mir. Es ist ein Klischee aus den fünfziger Jahren, das sich auf Schwule, Pädophile, Sittenstrolche und Lustmörder gleichermaßen bezieht. Es erfreut sich in ländlichen Gegenden bis heute eines konkurrenzlosen Daseins. Ich kannte kein anderes Bild von Schwulen, das ich diesem hätte gegenüberstellen können. Das Fehlen eines Bildes, das ich nur halbwegs für mich hätte akzeptieren können, verhinderte über Jahre hinweg mein Eingeständnis, schwul zu sein.

Danach folgte eine Zeit, in der ich zwar *wußte*, aber immer noch glaubte, daß es vollkommen unmöglich ist, «es» zu zeigen. Das war nicht die konkrete Befürchtung, zusammengeschlagen zu werden, sondern eine viel dumpfere Angst; als ob eine Naturgewalt mich treffen müßte, wenn irgend jemand auf der Straße etwas merkt. Geholfen haben mir Vorbilder wie die Theatergruppe «Brühwarm», die ihr

Schwulsein sehr extrem zur Schau stellten. Genauso übertrieben hatte ich mich bisher versteckt.

Das war der Durchbruch. Ich lehrte meine Angst das Fürchten, indem ich geschminkt und in Frauenkleidern, mit Stöckelschuhen, aufgestecktem Haar, langen Straßgehängen und lackierten Nägeln die Kleinstadt Bonn unsicher machte, in der ich studierte. In diesem Ornat ging ich morgens zum Bäcker und nachts in gewöhnliche Kneipen, absolvierte Seminare an der Uni, empfing meinen Vermieter und gewann einen Prozeß am Bonner Landgericht. Manche hielten mich für verrückt, andere bewunderten, noch unzutreffender, meinen Mut. Mein Mut war nichts anderes als die Furcht, wieder in meine alten Ängste zurückzufallen. Das Risiko, angegriffen zu werden oder lächerlich zu sein, das Wissen, mich sexuell unattraktiv zu machen, wogen diese Furcht nicht auf. Außerdem machte mir die Sache großen Spaß.

1980. Mein Umzug nach Berlin und das Ende dieser Periode fielen zeitlich zusammen. Zwei Monate wohnte ich in der großen Stadt, als ich anläßlich der Christopher Street-Day-Demonstration mit der mir inzwischen eigenen Routiniertheit wieder zu Nylonstrumpf und Schminktopf griff. Leicht bekleidet, dafür bewaffnet mit einem Pappkoffer, aus dem eine Bügeleisenschnur hing, lief ich wie ein sich auf der Flucht befindliches Revue-Girl hin und her, hüllte unschuldige Ku'damm-Passanten in meine Parfumwolke ein, paralysierte sie mit feurigen Blicken und rückte ihnen die Krawatte zurecht. Die Aufschrift auf meinem Koffer wies mich als letztes überlebendes Mitglied der «Rheinischen Truppe» aus, die ich eine halbe Stunde zuvor erfunden hatte. Meine Wirkung war nachhaltig. Noch heute, sechs Jahre später, sprechen mich manchmal Schwule an: «Sag mal, warst du vielleicht der, der damals als Rheinische Truppe ...?»

Die Demonstration endete im Tiergarten auf einer Wiese. Wir waren wieder unter uns. Man fand sich in Grüppchen zusammen, und es war offensichtlich sehr gemütlich. Ich stand da, sackte mit meinen Stöckeln in den Rasen ein, ein mühsam aufrecht stehendes Monument, dem jetzt auch kalt war, das niemanden weiter kannte und schon wieder einen Orchestergraben um sich herum ausgehoben hatte. Nach zehn Minuten Einsamkeit machte ich mich auf den Weg nach Hause. Danach habe ich meine gesamten Lippenstifte und Make-ups weggeworfen und nie wieder ein Kleid getragen. Der Sinn stand mir nicht mehr nach Solo-Auftritten, sondern nach Begegnungen. Wie aber geht man auf Menschen zu?

1984. Die persönliche Konfrontation mit AIDS stürzte mich in eine Verzweiflung, die sehr der Not glich, in der ich mich vor der Annahme meiner Homosexualität befand. Auch jetzt sah ich keine Möglichkeit zu leben. Jede Hoffnung, aus meiner so wenig gelebten Sexualität jemals etwas Befriedigendes zu machen, verließ mich. Es folgte ein Jahr der schlimmsten Depressionen, ehe ich mich endlich einer Gruppe von HTLV-III-Positiven anschloß. Daraus ergaben sich auch meine Kontakte mit den Medien. Ich erinnerte mich an meine Selbstdarstellungen. Auch jetzt war es die Behauptung nach außen, die mir wieder auf die Beine half.

Am Anfang stand das ZDF. Die «Reportage am Montag» wollte sich mit AIDS beschäftigen. Mit dem zuständigen Redakteur trafen wir uns am 19. April 1985. Bart, längeres lockiges Haar, Nickelbrille: der wenig spektakuläre Michael Heuer. Er hatte viel recherchiert und erklärte, noch kein endgültiges Konzept zu haben. Die Form der Reportage beinhalte für ihn Offenheit bis zum letzten Drehtag. Für viele waren das keine sehr beeindruckenden Worte, aber ich fand sie richtig. Die Frage stellte sich, wer von uns sich filmen lassen würde. Bisher hatte sich weder ein AIDS-Kranker noch ein Positiver in Deutschland bereit gefunden, sein Gesicht vor der Kamera zu zeigen. AIDS und Anonymität schienen eins zu sein.

Ein anonymes Interview verbot sich mir. Ich brauchte einen Tag für die Entscheidung, wieder einmal der einzige zu sein. Nach fünf Jahren ein neuer Auftritt, ohne Maske, auch ohne Schminke dieses Mal. Erst später fand Michael Heuer eine AIDS-kranke Frau, die sich ebenfalls vor der Kamera zeigen wollte: Billa aus Hannover.

Drei Tage, vom 31. Mai bis zum 2. Juni, sollte in Berlin gedreht werden. In der Zwischenzeit rief Michael Heuer häufig an. Wir redeten, trafen uns noch einmal, freundeten uns an. Er empfahl mir den Film ‹Dressed to kill›, ein Meisterwerk über einen Mann, der in Frauenkleidern zum Mörder wird ...

Bei den Aufnahmen in Berlin war ich fast immer dabei. Wir suchten gemeinsam Drehorte aus und drehten stumme Szenen in Steinstücken, an der Glienicker Brücke, an der Oberbaumbrücke in Kreuzberg. Das

Interview mit mir fand auf dem Balkon meiner Wohnung statt. Erst später bemerkte ich, daß die von mir gewählten Orte alle etwas mit Mauern, Gräben, Abstand zu meiner Umwelt zu tun hatten. Auch in dem Interview redete ich vom «Graben zwischen mir und dem Rest der Welt». Daraus wurde der Titel der Sendung: «Die Angst reißt tiefe Gräben».

Nicht ich hatte mich einem Film anzupassen, sondern die Reportage folgte mir. Die Situationen, in denen ich vor der Kamera stand, stimmten. Nur das war wichtig. Ich habe mir nie den Kopf darüber zerbrochen, ob ein anderer mir heute oder ich mir morgen noch zustimmen könnte. Die Reportage war eine Momentaufnahme. Ich betrachtete sie als Auftakt meiner Auseinandersetzung nach außen, einer Auseinandersetzung, der ich mich stellen wollte, ehe sie mir aufgezwungen würde. Die erste Konsequenz war, daß ich daranging, noch vor dem Sendetermin meine Freunde und Bekannten sowie einige Arbeitskollegen aufzuklären.

Inzwischen plante Rosa von Praunheim die erste Benefiz-Veranstaltung «Künstler für die AIDS-Hilfe». Als Moderatorin für ein Gespräch mit Betroffenen hatte er Lea Rosh gewonnen, die in der Talk-Show ‹Drei nach neun› im 3. Fernsehprogramm (Nord) das Thema aufgreifen und auf die Veranstaltung hinweisen wollte. Am 3. Juni lud er zu einer Vorbesprechung ein.

Viele Leute sind anwesend, die meisten kenne ich nicht. Wir warten auf Lea Rosh, die Moderatorin. Sie kommt herein und übernimmt sofort die Regie. Sie wirkt sehr akzentuiert: das Kleid, die Frisur, die Art, wie sie ihre Brille trägt, abnimmt, aufsetzt. Das kommt an. Mich beschleicht das Gefühl, daß dies kein Treffen, sondern ein Auftritt ist. Meine Frage nach den übrigen Themen in der Sendung, nach dem Kontext, in dem wir stehen werden, beantwortet sie nicht. Das sei noch größtenteils ungeklärt. Ich merke, daß meine Frage Befremden auslöst, als Anmaßung aufgefaßt wird. Dieter, AIDS-krank, und Wolfgang, testpositiv, erklären sich bereit, als Betroffene an der Sendung teilzunehmen. Wolfgang arbeitet in der psychiatrischen Abteilung einer Klinik und will deshalb anonym auftreten. Lea Rosh ist einverstanden. Ich kann meine Bedenken nicht abschütteln und lehne die Teilnahme an der Sendung ab.

Am 14. Juni findet die Talk-Show statt. Ich sitze vor dem Fernseher. Zunächst kommt ein kurzweiliges Frage- und Antwortspiel mit Inge Meysel, die gerade ihren 75. Geburtstag gefeiert hat. Danach werden zwei Tigerbabies aus einem namhaften deutschen Zoo gestreichelt, die noch auf einen Namen warten. Die Zuschauer werden gebeten, die eingeblendete Nummer anzurufen und Vorschläge zu machen. Auch wird kritisch nachgefragt, ob die Haltung von Tieren in zoologischen Gärten heute noch vertretbar sei. Im Anschluß führt ein Politiker seine italienische Fischsuppe vor, um danach recht energisch mit der Frage nach Lüge und Wahrheit konfrontiert zu werden.

Dann kommt AIDS. Lea Rosh, Rosa von Praunheim, der auf die Benefiz-Veranstaltung «Künstler für die AIDS-Hilfe» hinweist, Dieter und ein Vermummter (Wolfgang). Wolfgangs Anonymität besteht aus einer unmöglichen Perücke, einer dunklen Brille und seinem weiß gemachten Bart. Er sieht aus wie ein Monster, das man aus ästhetischen Überlegungen bisher in einem dunklen Keller gehalten hat. Er erzählt, warum er den rosa Winkel mit dem ‹P› für ‹positiv› trägt und wie es ist, wenn er mal in einer Schwulenkneipe sitzt und jemand auf ihn zugeht ... Dabei würde jeder einer solchen Gestalt gegenüber schnellstens die Beine in die Hand nehmen. – Nur Wolfgangs Stimme ist nicht verändert. Damit wird der optisch so wirksame Verkleidungshumbug nutzlos. «Am nächsten Morgen, auf dem Rückflug von Bremen nach Berlin, hat mich schon der erste erkannt», erzählt er mir später.

Aus Dieter ist kaum ein Wort herauszuholen; er verschließt sich völlig. Aber da ist auch noch Lea Rosh. Sie erzählt, daß man AIDS-Kranke anfassen und streicheln kann (sie faßt an, sie streichelt), sie betont, daß man sich im normalen Umgang nicht anstecken kann und daß sie zum Beweis jetzt aus seinem Glas trinken werde (sie trinkt aus seinem Glas). Zaghafter Applaus. Dieter zögert, klatscht dann auch.

Weiter geht's in ‹Drei nach neun›. Ein Lehrer hat eine verblüffende Möglichkeit herausgefunden, nach der Schüler ihr Taschengeld auf vollkommen legale Weise vervielfachen können. Dann endlich kommt Bewegung ins Studio. Aufs engagierteste streiten sich Journalisten, Züchter, Vereinsmitglieder, Besitzer, Gegner und Befürworter um die Frage nach dem Deutschen Schäferhund. Auf Grund ihres ausgesprochenen Deutschtums haben es Schäferherr und -hund offensichtlich besonders schwer, sich gegen faschistische Tendenzen bzw. die Unterstellung derselben abzugrenzen. Die Deutschen und ihr -tum: auch mich zerreißt's schier.

Jemand aus dem Publikum wagt schließlich einen Hinweis: Das auffallende Engagement in bezug auf den Schäferhund und die Reaktionslosigkeit beim Publikum, als es um AIDS ging, gäben ihm zu denken. Sofort wird er von einem der Macher der Sendung glattgebügelt: Bei Themen von solchem Ernst sei die angemessenste Reaktion doch wohl – das Schweigen. Mir fällt ein, daß der vorgeführte Deutsche Schäferhund einen Maulkorb trug.

Am Tag der Deutschen Einheit 1985 sehe ich Lea Rosh wieder. Abends findet die Benefiz-Veranstaltung «Künstler für die AIDS-Hilfe» statt, im Tempodrom, einem großen Veranstaltungszelt neben der Berliner Kongreßhalle.

Die Sache liegt mir im Magen. Ich möchte mit Lea Rosh reden, ehe wir zusammen auf der Bühne stehen. Sie sitzt im Kreis mit einigen ihrer mir unbekannten Kollegen. Vermittelnd setze ich zu einer Kritik an ihrer Sendung an. Sie reagiert unwirsch. Schließlich hätte ich mich beteiligen können, anstatt jetzt herumzumäkeln. Ich frage mich, wie ich wohl der Schäferhunde Herr geworden wäre. Einer ihrer Kollegen hält mir die gute Sendezeit und die hohe Einschaltquote entgegen. Programme, wie ich sie wahrscheinlich wolle, könne man allenfalls nach Mitternacht senden, wenn sowieso niemand mehr zusehe. Ich entgegne, daß ich mich nicht über hohe Einschaltquoten für schlechte Sendungen freuen kann und werfe Lea Rosh den verantwortungslosen Umgang mit Wolfgang vor. Man habe Wolfgang entstellt, nicht aber seine Anonymität gewahrt.

Damit verhelfe ich Lea Rosh zu einem ihrer Höhepunkte: Was mir eigentlich einfiele, sie käme eigens hierher, um uns zu helfen und hätte es darum nicht nötig, sich von jemandem wie mir anpissen zu lassen!

«!», denke ich und gehe an die frische Luft; weiß nicht, wo ich meine Wut lassen soll, frage mich, wie ich nachher mit ihr auf der Bühne stehen kann. Glücklicherweise läuft die Veranstaltung sehr gut an. Das hilft mir. Ich denke an unseren bevorstehenden Auftritt. Schließlich bin ich nicht mit «La Rosh» allein, da sind auch noch die 2500 Zuschauer. An die will ich mich halten.

Die Gespräche mit Michael Heuer haben mir deutlich vor Augen geführt, daß meine Weisheit in puncto AIDS da aufhört, wo meine Sexualität anfängt. Das möchte ich heute abend sagen, ohne bemitleidet zu werden. Deshalb habe ich mich schön gemacht, fühle mich schön und bin an diesem Abend umwerfend schön!

Wir kommen auf die Bühne. Applaus. Ich verstehe, daß Applaus süchtig machen kann. Lea Rosh moderiert. Sie fragt Dieter, warum er hier stehe. Er antwortet ins Mikrofon: «Solange Leute wie Kohl und Carstens sich zeigen, sehe ich keinen Grund, mich zu verstecken.» Seine Stimme ist leise. Lea Rosh ergreift das Mikro, wendet sich zum Publikum und ruft: «Dieter, sag das noch mal laut!» Dieter gehorcht ihr, sagt lauter: «Solange Carstens und Kohl ...» Das hört man gern und spendet Applaus.

Die Reihe kommt an mich. Ich ergreife das Mikro, wende mich zum Publikum und fange an zu reden, merke, daß ich ankomme, steigere mich. Irgendwann hebe ich meine rechte Hand hoch, halte dem Publikum die Innenfläche entgegen und rufe: «Das ist mein Liebhaber seit mehr als einem Jahr!» (und wünsche mir, daß da unten eine ganze Menge Leute stehen, die das bedauern, aber nicht meinetwegen, sondern ihretwegen! Ich bin schön!) Rauschender Beifall. Lea Rosh schließt die Runde mit den Worten: «Und ich bedanke mich noch einmal ganz herzlich bei den Betroffenen für den Mut, den sie hier ...» Applaus. Damit wäre die Distanz wieder hergestellt.

Seit Dezember 1984 schreibe ich wöchentlich einen kleinen Beitrag für den niederländischen Radiosender VPRO. Die Sendung heißt «buiten beeld», zu deutsch: «Außerhalb des Bildes». Radio, das sich mit visuellen Medien beschäftigt: Theater, Film, Fernsehen, Video. Ineke van den Bergen, die Redakteurin des Programms, schlug mir eine Sendung zum Thema AIDS vor. Ich freute mich sehr. Endlich war ich nicht der herbeigeholte, vom Himmel gefallene Betroffene, sondern würde mich dort äußern können, wo ich auch sonst meinen Platz hatte.

Den größten Teil der einstündigen Sendung nahm ein Gespräch zwischen Ineke und mir ein. Alles was mir wichtig war, kam in diesem Gespräch vor: Meine anfängliche Abschiebung des Problems auf andere, das Testergebnis, meine persönlichen Strategien, einem sozialen Tod zu entgehen, die Überlegungen, die mich an die Öffentlichkeit treten ließen, meine Schwierigkeiten mit Sexualität und *Safer Sex*, meine Haltung hinsichtlich der Kopplung von Schuld und Krankheit und der Situation der Schwulen. Ich gab an, was ich fürchte, will, für erreichbar halte. Das Gespräch behielt auch in der Sendung seine Versprecher, Pausen, Mißverständnisse. Es zeigte, in welchen Bereichen ich mich sicher fühlte und wo meine Ratlosigkeit anfing, wann ich lache und wann ich zynisch werde. Diese Sendung vom 25. Juni 1985 ist die einzige, in der ein wirkliches *Bild* von mir entstand – ausgerechnet unter dem Namen «buiten beeld».

Am 1. Juli 1985 wurde die Reportage «Die Angst reißt tiefe Gräben» gesendet. Einer meiner Arbeitskollegen, wahrscheinlich mein direkter Vorgesetzter, machte einen Videomitschnitt und leitete ihn «nach oben» weiter. Beigefügt war ein Schreiben, das ich nie zu Gesicht bekommen habe, in dem jedoch von der Gefährdung der Kollegenschaft durch mich die Rede war. Mein ranghöchster Chef rief mich an und zeigte sich erschüttert. Wir müßten darüber reden, und wenn es mir recht sei, käme er sofort bei mir zu Hause vorbei. In meine unaufgeräumte Wohnung wollte ich ihn nicht lassen. – Dann habe er einen ganz verrückten Vorschlag: wir sollten uns an der Oberbaumbrücke treffen. Meine Verwunderung nahm zu. Einer meiner Orte aus der Reportage, das war eine eindeutige Hommage an mich. Ich willigte ein, und eine halbe Stunde später tranken wir in einer türkischen Kneipe Kaffee und beratschlagten, wie die Angelegenheit aus der Welt zu schaffen sei. Meine Forderungen: kein Besuch beim Amtsarzt, keine Namensnennung gegenüber der übergeordneten Senatsstelle und keine Eintragung in meine Personalakte. Der Berliner Senat sollte sich in dieser Sache vernünftig und angemessen verhalten. Nach vier Tagen hatte mein Chef die entsprechenden Einsichten beim Berliner Senat durchgesetzt.

Die meisten meiner Kollegen hatten sich inzwischen auf meine Seite gestellt. Wenn ich heute einmal eine Erkältung habe und einen Tag nicht zur Arbeit komme, sorgt man sich um mich, bisher zum Glück unnötigerweise. Ich bin nicht von zarter Gesundheit.

So weiß man von mir inzwischen nicht nur, daß ich positiv bin, sondern auch, daß ich gegebenenfalls mein Gesicht im Fernsehen zeige. Im 3. Programm des WDR gibt es die «Michael Braun Talk-Show live», eine Sendung für Jugendliche. Dauer jeweils 30 Minuten. Am 14. September will man sich dem Thema AIDS widmen. Als Gesprächsteilnehmer sind je ein Vertreter des Bundesgesundheitsministeriums, der Kirche und der Berliner AIDS-Hilfe vorgesehen sowie natürlich ein Betroffener. Man denkt dabei an mich.

Das Ansprechen der Betroffenen gehört offensichtlich zum sensibleren Teil der Vorbereitungen, den man mit Vorliebe Frauen überläßt. Mit der Journalistin, die an mich herantritt, verstehe ich mich tatsächlich auf Anhieb, was allerdings meine Bedenken gegenüber Talk-Shows nicht wegnimmt. Ich entscheide mich trotzdem für die Sendung, weil es ein Programm für Jugendliche ist. Damit mein Konterfei nicht nachträglich alle möglichen Boulevardblätter ziert (so ist es Dieter und Wolfgang nach der «Drei nach neun»-Sendung ergangen), verlange ich ein Fotografierverbot während der Sendung und die

Garantie, daß keine Fotos über den Bilderdienst des WDR an Dritte weitergegeben werden. Beides wird mir schriftlich zugesichert.

Die Stimmung vor der Sendung ist angespannt. Es muß noch ein Vorspann produziert werden. Ich fühle mich fehl am Platz. Wir werden in ein quer durchgesägtes Auto gesetzt, das schaukelt. «Das machen wir immer so», gibt man uns zu verstehen.

Die Sendung beginnt. Michael Braun macht eine freche, witzige Einleitung. Wir stehen hinter den Kulissen und warten darauf, in der verabredeten Reihenfolge durch die Tür zu treten. Beim Blick auf die Uhr wird mir die Sinnlosigkeit des ganzen Auftritts klar: Schon mehr als zehn Minuten der Sendezeit sind um. Weitere fünf Minuten wird die vorgesehene Show-Einlage kosten, ein Potpourri aus verschiedenen gängigen Weisen: «Y-M-C-AIDS!», All you need is AIDS, AIDS me tender – AIDS me true. Es bleiben somit höchstens zehn Minuten für vier Gesprächsteilnehmer, die zudem noch alle einzeln vorgestellt werden. Also ungefähr zwei Minuten pro Person. Man bespricht sich mit mir in Berlin und Köln, man fliegt mich ein, zahlt mir 500 DM Honorar, schminkt mich und schminkt mich ab, damit ich, Rolf Erdorf, in meiner Eigenschaft als Betroffener noch einmal für zwei Minuten meine verdienstvolle, einzigartige Nase im Fernsehen zeige. So viel Ehre verpflichtet, und es gelingt mir dann auch tatsächlich, zweimal (in zwei Minuten!) den donnernden Applaus des Publikums hervorzurufen.

Nach der Sendung bin ich umringt von pubertierenden Mädchen, die offensichtlich nie eine «Michael Braun Talk-Show live» versäumen. Man will ein Foto fürs Album, man bettelt, und man bettelt nicht umsonst. Apparate klikken, A Star is born, Y-M-C-AIDS!

Im Anschluß an solche Ereignisse trinkt man zusammen ein Bier. Klar, die Zeit, schade, aber du warst doch gut! (Schulterklopfen).

Gut war ich auch als Lieferant von Sätzen für einige SFB-Sendungen, die ich selbst nie gehört habe, sowie für einen AIDS-Artikel im *Zeit*-Dossier im August 1985. Eingestreute Zitate, die mir nichts bedeuten. Aber erst das Entstehen eines Bildes macht den Artikel rund, und wenn sich das nicht einstellen will, greift man gern zu Fotos, selbst wenn sie bloße Garnitur sind. Für den *Zeit*-Artikel mußten also Fotos her. Ich versprach mir, hart zu bleiben.

Der Fotograf ist wunderschön und sehr, sehr nett. Natürlich versteht er mich, und schon hat er mich zu einem Fototermin überredet. Wir laufen am nächsten Tag durch die Stadt, uns fällt nichts Gescheites ein, und die Fotos sind dementsprechend. Sie verschwinden unveröffentlicht im Archiv.

Dann gab es noch diverse Podiumsdiskussionen. Eine in Stuttgart. Da war ich noch nie.

Ich bin es schon gewohnt, zum Flughafen zu gehen und das bereitliegende Ticket abzuholen. Für alles ist gesorgt. Ich steige in die Maschine, die auch unseren Regierenden Bürgermeister Eberhard Diepgen befördert. Im Geist sehe ich die entsprechenden Bild-*Schlagzeilen vor mir. Aber die Wirklichkeit ist auch nicht von schlechten Eltern. Vor mir sitzt ein doppeltes Ehepaar, Mann-Frau, Mann-Frau, Mittvierziger. Ich weiß nicht, ob sie kreuzweis' oder paarweis' sitzen; solche Leute sehen immer so gleich aus. Kurz vor der Landung ruft eine der Frauen: «'s Schwabeländle hat uns wieder!» Und dann, man sieht die Rollbahnen und dazwischen ebenso schnurgerade, trostlose Flächen wie Tennisbahnen: «Gugge mal, das sieht doch schöö ordentlich aus!» Ich verstehe, daß eine Krankheit wie AIDS sich bei einem solchen Ordnungssinn im Schwabeländle nie einnisten könnte. Deshalb also muß ich importiert werden: die Betroffenheit aus Berlin.*

Ich kann Podiumsdiskussionen nicht leiden. Für mich sind es Auftritte, von denen ich nichts behalte. Aber es gibt ja die Zeitung. Da steht dann später alles drin:

Podiumsdiskussion im Kammertheater
tauchte ins Selbstmitleid
der Homosexuellen ab

AIDS:
Gibt's das Menschenrecht auf Ansteckung?

Einer dachte praktisch: Jetzt, befand der Mann aus dem Publikum, sei es Zeit, die Menschheit zu untersuchen, die schwarzen Schafe festzustellen und ihnen ein Brandzeichen zu verpassen, damit ein jeder gewarnt sei. Wohin das Zeichen? Am besten in den Schamhaarbereich.

So kann man's auch sehen.

Jenes Podium aus Wissenschaftlern, Ärzten und Betroffenen ... hatte es anders gesehen, ganz anders und einmütig anders, und also faßt die Reaktion des Berliner AIDS-Kranken Rolf Erdorf quasi den Abend zusammen. «Wenn du sichergehen willst, daß du dich nicht ansteckst», fauchte der Mann vom Podium herunter, «dann liegt das ganz allein in deiner Hand.»

Der blanke Zynismus? Mitnichten, denn da führten auf Einladung des Stuttgarter Schauspiels (in Ergänzung des Schwulen-Stücks ‹*Wie du*›) eben Schwule das Wort, und die sind auch nur Menschen, die auch mal wollen ...

Da ging manch wertvoller Beitrag (der Krankheit wohl und nicht des Schwulen-Dilemmas) ebenso unter wie die freilich wenig bedeutsamen Wortmeldungen zweier Stuttgarter Ärztinnen ... «Viel haben wir nicht in der Hand, wenn wir Kranke beraten sollen», hatte Dorothee Fischer ganz zu Anfang eingestanden, schließlich beschäftige man sich in Stuttgart erst seit August intensiv mit dem Thema und habe dabei noch vieles zu lernen.

(Stuttgarter Nachrichten vom 9.12.1985)

Man sieht's, wie man's sehen will. Man sieht auch mich, wie man es nötig hat, mich zu sehen. Den Gedanken, AIDS-krank zu sein, kann ich immer noch nicht ertragen. Andere sind da großzügiger.

Auf der Frankfurter Buchmesse im Oktober 1985 unterhält sich ein Lektor eines deutschen Verlags mit dem Direktor einer niederländisch-belgischen Stiftung, deren Aufgabe es ist, die Übersetzung niederländischer Literatur zu fördern. Der Lektor erwähnt, einen Übersetzer zu kennen und nennt meinen Namen. Moment, sagt der Direktor, das sei doch der AIDS-Kranke. Er kennt mich von einem Gespräch aus dem Jahr 1981.

Auch in der Oranienbar in Kreuzberg, meiner früheren Stammkneipe, kursieren Erzählungen. Ich sei zweimal im Fernsehen aufgetreten, das erste Mal noch bei leidlicher Gesundheit, das zweite Mal schon deutlich vom Tod gezeichnet. Dann stehe ich auf einmal leibhaftig in der Tür und werde angestarrt wie ein Gespenst. Einem Todkranken zu begegnen, der so gesund aussieht, das läßt wohl manchen an seiner eigenen Gesundheit zweifeln.

«Tote auf Urlaub» nennt uns der *Spiegel*. «Es ist ein Weinen in der Welt, als ob der liebe Gott gestorben wär», schrieb Else Lasker-Schüler. Nach nahezu zwei Jahren, die ich mit dem Wissen lebe, infiziert zu sein, nach zwei Jahren, in denen ich nicht krank geworden bin, beziehe ich diesen Satz nicht mehr auf mich, sondern auf die Untoten, die einen wie mich brauchen, um an ihre eigene Unsterblichkeit glauben zu können.

Ich habe mich auf die Medien eingelassen, damit ich nicht mehr nur dasitze und darauf warte, ob ich AIDS bekomme oder nicht. Ich bin im Fernsehen aufgetreten, war an Radio- und Zeitungsinterviews beteiligt, habe Artikel in Büchern geschrieben. Es war ein wichtiger Teil meiner Auseinandersetzung mit AIDS. Dieser Teil ist für mich abgeschlossen. In einem Text von Tolstoi heißt es: «Bewahrt euch vor allem für euch selbst, dann wird auch noch viel für andere bleiben.»

Noch einmal begegnete ich einem Journalisten, der einen AIDS-Artikel verfassen wollte: Raimund Hoghe. Ich dachte an das Ende aus dem Film ‹*Casablanca*› mit Humphrey Bogart: «I think this is the beginnung of a wonderful friendship.»

Die *Zeit*, Nr. 10/1986, S. 83, «Modernes Leben»: «... besucht er mich. Den Gedanken, ihn als Positiven zu interviewen und ihm als Reporter mit Füllhalter und Notizbuch gegenüberzusitzen, gebe ich auf. Wir machen einen Spaziergang am Rhein. In Wuppertal sehen wir später Pina Bauschs Operette *‹Renate wandert aus›*.»

Während wir uns in Rom befinden, werden die ersten Leserbriefe zu seinen Artikeln abgedruckt. Fremde Hände sorgen für die Aufbereitung. Ein Foto aus dem Archiv taucht auf. Es zeigt mich mit einer amerikanischen Zeitschrift in der Hand, auf deren Titelblatt das große Wort AIDS steht, daneben die Reklame: Lord is extra. Ach ja, der schöne Fotograf von letztem Sommer!

Unter dem Foto steht:

«AIDS in der Presse: ‹Voyeuristisches Spektakularitätsgehabe›.»

Teil II

Ein Virus als Dauerbrenner in Zeitungen, Zeitschriften, Büchern, bekannt aus Film, Funk und Fernsehen.

Offen oder ganz en passant werden hier Bilder von Homosexuellen, Drogenabhängigen und Prostituierten entworfen. Offen oder ganz en passant geht es um «Perversion» und «Normalität». *Matthias Frings* hat zwischen den Zeilen gelesen.

Waffen aus dem Sprachlabor

Wie erkenne ich, daß diese Farbe Rot ist? – Eine Antwort wäre: «Ich habe Deutsch gelernt.»

(L. Wittgenstein)

An seinen Taten sei jemand zu messen, heißt es oft. Das ist falsch, weil zu spät. Auch ist nicht richtig: Vor der Tat ist das Wort. Das Wort ist schon Tat, Denken und Sprechen sind Handeln. An den Worten ist jemand zu erkennen – man muß nur zuhören (können).

Ich verdiene mit Sprechen und Schreiben mein Geld, und ich habe gelernt, Sprache mehr als alles andere zu schätzen. Nicht nur, weil sie unserer Existenz Form und Utopie gibt, sondern weil sie im Akt des Sprechens oder Schreibens unser Leben schon *ist*.

Immer wieder schrillen beim Zuhören oder Lesen die Alarmglocken im Hirn: Aufgemerkt! Ein Ton ändert seine Farbe, ein Wort ist anders gesetzt worden. Jetzt heißt es nur noch, sich in Geduld üben. Plötzlich vermehrt sich der neue Ton, klingt immer häufiger an, wird aufgenommen und bewertet, kopiert und variiert. Und dann, als hätte er an Gewicht gewonnen durch die allgemeine Benutzung, ist er Gesetz oder Verordnung, Wissen oder landesweite Überzeugung.

Eine Regierung (beispielsweise) heißt mit einemmal nicht mehr *Regierung*, sondern *Regime*. Die Entwicklungshilfe ist ergo nicht mehr *Entwicklungshilfe*, sondern *Unterstützung eines feindlichen Systems*. Sie wird folgerichtig eingestellt. So mag es gehen, oder genau umgekehrt.

Ich bin ein homosexueller Mann und lebe wie alle Homosexuellen in

Zeiten der Unterdrückung. Das ist nicht larmoyant, sondern realistisch. Ich habe wie alle Homosexuellen gelernt, sehr genau auf Zwischentöne zu achten, zwischen den Zeilen zu lesen. Es gibt eine Internationale der Schwulen, und in den meisten Ländern ist die Fähigkeit, spitze Ohren machen zu können, (über)lebensnotwendig. Auch dies ist nicht weinerlich, sondern wahr. Immer noch rollen (im Iran z. B.) die Köpfe, immer noch gibt es (auf Kuba z. B.) Konzentrationslager für Schwule, immer noch wird (in die USA z. B.) Schwulen die Einreise verweigert, immer noch werden (in der DDR z. B.) Schwulengruppen verboten, immer noch darf (in Aachen z. B.) laut Gerichtsbeschluß kein Infostand zum Thema Homosexualität errichtet werden.

Als Schwuler müßte man ständig schreien, aufbegehren, opponieren. Das geht nicht, denn man benötigt die Kraft für Vernunft und Taktik. Es geht ebenfalls nicht, weil es uns in *Diesem unserem* vergleichsweise sehr, sehr gut geht. Deutsche Schwule sind Luxus-Aussätzige. Mag sein, du verlierst den Job oder die Wohnung, mag sein, Elternliebe macht halt vor der Männerliebe, mag sein, du gehst ins Gefängnis, weil es Sonderparagraphen für Homosexuelle immer noch gibt. Aber in ein KZ wird dich niemand hier stecken. Doch nicht in dem Land, wo es heute noch Männer gibt, die als Schwule gesessen haben in deutschen KZs! Doch wohl hier nicht! Wir haben gelernt, eben weil vierzig Jahre *nur* vierzig Jahre sind. Und dann hört man, wenn man hinhören will, markige Sätze über Nation und Familie, über Juden, die man erschlagen und Schwule, die man in Quarantäne nehmen müßte.

Ich staple die zahllosen Texte zu AIDS auf meinem Schreibtisch, interpretiere, ordne zu, argumentiere damit oder dagegen. Aber abends manchmal, wenige Augenblicke vor dem Einschlafen, rast diese oder jene Formulierung durch meinen Kopf wie eine endlose Achterbahn. Was sagt doch der Ministerialprofessor laut *Spiegel*? Der Darmausgang sei nun mal nicht für den Sex gebaut. Der Herr in Bonn weiß das. Woher? Und die Kette der Assoziationen beginnt: Unnatürlich – Wider das Leben – Lebensunwert.

Herr Steinbach hat das so nicht gemeint? Natürlich hat Herr Steinbach das so nicht gemeint! Das gerade macht die Dinge so beunruhigend. Wenn jemand etwas so sagt, wie er es meint, und meint, was er sagt, dann kann man sich dazu verhalten. Viel schlimmer ist es, wenn niemand wirklich etwas *meint*. Wenn dumpfe Überzeugungen, böse Ahnungen, Uninformiertheit, Vorurteile, Angst- und Schuldgefühle sich als Meinung verkleiden. Das ist ein aussichtsloser Kampf für die kritische Vernunft, ein Kampf an allen Fronten. «Kleinigkeitskrämer und Kritikaster» rufen dann flott die Praunheims dieser Welt. «Sei doch mal konstruktiv!» Ach Rosa, es gilt auch für dich: man muß erst einmal verstehen, begreifen, bevor man «konstruktiv» sein kann. Du kannst nicht auf Treibsand ein Haus bauen, noch nicht einmal eine Hütte.

Was dieses Geschreibe um und über AIDS, das ganze Gerede um und über Risikogruppen ebenso trostlos wie gefährlich macht, sind die verschwommenen Bilder hinter den Worten, die abgestandenen Gerüche des Ressentiments, die sexualneidischen Phantasien, der gierige Voyeurismus. Was einem entgegenschlägt, ist eine selbstgefällige Ignoranz, eine herablassende Kommentierung, die sich auf kaum ein *Wissen* stützt. Sich auch noch mit den Schwulen, ihrer Geschichte, ihrer Sexualität, ihrer Politik *wirklich* auseinandersetzen? Wer hat das schon nötig! Es reichen doch ein paar aufgemotzte Geschichtchen aus der Schlüpferperspektive, die Artikel gewinnbringend und publikumswirksam zu verkaufen. Da mokiert sich der Reporter süffisant über sogenannte «Schwulenfunktionäre», die allenthalben nur Repression wittern. Täte er dies auch gegenüber dem schwulen Mann, dem die Mitgliedschaft in der Berliner AOK verweigert wurde, weil er sich nicht zwangsweise auf HTLV-III testen lassen wollte? Täte er dies gegenüber dem schwulen Erzieher, den die «fortschrittlichen» Eltern des Kinderladens vor die Tür gesetzt haben, einfach so? Täte er dies gegenüber dem Fixer, dem eine Therapie verweigert wird, weil er auch noch positiv ist?

Was man über Homosexuelle weiß? Dies beispielsweise: «Die Beziehungen verlaufen turbulent – wie der Erfolg von Stücken wie *‹Ein Käfig voller Narren›* zeigt, bühnenreif.» Klarer – und dümmer! – kann man es nicht haben. Als Informationsquelle über Homosexuelle und Homosexualität wird eine Komödie angegeben. Herzlichen Glückwunsch! Was hielten Sie von einer Titelstory über das bundesdeutsche Gesundheitswesen, die sich als Quelle auf die *‹Schwarzwaldklinik›* beruft?

Ebenso verworren wie die Vorstellungen über Homosexuelle sind die Bilder von Sexualität überhaupt. Das Virus, so lesen wir, wird zwar nicht von Homosexuellen «hervorgebracht, wohl aber sind es homosexuelle Praktiken – allen voran der Analverkehr –, die seine Verbreitung begünstigen». Was, bitte sehr, sind «homosexuelle Praktiken»? Was können Mann und Mann tun, das Mann und Frau unmöglich ist? Und seit wann ist Analverkehr eine homosexuelle Praktik? Analverkehr ist eine *sexuelle* Praktik, auch von Heterosexuellen mit Genuß praktiziert. Und doch verstehen wir das Denken hinter den besinnungslosen Wörtern: Analverkehr ist ekelhaft, Schwule sind widerlich, Schwule praktizieren eine ekelhafte, widerliche Sache, über die sich nun das tödliche Virus verbreitet.

Ginge es nur um Vorbeugung, wer könnte etwas gegen sachliche Information haben? Aber es geht um mehr, angesprochen sind Sitte und Anstand, «gesundes» und «fehlgeleitetes» Verhalten. Ginge es nur um Vorbeugung – kein Wort des Moralisierens wäre vonnöten. Aber das Arsenal der Prophylaxe strotzt vor mitschwingenden Wertungen. Wo ganz normales sexuelles Verhalten zu «gefährlichem sexuellen Verhalten» wird, wo ganz normale Praktiken zu «riskanten Praktiken» werden, muß man auf Werturteile nicht lange warten. Der Akade mische Rat am Kriminologischen (!) Seminar der Uni Bonn darf sich im Hamburger Nachrichtenmagazin verbreiten: «Wir sind in die Situation geraten, mit dem Rücken zur Wand neue Umgangsformen lernen zu müssen, die im Grunde längst als angemessenere bekannt sind.» Noch einmal ganz langsam zum Mitdenken: *die im Grunde längst als angemessenere bekannt sind.* So isses: Längst schon hätten wir der Mäßigung frönen sollen, aber nun gibt es auch den guten Grund: AIDS. Und diese herrliche sozialdemokratische Wortwahl. *Angemessen*! Ein schlichtes Bürokratenwort, unverdächtig jedweder Ideologie. Aber wer beurteilt denn, was «angemessen» ist? Wer mißt hier *wem wie was* an?

Sehr viel angenehmer sind mir die offenen Hasser, versehen sie ihr Geschäft doch wenigstens ohne liberales Wortgeklingel, wie etwa der Anthroposoph O. Koob in dem Buch *‹Erkennen und Heilen›*: «Man kennt nämlich heute schon den Zusammenhang zwischen einer so neuen Krankheit ‹AIDS›, die in den modernen Babylons wie New York, Los Angeles oder San Francisco entstand und dadurch charakterisiert ist, daß eine Geschwulst sich langsam von der Haut aus in den

Menschen hineinfrißt und die ganze leibliche Geschlossenheit, die Immunität zerstört, so daß der Kranke elendig an einer Infektion zugrunde geht. Betrachtet man das Leben solcher Menschen, so muß man feststellen, daß sie aus sehr zweifelhaften Milieus stammen, wie die Ausgestoßenen ihr Dasein fristen müssen und sich gegen alles das ‹versündigen›, was wahres menschliches Leben ist.»

Da AIDS eine vorzugsweise sexuell übertragbare Krankheit ist, wird das Sexuelle mit all seinen Ungereimtheiten untrennbar verquickt mit Fragen der Prophylaxe. Es würde völlig ausreichen, dahingehend aufzuklären, daß das Virus beim Sexualakt übertragen werden kann. Beim zusätzlichen Transport von Moral muß aber der sexuelle Akt, insbesondere der zwischen Männern, sowohl dämonisiert wie lustvoll aufgebläht werden. Als Pendant zu den «Ausgestoßenen, die ihr Dasein fristen müssen» kennen wir die lüstern-neidischen Stories über das ausschweifende (Sexual-)Leben der Schwulen. Während Mama und Papa im langweiligen Katalog von Beate Uhse blättern, feiern die schönen, reichen, jungen Schwulen, die «happy people», hedonistische Orgien an Whirl- und Swimmingpools.

Ein schönes Beispiel für amtliche Werturteile findet sich in der Postwurfsendung des Familienministers: «Wahllose Sexualkontakte, gleich welcher Art, mit wechselnden Partnern haben ein hohes Ansteckungsrisiko.» Gemeint ist hier wohl Promiskuität, die bezeichnend mit «wahllos» übersetzt wird. Dieses Wort führt in seinem Begriffsfeld mit sich: oberflächlich, unreif, verantwortungslos, unmoralisch. Aber sucht, wer Sex mit mehr als einem ständigen Partner hat, seine Leute nicht aus? Und was ist mit jenen, die nicht in einer festen Partnerschaft leben können oder wollen? Ist deren Sexualität also a priori «wahllos», trifft auf sie das so oft und gern gebrauchte Wort vom «ungehemmten Mehrverkehr» zu? Schließlich: Es dürfte dem Virus ziemlich gleichgültig sein, ob man seine Sexualpartner wählerisch oder wahllos ins Bett lädt. Dies alles ist magisches Denken und hofft darauf, sich per Wohlverhalten einen Schutz zu erhandeln.

Seien es nun liberale Sexualkontrolleure à la Haeberle oder schreibkundige Hysteriker, denen nur noch «rigorose Abstinenzempfehlungen» einfallen (bitte auf der Zunge zergehen lassen: *rigorose Empfehlungen*!) – die Zielrichtung ist klar: Es geht nicht so sehr darum, die Hauptgefährdeten zu schützen und Kranke zu versorgen. Ziel ist vielmehr, eine sogenannte «Normalbevölkerung» zu verschonen. In einer Pressemitteilung des Bundesgesundheitsministeriums findet sich ein höchst aufschlußreicher Satz. Nachdem sich der Pressesprecher zur Gefahr der Verbreitung von AIDS über Prostitution geäußert hat, heißt es weiter: «Die AIDS-Krankheit erfaßt möglicherweise auch Bevölkerungskreise, die ihrerseits gar keine Möglichkeit haben, sich selbst durch ihr Verhalten vor AIDS zu schützen.»

Das ist merkwürdig, sehr merkwürdig. Weshalb sollen sich «Bevölkerungskreise» nicht vor AIDS schützen können? Für sie gelten doch wohl die gleichen Empfehlungen wie für die sogenannten Risikogruppen, oder? Denen legt man, freundlich ausgedrückt, allerlei Beschränkungen von Safer Sex-Techniken bis hin zur totalen Abstinenz nahe – weshalb soll dies nicht für jedermann gelten, gerade dann, wenn AIDS sich auch im heterosexuellen Milieu findet? Oder ist es einfach so, daß der Pressesprecher des Ministeriums nur ein realistischer Mann ist, der weiß, daß er die rigiden Safer Sex-Regeln nicht der Gesamtbevölkerung zumuten kann? Denn: Forderte man ernsthaft *jedermann* auf, monogam zu leben, Safer Sex zu betreiben oder gar völlig auf sexuelle Kontakte zu verzichten – müßte dann nicht auch jedermann klar werden (wortwörtlich am eigenen Leib), wie problematisch für den einzelnen das ist, was man von den Hauptgefährdeten so gefühl- und gedankenlos verlangt?

Es ist ungemein praktisch, daß den meisten, die mit AIDS befaßt sind, diese Krankheit gleichzeitig sehr fern ist. Aus der Distanz läßt sich gut raten, da kann man sich ereifern und ein Gesicht machen voller Verantwortungsbewußtsein. «Wenn ich ein homosexueller Mann wäre», sagt der Mitentdecker des HTLV-III-Virus, Robert Gallo, «wäre ich so vorsichtig wie ich könnte. Ich würde sexuelle Abstinenz empfehlen, bis das Problem gelöst ist.» Dieser Satz steht paradigmatisch für unendlich viele Sätze wohlfeilen Nichts. Man muß ihn genau lesen, Wort für Wort. Gallo versetzt sich in die Situation eines Homosexuellen. Das ist sensationell, denn die meisten Damen und Herren ersparen sich diesen kleinen Test. Gallo würde also «vorsichtig sein», was immer dies auch meinen mag. Der nächste Satz müßte uns darüber Aufschluß geben. Aber siehe da: Herr Gallo steigt aus dem Spiel aus; er «würde Abstinenz empfehlen». Aufgemerkt, Gallo würde nicht Abstinenz *praktizieren*, er würde sie *empfehlen*.

Gallo ist nicht nur recht vage in der Rolle des Schwulen, er ist es auch auf seinem ureigensten Gebiet. Im *Spiegel* lesen wir: «‹Ich glaube›, sagt AIDS-Spezialist Robert Gallo, daß ‹*alle*, die mit dem Virus infiziert sind, von jetzt an gerechnet in 20 Jahren› in einem ‹Zustand sein› werden, daß ‹sie möglicherweise schwer erkranken›.» Noch einmal konzentriert. Gallo *glaubt*, daß alle Infizierten *möglicherweise* schwer erkranken. Redet so ein international renommierter Wissenschaftler? Das ist das Schlimme an solcherlei Luftsätzen: Sie sagen nichts, aber im Kopf der Leser bleibt in diesem Fall ein *Alle erkranken schwer!* zurück, das sich bei näherem Hinsehen auf ein undefiniertes *glauben* und ein *möglicherweise* stützt.

Ich kann sie schon hören, sehe ihre eifernden Mienen schon vor mir. Die Herren von der Journaille (bezeichnenderweise sind es fast ausnahmslos heterosexuelle Männer, die sich mit AIDS beschäftigen) legen los: Diese Schwulenfunktionäre! Diese AIDS-Literaten! Diese ignoranten Wortführer! Das sind doch alles Nebensächlichkeiten! Stürzen sich auf die Berichterstattung der Medien und verdrängen die tödliche Gefahr! «Es ist wie im Krieg: Die Generäle sitzen hinten im Bunker und schicken die jungen Männer nach vorn ins Feuer zum Sterben.» – so dumm, so dreist, so hemmungslos sich selbst entlarvend *Spiegel*-Halter in einem schwulen (!) Magazin.

Sagen wir: Falsch schon von Beginn an. Weder Funktionäre noch AIDS-Literaten, noch Wortführer. Lediglich Leute, die nicht bereit sind, die geforderten Unterwerfungsrituale abzuleisten, die keine Veranlassung sehen, aus Angst vor noch größerem Druck eilfertig das Büßergewand anzuziehen, den Verstand abzustellen und das erwartete *mea culpa* zu skandieren.

AIDS meint nicht nur ein Virus, AIDS meint auch ein sich wandelndes gesellschaftliches Klima. Insofern trifft AIDS auch all jene, die davon *nicht* betroffen sind. Die pseudobesorgte, pseudo liberale Journaille macht sich schuldig an der erneuten und verschärften Stigmatisierung von Minderheiten. Schlimmer noch: Sie verhindert genau das, was sie herzustellen vorgibt. Durchtränkt von Ressentiments, Uninformiertheit, Ablehnung und Haß, sät die Mehrzahl der AIDS-Artikel Mißtrauen gegenüber *jeder* Äußerung zu AIDS, sei sie auch noch so begründet. AIDS-Ideologie verhindert AIDS-Aufklärung. Deshalb ist sie gefährlich. Deshalb heißt es wachsam sein.

Die Angst der Menschen ließ immer schon die Kassen klingeln – vom Ablaßgeschäft bis hin zum Atombunker fürs Reihenhäuschen. Beim Geschäft mit der Krankheit gehen kühler Geschäftssinn, Hysterie und Ideologie eine beunruhigende, schwer zu durchschauende Allianz ein. *Sabine Porn* setzte sich auf die Spur der «AIDS-Unternehmer».

Ein Virus macht Kasse

Über Geschäftemacher, Hysteriker und Ideologen

«Das ist ja unglaublich», dachte Thomas, nachdem er den Brief gelesen hatte. Der Präsident der Freien Universität teilte ihm – und allen anderen Studenten der medizinischen Fachbereiche – mit, daß «Sie einer sogenannten Risikogruppe angehören». Aus diesem Grund «wird zur Bestätigung Ihrer Immatrikulation rückwirkend der HTLV-III-Test obligatorisch. (...) Anderenfalls kann Ihre Immatrikulation zum SS 1986 nicht bestätigt werden», beschloß mit freundlichen Grüßen ein Sachbearbeiter namens Lacher das Schreiben.

Ein Witz? Thomas war sich nicht ganz sicher. Denkbar ist ja mittlerweile fast alles, sagte er sich. Dennoch rief er beim Immatrikulationsbüro an. Er war seine Frage noch gar nicht richtig losgeworden, als er vom anderen Ende der Leitung schon barsch und genervt unterbrochen wurde: «Ist alles Quatsch.» Thomas war nicht der einzige, der einen solchen Fälscher-Brief bekommen hatte. Ein – noch vergleichsweise – harmloser Scherz, der den Berliner Studis da widerfahren war.

Denn zwielichtige Gestalten, dubiose Vereine, unseriöse Geschäftemacher haben Hochkonjunktur in deutschen Landen und fast alle nur ein Ziel: aus Angst und Unwissenheit um die Krankheit AIDS Kapital zu schlagen.

In einer Gesellschaft, die mit Hilfe des «Helfer-Syndroms» alle ihre Mitglieder in potenzielle Therapie-Objekte verwandelt, lassen sich mit der Not anderer vortrefflich eigene Identitätsprobleme lösen. Und was gibt es Schöneres, als damit auch noch Geld zu verdienen.

Knapp ein Dutzend gefälschter Schreiben tauchte allein in Berlin innerhalb weniger Wochen auf: Brautpaare wurden vom Pharmakonzern Schering zur Entwicklung einer «AIDS-Vorbeugepille» angeschrieben; der Sozialsenator teilte Ärzten die Meldepflicht von AIDS-Patienten mit; ein gemeinsames Rundschreiben der Krankenkassen verbreitete gar, nur wer ein negatives Testergebnis vorweisen könne, bleibe weiterhin Mitglied in einer Ersatzkasse.

Die Realität hat die Phantasie der Fälscher allerdings längst eingeholt: die Allgemeine Ortskrankenkasse verlangt in der Tat – zumindest in Berlin – von all denen, die sich freiwillig versichern wollen, einen sogenannten «AIDS-Suchtest». Diesen gibt es zwar medizinisch nicht, dafür aber im Sprachgebrauch des Pressesprechers.

Auch vor Werbeprospekten einschlägiger Sex-Shops machte der hintersinnige Schwindel nicht halt. «AIDS ist das beste Argument, in die Peepshow zu kommen. Völlig sicher – völlig sauber. Mit dem abgebildeten Coupon können Sie sich gratis einen Videofilm Ihrer Wahl anschauen. Kommen Sie, und erleben Sie die wunderbare Welt sicherer Erotik im ...»

Mit welcher Motivation die Fälscher auch immer ans Werk gegangen sein mögen, sie haben ihre Finger in gesellschaftliche Wunden gelegt. Die Unbekannten, die in anarchistisch-schwulen, in jedem Fall aber in schwarzen Humoristenkreisen vermutet werden, haben nur pointiert, wohin repressive Sexualpolitik und Hysterie führen können.

Weniger ambitioniert als diese «fake-Guerilla» sind sicherlich jene «Geschäftsleute», die Angst und Unwissenheit ausnutzen und darin eine Marktlücke wittern.

Daß schnöder Mammon bei der Gründung seiner «AIDS Control-Gesellschaft» ausschlaggebend sei, weist Frank Bellin natürlich weit und empört von sich. Allein «die da auf uns zukommende, drohende Gefahr» habe ihn zum Handeln gezwungen. Im Oktober 1985 trat das Unternehmen mit dem Ziel an die Berliner Öffentlichkeit», «Organisationsformen zur Eindämmung und Kontrolle der Ausbreitung der Krankheit AIDS» zu schaffen. Hinter dieser etwas umständlichen Formulierung verbirgt sich eine ganz einfache Idee: AIDS – Test – Pässe! Für den einmalig zu zahlenden Obulus von cirka 25 Deutschen Mark soll jeder, der will und der einen HTLV-III-Test mit negativem Ergebnis vorweisen kann, ein fälschungssicheres Kärtchen erhalten. Frau

Mustermann läßt grüßen. «Mit diesem scheckkartengroßen Test-Paß geben wir ein Mehr an Sicherheit», verkündet der dynamische, dreißigjährige Firmengründer. Da es trotz AIDS «lebensfremd wäre anzunehmen, wir befänden uns im Zeitalter der Treue», ersonnen Frank Bellin und Partner Staps den Paß, «ganz und gar im Interesse der Gesunden, die sich nicht anstecken wollen».

So viel Gutes wollten sie den Menschen offerieren und verstehen gar nicht, warum ihr Vorhaben so argwöhnisch und skeptisch aufgenommen wurde. «Die Idee kam wohl zu früh», sinniert der Unternehmer Bellin und macht schließlich seinem Ärger ob der durchweg negativen Presse Luft: «Ich glaube, man müßte am besten infiziert, krank und schwul sein, damit einem die Ehrlichkeit der Idee abgenommen wird», platzt es aus ihm heraus.

Daß ein negatives Testergebnis beim heutigen Stand der Wissenschaft wenig aussagt, daß das «fälschungssichere Dokument» samt Foto also nichts als Humbug ist, will partout nicht in seinen Kopf. Oder doch? Für die Richtigkeit der Paß-Angaben übernimmt die «AIDS Control-Gesellschaft» jedenfalls keine Gewähr. Wie sollte sie auch! Denn ob irgend jemand mit einem Negativ-Paß durch die Gegend läuft, gleichwohl er längst positiv ist, interessiert die «Schützer der Menschheit» wenig. Ihre bisher 80 Kunden können schließlich positiv in die Zukunft blicken, sind sie doch «halbamtlich» negativ. Und das beruhigt.

Als reine Briefkastenfirma hat sich der «Verein zum Schutz und zur Bekämpfung von AIDS-Krankheiten» entpuppt. Auf Werbepostkarten mit dem Aufdruck «Helfen Sie uns, damit wir helfen können» erfährt man zwar nichts über die Ziele der Vereinigung, dafür aber die Kontonummer bei der Berliner Commerzbank. Laut Satzung sollen Wissenschaftler ausgebildet und sogar eine Stiftung für AIDS-Forschung ins Leben gerufen werden. Nicht eben wenig, was sich der Verein und sein einziges Mitglied, Wilfried Skoppek, da vorgenommen haben. Erstaunlich nur, daß wissenschaftliche Institutionen und Forscher, die in der Republik tatsächlich mit der Krankheit AIDS befaßt sind, weder etwas von diesem Verein gehört haben, noch um Mitarbeit gebeten wurden. Allerdings hat sich Herr Skoppek in Berlin auch weniger einen Namen als «barmherziger Bruder», denn als geschäftstüchtiger Kaufmann errungen. In Steuerberaterkreisen gilt der

Satz: «Der rührt überall herum, wo Geld zu holen ist.» Und so stellte Skoppek denn auch beim Berliner Gesundheitssenator einen Antrag auf finanzielle Unterstützung. In der Behörde wunderte man sich freilich, daß keine bestimmte Summe gefordert wurde und schrieb dem Verein zwecks Klärung. Keine Resonanz. «Damit gab es für uns keinen Entscheidungszwang, wir zahlen nicht», erklärt der Sachbearbeiter und ist ganz happy, die Dinge so galant gelöst zu haben. In einem anderen Fall warnte die Behörde allerdings vor «Dunkelmännern», die mit einem «AIDS aid program» an die Öffentlichkeit traten. Ausgerechnet unter den Pseudonymen Maria Matern und Josef H. Geist von «AIDS International Data» versprechen sie, bereits Erkrankte mit Hilfe eines Computer-Programmes heilen zu können. In ihrer fünfseitigen Broschüre, die auf U-Bahnhöfen verteilt und an verschiedene Institutionen und Privatleute anonym verschickt wurde, schreiben sie über sich: «Wir sind zwei Menschen, die mit wachem Verstand, offenen Augen und Ohren und gutem Herzen versuchen, in dieser Zeit das Richtige zu tun. Zusammen mit einigen Freunden studieren wir seit Jahren die AIDS-Seuche.»

Ums Geld geht es diesen Quacksalbern wohl weniger als ums Anheizen der allgemeinen AIDS-Hysterie. «Die schlechte Nachricht» nämlich, die die unbekannten Autoren verbreiten, lautet: «AIDS wird nachweisbar auch durch Insekten übertragen – z. B. durch Schnaken, Flöhe usw. Damit reichen die bisher empfohlenen Hygienemaßnahmen nicht mehr aus, um Sie vor AIDS zu schützen.» Füllt der Kranke allerdings den beigefügten Fragebogen gewissenhaft aus, ist die Heilung durch das Computerprogramm nur noch eine Frage der Zeit. Mit einem «individuellen Beratungsbogen» werden Ratschläge für die Wahl der Umgebung und Einrichtung der Freizeit, für Ernährung und Kleidung erteilt, Heilkräutertees mit genauen Mengenangaben verabreicht sowie ein Rezept für eine Schutz- und Heilsalbe verordnet, denn die «Haut soll einen AIDS-abweisenden Schutzmantel aufbauen». Nicht zuletzt raten die Computer-Wunderheiler an, den Körper ständig mit reinigenden Lösungen zu spülen, um die toten AIDS-Viren auszuschwemmen. Diese Schlauköpfe nutzten offenbar den Hang der Zeit zu Kraut und Rüben, denn die stadtbekannten Gesundheitsläden bis hin zur Berliner AIDS-Hilfe konnten sich vor irritierten Anrufern kaum retten. Mittlerweile zog der Staatsschutz gegen die makabren

Scharlatane zu Felde. Die Behörde schließt nicht aus, daß Maria Matern und Josef H. Geist, die übrigens das Weibliche und Männliche einer einzigen Person verkörpern, demnächst in der Psychiatrie – Abteilung Schizophrenie – wohnen werden.

Doch nicht nur in Berlin tummeln sich Gauner und Geister, Betrüger und Betrogene in Sachen AIDS. Bundesweit sorgt ein «Verein zur AIDS-Verhütung e. V.» mit Sitz in Frankfurt für Aufsehen. Freilich existieren weder die im Briefkopf genannten Vorsitzenden (Dr. med. Andreas Freudemann und Dr. med. Eleonore Hartmann) noch der Verein selbst in den Büchern der Frankfurter Telefonauskunft. Der nach eigenen Angaben ausschließlich aus Ärzten bestehende Zusammenschluß will sich der «Volksgesundheit» annehmen. Einige Kostproben aus ihrem zweiseitigen Schreiben:

«Unserer Ansicht nach wäre eine Zwangstestung sämtlicher im Staatsgebiet ansässiger Personen in Verbindung mit einer Einreisesperre aller nicht mit entsprechenden Nachweisen versehenen Personen (...) das Mittel der Wahl, um die AIDS-Seuche wirksam zu bekämpfen. (...) Selbstverständlich müßte die Testung bis zur Ausrottung der AIDS-Viren in sinnvollen Abständen wiederholt werden und ein Geschlechtsverkehr der benachrichtigten Infizierten mit ahnungslosen Kontaktpersonen juristisch mit Mord gleichgestellt werden. Besser wäre freilich unserer Ansicht nach eine unauffällige, jedoch nicht reversible Kennzeichnung der Virusträger an Stellen, die beim Geschlechtsverkehr nicht zu verbergen sind, jedoch ohne jede Auffälligkeit im normalen bürgerlichen Leben geheimgehalten werden können.»

Da staatliche Stellen ihre Ideen bislang nicht unterstützen mochten, schlagen die Frankfurter zur «Eindämmung der Seuche» ebenfalls einen Paß vor. «Monogamie kann eine Lösung sein – unser Ausweissystem vielleicht eine andere», lautet ihr Werbeslogan. Ob in Hamburg oder München, Heidelberg oder Karlsruhe, überall tauchten die hektographierten Seiten gleichen Inhalts auf. Wer dahinter steckt?

Darüber läßt sich bisher nur spekulieren. Kenner der Szene vermuten die Autoren dieses Phamphlets in den Reihen der rechtsradikalen «Europäischen Arbeiter Partei» (EAP).

Ähnlich obskure, gefährliche Thesen wurden im März dieses Jahres auf einer Pressekonferenz in München verbreitet. Eine Nachrichtenagentur namens «Executive Intelligence Review» lud ein, um ihren Sonderbericht «An emergency war plan against AIDS and other pandemics» vorzustellen. Wessen Geistes Kind die Herren der Agentur sind, läßt sich leicht an ihren Ansichten und Forderungen ablesen. Neben den schon fast üblichen Horrorgeschichten über die Ansteckungsgefahr durch Mückenstiche starten sie scharfe Angriffe gegen die Weltgesundheitsbehörde WHO und das Bundesgesundheitsministerium. Beide Institutionen hätten in den vergangenen Jahren nichts anderes als Desinformation geliefert, die wirklichen Gefahren durch AIDS «verharmlost und verschleiert». Und so verfechten sie vehement die Aufnahme der Krankheit ins Bundesseuchengesetz. Außerdem treten sie für die «Wiederherstellung der biologischen Verteidigungsfähigkeit des westlichen Bündnisses durch die Organisation eines biologischen SDI» ein. Wie man sieht, ist der Weg von Kürzel zu Kürzel nicht weit: AIDS von hinten buchstabiert, fördert nichts Geringeres als SDI (A für Amerika?) zutage. Der von AIDS geschwächte «Volkskörper» muß biologisch und strategisch aufgerüstet werden, um im Kampf der Systeme schließlich den Krieg der Sterne zu gewinnen.

Über die spinnerten Ideen dieser Ärzte mag der eine oder andere noch lachen. Es bleibt einem aber spätestens dann im Hals stecken, wenn man bedenkt, daß diese Typen nur laut aussprechen, was so manches Ministerialdirigentenhirn hin und her überlegt.

Vergleichsweise harmlos nimmt sich da die «Deutsche Gesellschaft der AIDS-Hilfe» im baden-württembergischen Gaggenau-Hörden aus: «Wir versuchen insbesondere die breite Bevölkerung über dieses Thema aufzuklären», umschreibt Geschäftsführer Karl Pawlitschko die Ziele. In einem Info-Blatt liest sich das dann so: «AIDS ist ein Virus, welches im Blut nachgewiesen werden kann. (...) Als Auslöser ist eine Affenart, die grüne Meerkatze, anzusehen. Diese Affenart, die nicht selbst erkrankt, soll jedoch nur der Überträger auf den Menschen sein. (...) Die Krankheit wird nicht vererbt, sondern von Mensch zu Mensch übertragen.» Mal abgesehen von Rechtschreibfehlern und wissenschaftlichem Unsinn hat diese Gesellschaft nichts zu bieten. Aber sie arbeitet ja auch ehrenamtlich.

Einen guten Riecher für Marktlücken muß dagegen der «Büro + Kommunikation Service» in Regensburg gehabt haben. Als absolute Marktneuheit vertreibt man das «AIDS-Vorsorge-Set». In ihrem Werbeschreiben legen sie «größten Wert» darauf, «daß keiner der Artikel ein Mittel gegen AIDS ist! Sie haben lediglich schützende und infektionsvorbeugende Wirkungen.» Betrügerische Irreführung soll man den Set-Verschickern also nicht nachsagen können. Wie klug.

Das AIDS-Vorsorge-Päckchen, das man für 69,50 DM bestellen kann, enthält neben «doppelwandigen Sicherheitskondomen» luft- und wasserdichte Pflästerchen, Einmal-Handschuhe, Alkoholtupfer und Zellstoff, nicht zu vergessen Mullkompressen und selbstredend Desinfektionsmittel für Mund, Rachen, Schleimhäute und sogar für die gesamte Wohnung. «Wir sind überzeugt, daß unser Vorsorge-Vorschlag beiträgt, einer möglichen Expansion der Krankheit im Vorfeld der Infektion wirksam zu begegnen.» In eine gute Flasche Champagner investiert, dürfte das Geld besser aufgehoben sein.

Heilpraktiker Hajek aus der Schweiz hat sich auch so seine Gedanken über AIDS gemacht und «lange überlegt, ob ich etwas Positives dem Patienten anbieten kann». Nun, er ist fündig geworden. «Propoli-Tinktur» heißt sein Wundermittel, das «ein Produkt von den Bienen ist, also rein homöopathisch, ohne jegliche Zusätze, nur mit Spiritus verdünnt». Und da er mit seinem Zaubertrunk schon gute Erfolge bei Magenentzündungen, Herpes, Pilz und solchen Krankheiten hatte, «die auch sehr problematisch zu heilen sind, vermute ich, daß ich auch einem ähnlichen Fall sogar helfen konnte wie AIDS, damals war dies noch nicht bekannt».

Was in den Sternen steht, weiß bekanntlich niemand so ganz genau, aber die «Österreichische Astrologische Gesellschaft» will es ergründen. «Für ein gefördertes, großangelegtes Forschungsprojekt über AIDS benötigen wir ein repräsentatives, statistisches Material.» In einem Schreiben an bundesdeutsche AIDS-Hilfe-Gruppen wird gebeten, möglichst genaue Geburtsdaten, wie Ort/Tag/Uhrzeit, das Geschlecht sowie Anmerkungen (homosexuell, drogenabhängig) aller AIDS-Kranken zusammenzutragen und nach Wien zu schicken. Was dann damit passieren soll? Darüber schweigt sich der Initiator, ein Diplomarchitekt, aus.

Aber nicht nur zwielichtige Dunkelmänner oder gewitzte Geschäftsleute schwimmen auf der AIDS-Welle, auch professionelle Helfer sind dem Sog nicht abhold. Die Rede ist von den Damen und Herren in Weiß, den Ärzten, die nicht nur «ein» schwarzes Schaf in ihren

Reihen haben. So wurde bekannt, daß einige Doktoren bis zu 500 Mark für den HTLV-III-Test nahmen. Ein Zwanzigstel, nämlich 25 Mark, dürfen verlangt werden.

Nicht zuletzt die Kondomindustrie schlägt – ganz legal – aus der Angst vor AIDS reichlich Kapital. Die Branchenkönigin, die «Beate Uhse AG» in Flensburg, muß es wohl wissen. 1985 stieg in ihren Geschäften der Verkauf von Präservativen um 30 Prozent. Für das laufende Jahr rechnet man sogar mit 50 bis 60 Prozent. Und – so beobachtete das Unternehmen – die Käufer sind jünger geworden. Früher begehrten eher die Vierzig- bis Fünfzigjährigen Kondome, heute verlangen das schützende Etwas junge Leute, die man häufig «noch nach dem Ausweis fragen muß», berichtet der Geschäftsführer.

Nur für Erwachsene ist auch das Spiel «Skrupel», das auf der diesjährigen Nürnberger Spielwarenmesse vorgestellt wurde. Die Zeiten von «Fang-den-Hut» oder «Mensch-ärgere-dich-nicht» scheinen out, soll doch das neue Spiel mehr über das Vis-à-vis verraten, als man je zu fragen gewagt hätte. Zum Beispiel: «Du erfährst, daß jemand an AIDS erkrankt ist. Warnst du alle deine Bekannten vor engerem Umgang mit ihm?» Ja – Nein – Kommt drauf an. So darf man sich entscheiden.

Nur der Werbezettel wurde als geschmacklose Vermarktung von AIDS bei einem anderen «echt ätzenden Kartenspiel» beanstandet. Als flotter Dreier, der aber auch zu viert gespielt werden kann, ist es Ziel dieses «Freizeit-Vergnügens», möglichst wenig Stiche zu machen, damit die AIDS-Karte nicht an einem hängenbleibt.

So oder so – das Virus macht Kasse. Und sicherlich sind noch längst nicht alle Lücken aufgespürt, die sich in Bares verwandeln lassen.

Es wäre zu einfach, den Betrügern vorzuwerfen, sie füllten mit der Angst anderer ihre Brieftaschen. Zum Geschäft gehören schließlich immer zwei. Und solange für Krankheiten der Ausnahmezustand verordnet wird, weil die Ideale der Gesellschaft «gesund, dynamisch, jung und lebensfroh» heißen, solange die Gesundheitsindustrie im Geschäft mit der Krankheit Patienten zu Objekten degradiert, solange werden Scharlatane, die auf die Bedürfnisse nach Individualität, Gefühl und Mystik setzen, einen Markt haben.

Jede Gesellschaft hat die Propheten, die sie verdient.

Ohne die sprunghafte Entwicklung der biologischen und medizinischen Wissenschaften in den letzten zwanzig Jahren wäre die AIDS-Forschung längst nicht so weit fortgeschritten. Aber einen «Durchbruch» gibt es noch nicht, weder prophylaktisch noch therapeutisch. Und der Zeitpunkt für diesen Durchbruch läßt sich kaum vorhersagen.

Von *Justin Westhoff*

AIDS-Forschung: Hoffnungen, Lücken und Geschäfte

«Bis zum Jahr 2000 werden wir, werden Wissenschaft und Medizin das erworbene Immundefekt-Syndrom in den Griff bekommen haben.» Mit dieser These überraschte Professor Luc Montagnier vom Pasteur-Institut Paris, einer der weltweit führenden AIDS-Forscher, die Öffentlichkeit im Sommer 1985.

Unbestritten daran ist: Ein endgültiger «Sieg gegen die Seuche» kann nur auf Ergebnissen naturwissenschaftlicher Forschung beruhen. Dies stimmt auch dann, wenn man die historische Rolle von Medizin und Wissenschaft in der Bekämpfung von Krankheiten und bei der Steigerung der durchschnittlichen Lebenserwartung nicht überschätzt. Der britische Sozialmediziner Professor Thomas McKeown hat dies am Beispiel der Infektionskrankheiten (und nichts anderes ist, medizinisch gesehen, AIDS) nachgewiesen, deren Rückgang sich doch gerade Ärzte und Pharmakologen zugute halten. Zwar ist es in der Tat so, daß zwischen dem achtzehnten und dem zwanzigsten Jahrhundert die (vorzeitige) Sterblichkeit entscheidend deswegen gesunken war, weil die großen Seuchen eingedämmt werden konnten. McKewon zeigt aber in seinem Buch *‹Die Bedeutung der Medizin›*, Edition Suhrkamp, Band NF 109, daß dieser Rückgang jeweils einsetzte, bevor es spezifische medizinische Mittel gab. Entscheidend waren verbesserter Lebensstandard, Hygiene und Ernährung. Dies gilt um so mehr für

Krankheiten der Gegenwart, «zivilisations»bedingte Leiden. Die naturwissenschaftliche Ideologie ist schon für zurückliegende Jahrhunderte einseitig und viel mehr noch für Gegenwart und Zukunft. Der als Provokateur geltende Universitäts-Professor aus Birmingham schreibt:

«Medizinische Forschung und medizinische Dienste sind fehlgeleitet; was die Gesellschaft für das Gesundheitswesen ausgibt, stellt eine entsprechende Fehlinvestition dar, da bei der Mittelverteilung von falschen Annahmen über die Grundlagen menschlicher Gesundheit ausgegangen wird. Man betrachtet den Körper als Maschine, die vor allem durch direkte Eingriffe in ihre internen Vorgänge vor Krankheit und ihren Folgen geschützt werden könne. Diese Betrachtungsweise führt dazu, daß Umwelteinflüssen und persönlichem Verhalten – den wichtigsten gesundheitsrelevanten Faktoren – mit Gleichgültigkeit begegnet wurde. Auch zog sie eine relative Vernachlässigung der Mehrheit der Kranken nach sich.»

Auch bezogen auf AIDS bleibt vieles daran richtig. AIDS ist erheblich mehr als ein Virusproblem, das sich mit naturwissenschaftlichen Methoden allein «in den Griff» bekommen ließe. AIDS ist ein gesellschaftlicher Toleranztest. Und wer die Krankheit beherrschen will, sollte damit aufhören, von ihr Befallene «in den Griff» bekommen zu wollen. Insoweit ist AIDS ein soziales, sozialpolitisches, sozialökonomisches, sozialpsychologisches «Problem».

Doch dies kann nicht darüber hinwegtäuschen: AIDS ist *auch* ein medizinisch-virologisches Problem. Es gibt einen klar definierbaren Erreger mit Namen LAV / HTLV-III, der zu Vorstadien und – in einem ungeklärt hohen Prozentsatz – zum voll ausgebildeten Krankheitsbild und damit zum Tod führt. Überlegungen und erste Untersuchungen, ob es nicht-medizinische, gesellschaftlich-seelische «Kofaktoren» gibt, die einen Infizierten krank werden lassen und einen anderen nicht – solche psychosomatischen Denk- und Forschungsansätze sind wichtig. Aber sie werden einen fatalen Krankheitserreger nicht allein unschädlich machen.

Gerade wenn man für Safer Sex eintritt (im Gegensatz zu anderen Autoren dieses Buches halte ich Kampagnen zu Verhaltensänderungen für richtig, weil unabdingbar), muß man seine Grenzen kennen: Die

Vermeidung einer Ansteckung ist der zweitbeste, Mittel gegen einen Erreger der beste Weg. Wenn AIDS in erster Linie eine sexuell übertragbare Krankheit ist, kann man für Übergangszeiten auf bestimmte Praktiken verzichten. Eine neue, bessere Lust bedeutet dies nicht, sondern eine Einschränkung, die baldmöglichst obsolet werden sollte.

Die von McKeown aufgespießte einseitige naturwissenschaftliche Ausrichtung der Medizin hat noch einen anderen Effekt: Zu vorschnell, weil der Wunsch Vater des Gedankens war, ist der «Sieg» über die Infektionskrankheiten verkündet worden. Es entspricht dem Allmachtswunsch: Man muß sich, vordergründig, nicht mehr mit der Unabdingbarkeit von Krankheit und Tod befassen. Nicht erst AIDS hat gezeigt, wie dünn die Decke ist. Und jetzt, da eine neue, bedrohliche Infektionsepidemie auftritt, kommen die Protagonisten des «Körpers als Maschine» selbst mit den Werkzeugen ihrer Reparaturwerkstätten nicht zu Rande. Es wäre zynisch, deswegen aufzugeben, zu verkennen, daß und wie das naturwissenschaftliche Handwerk tatsächlich helfen kann. Aber wenn man sich das Wunschdenken mancher ehrlichmeinender Forscher vor Augen führt, wird der Hintergrund übereilter Prognosen wie der von Montagnier verständlich.

Luc Montagnier schränkt sie mittlerweile selbst ein. Ich habe ihn gefragt, ob er immer noch an den Sieg zur Jahrtausendwende glaubt. Seine Antwort:

«Bis zum Jahr 2000 haben wir noch fast 15 Jahre Zeit. Bis dahin, das glaube ich wirklich, werden wir erhebliche Fortschritte bei der Entwicklung neuer Behandlungsformen und auch im Hinblick auf die diagnostischen Möglichkeiten gemacht haben; ich meine damit zum Beispiel, daß man bei jedem Infizierten herausfinden können wird, ob er in den darauffolgenden Monaten und Jahren AIDS entwickeln wird oder nicht. Bei der Entwicklung eines Impfstoffs bin ich allerdings weniger optimistisch. Es ist eben nicht sicher, ob die nächsten zehn Jahre genügen, dieses Ziel zu erreichen.»

Dies bedeutet in der Tat alles andere als Sicherheit über den Sieg. Es könnte sein, es könnte aber auch nicht sein, daß die Forschung AIDS in den Griff bekommt. Denn bei der Verbreitung des erworbenen Immundefekt-Syndroms handelt es sich um nichts anderes als um eine Epidemie; sie wird erst mit medizinischen Anti-Mitteln und mit einem Impfstoff wirklich «gestoppt» werden.

Um keinen modisch-kritischen Zweifel zu lassen: Was die Wissenschaft in faszinierend kurzer Zeit über eine bis dahin unbekannte, komplizierte und schlimme Krankheit herausgefunden hat, ist in der Geschichte der biomedizinischen Forschung ohne Beispiel. Ursache und Verbreitungswege sind weitgehend aufgeklärt, und auch die Prinzipien der Abwehrmöglichkeiten sind bekannt. Wenn man die Wissenschaft in drei Stadien einteilen will – Grundlagenforschung, anwendungsorientierte Basisforschung und angewandte Forschung –, dann bedeutet dies: Die AIDS-Forschung befindet sich weit im Stadium zwei. Für die Praxis heißt das: Ohne die sprunghafte Entwicklung der biologischen und medizinischen Wissenschaften in den letzten zwanzig Jahren wäre man noch lange nicht soweit, aber einen «Durchbruch» gibt es noch nicht, weder prophylaktisch noch therapeutisch, und der Zeitpunkt für diesen Durchbruch läßt sich kaum vorhersagen. Die Mittel für AIDS-Forschung sind dennoch kein herausgeschmissenes Geld – hier trifft McKeowns grundsätzlich oft richtige These nicht zu.

Es sind viele Fragen offen, für die Antworten aus der Wissenschaft durchaus im Bereich des Möglichen liegen. Zu den vorrangigen Forschungszielen gehören:

- Weitere Details aus dem Feld der Grundlagenforschung, etwa über das Zusammenspiel von Zellen und Virus und krankheitsfördernde Faktoren sowie die Beteiligung weiterer Teile des Immunsystems;
- Diagnostik: Einmal die Entwicklung einfacherer und treffsicherer Testverfahren (Antikörpertest der «zweiten Generation», direkter Virusnachweis), zum anderen prognostische Kriterien über die Auswirkung des Virus auf verschiedene Individuen;
- Entwicklung von Impfstoffen (siehe unten);
- Entwicklung von lindernden, vor allem aber von «heilenden» Medikamenten (dazu später ebenfalls mehr);
- Bessere epidemiologische Daten: Tatsächlicher «Durchseuchungsgrad» der Bevölkerung? Welche Kriterien für die Vorhersage der

künftigen Entwicklung können als seriös gelten? Wie hoch ist der Anteil Erkrankter an den Antikörper-Positiven nun wirklich, wie wird sich das entwickeln?

- o Sozialwissenschaftliche Forschung insbesondere aus den Bereichen Psychologie, Soziologie und Sexualforschung, nicht zuletzt um Strategien zu entwickeln, wie der einzelne und wie die Gesellschaft mit der Herausforderung AIDS zu Rande kommen kann (siehe unten).

Impfstoffe

Meldungen wie «AIDS-Impfstoff in den nächsten drei Jahren zu erwarten» sind selbst dann falsch, wenn sie von interessierten Wissenschaftlern lanciert werden. Falsch insoweit, als man keinerlei Vorhersage über «ob» und «wann» treffen kann. Einige Eigenschaften des AIDS-Erregers sprechen eher gegen einen Erfolg der Impfstoff-Entwicklung, andere lassen hoffen. Dies hängt erstens mit der Komplexität des menschlichen Immunsystems und zweitens mit der von Retroviren zusammen. Zur Erklärung:

Jeder fremde «Eindringling» wird vom körpereigenen Abwehrsystem als «Antigen» erkannt. Es bildet daraufhin Antikörper, die solche Antigene aufspüren und (selten) selbst neutralisieren oder andere Zellen des Immunsystems alarmieren, die dann die Zerstörung der Antigene übernehmen. Auch Viren (die allein nicht lebensfähig sind, sondern Zellen eines «Wirts» benötigen) sind für das Immunsystem zunächst nichts anderes als Antigene. Beim AIDS-auslösenden Erreger LAV/HTLV-III funktioniert dieser Mechanismus nicht in der gewünschten Weise.

Auch für Impfstoffe macht man sich diesen Abwehrkomplex zu Nutze. Bei der «Passiv-Immunisierung» werden Antikörper von außen zugeführt. Wenn später die entsprechenden Krankheitserreger in den Organismus des Geimpften eindringen, stehen diese «Waffen» schon bereit, um sie unschädlich zu machen. Bei der «Aktiv-Immunisierung» werden entweder abgeschwächte, nicht mehr krankheitsauslösende Erreger oder ungefährliche, die Immunreaktion aber auslösende Teile davon verabfolgt; diese regen den Organismus an, selbst Antikörper zu bilden, die dann wiederum einen – oft lebenslangen – Schutz bieten.

Es gibt bereits zahlreiche Vakzinen (Impfstoffe) gegen Viren, etwa gegen bestimmte Grippeerreger oder gegen das Hepatitis-B-Virus. Das LAV / HTLV-III hat indessen einige spezielle Eigenschaften, die eine Impfstoffentwicklung erschweren; teilweise müßte hier nach vollkommen neuen (in der Vorstellung der Experten bereits bekannten, aber noch nicht realisierten) Prinzipien gearbeitet werden.

Zunächst einmal handelt es sich beim AIDS-Erreger um ein Retrovirus, welches die Zellen des befallenen Organismus dazu zwingt, sein eigenes Erbgut mit Hilfe des Enzyms «umgekehrte Transkriptase» zu verdoppeln. Die Verwendung lebender Virusteilchen dürfte im Falle der Retroviren für Menschen zu gefährlich sein, da diese dazu neigen, einzelne Erbabschnitte in unkontrollierbarer Form wieder zusammenzusetzen. Zwar ist vor kurzem erstmals die Herstellung eines Impfstoffs gegen ein Retrovirus gelungen, nämlich gegen den Auslöser der «Katzen-Leukämie», der eine gewisse Ähnlichkeit mit dem komplizierteren LAV / HTLV-III aufweist; damit ist aber längst nicht garantiert, daß für eine «AIDS-Vakzine» nach dem gleichen Prinzip vorgegangen werden kann.

Ferner hat sich herausgestellt, daß die bei LAV-HTLV-III-Infizierten nachweisbaren Antikörper nicht gegen die Hülle des Virus (es besteht aus drei «Schichten», auf denen sich die Erbinformation befindet, die wiederum Proteine [Eiweiße] herstellt, mit deren Hilfe das Virus seine «Aufgaben» erfüllt) gerichtet ist, sondern gegen innere Strukturen des Virus. Die AIDS-Erreger ändern sich, ähnlich wie Grippeviren, von ihrer äußeren Beschaffenheit her häufig. Im Prinzip könnte demnach nur eine Vakzine helfen, die die Hülle und somit alle Varianten zerstört. Allerdings konnten inzwischen bestimmte Virus-Abschnitte definiert werden, die offenbar bei allen Varianten gleich sind. Diese lassen sich – theoretisch – gentechnisch herstellen und mit entsprechenden Adjuvantien (wirkungsfördernde Hilfsstoffe) in einen Impfstoff verarbeiten, der dann die Immunantwort bei allen Mutanten auslöst.

Bekanntlich greift das LAV / HTLV-III genau jene weißen Blutzellen an, die für die Abwehr maßgeblich sind – eine weitere Schwierigkeit für die Vakzin-Forschung. Die bisher isolierten «natürlichen» Antikörper haben denn auch keine neutralisierende Wirkung. Gewissermaßen logischerweise (aber nicht zwingend) besteht bei der Verabreichung eines Impfstoffs die Gefahr, sowohl Bildung als auch Zerstörung dieser Abwehrzellen noch zu fördern. Ein weiteres Risiko liegt darin, daß man mit der Vakzine auch gegen lebensnotwendige körpereigene Proteine immunisiert.

Allein die letztgenannten Probleme zeigen: Erstens wird man ohne Tiermodelle nicht auskommen. Ein undifferenziertes Eintreten gegen jegliches Tierexperiment wäre, wenn erfolgreich, im Hinblick auf die AIDS-Forschung fatal. Zweitens wird es auch dann noch erhebliche Schwierigkeiten bei der Testung einer AIDS-Vakzine am Menschen geben. Drittens hängt der Erfolg von der Möglichkeit ab, große Mengen des Antigens im technisch-industriellen Maßstab herzustellen.

Medikamente

Auch im Hinblick auf «AIDS-Arzneimittel» wird mit ungerechtfertigten, mindestens übereilten Hoffnungen Schindluder getrieben. Die meisten Pharmaka, die auf ihre Wirksamkeit derzeit getestet werden, befinden sich noch im vor-klinischen Experimentierstadium. Was aber ein Virus im Reagenzglas bremst, muß dies noch lange nicht im menschlichen Körper tun, wo der Erreger das Immunsystem «durchdrungen» hat. Im Prinzip kennt die Medizin bislang kein antivirales Medikament (mit Ausnahme, vielleicht, von bestimmten Interferonen, die bisher aber keinen Anti-AIDS-Effekt zeigten). Mit einigen, teils seit langem aus anderen medizinischen Zusammenhängen bekannten, Stoffen wird auch schon bei Patienten experimentiert, aber aus den bisherigen Ergebnissen läßt sich noch keine seriöse Schlußfolgerung ziehen. Eindeutige Aussage Montagniers auf Befragen:

«Überall wird nach wirksamen Mitteln gesucht. Es gibt Hoffnungen. Aber man sollte bei den Betroffenen keine falschen Vorstellungen erwecken: Derzeit existiert noch kein ‹Anti-AIDS-Mittel›.»

Versuche werden unternommen mit unterschiedlichsten Stoffen, von denen man sich entweder eine Wirkung gegen den Erreger oder aber eine Stärkung der schwer gestörten Immunabwehr erhofft. Dazu gehören Substanzen wie Interferone und Interleukine, das bei Organübertragungen gegen Abstoßungsreaktionen erfolgreiche Cyclosporin, Abwandlungen altbekannter Medikamente wie «Germanin», und auch klassische Chemotherapeutika, die in der Krebsbehandlung eingesetzt werden. Von Interesse sind auch neuere pharmakologische Ansätze, an die man die Hoffnungen knüpft, zwar nicht das Virus selbst, wohl aber seine Wirkung zu zerstören. Ein Beispiel sind Substanzen, die im Labor-Experiment die umgekehrte Transkriptase hemmen. Man kann theoretisch auch an dem Punkt im Infektionsprozeß ansetzen, wo sich das Virus in das Erbmaterial der Zelle integriert. Oder aber man versucht, den Vermehrungszyklus des LAV / HTLV-III so einzudämmen, daß sich genügend funktionsfähige Immun-Abwehrzellen bilden können.

Angesichts der Komplexität der LAV / HTLV-III-Wirkung ist anzunehmen, daß – wenn überhaupt – eine Kombination mehrerer Therapieprinzipien und chemischer Stoffe Erfolg bringt. Auch hier wird sichtbar, wie kompliziert ein «Austesten» sein muß. «Die» medizinische Waffe gegen AIDS wird es frühestens übermorgen geben.

Sozialwissenschaften

Was die naturwissenschaftliche Forschung anbelangt, ist der bundesdeutsche Anteil im internationalen Rahmen besser als sein Ruf. Selbst die Forschungsförderung (siehe Beitrag von Kuno Kruse) hat sich gebessert, wenngleich von Insidern die langsame und bürokratische Bearbeitung beantragter Projekte bemängelt wird. Was hingegen bei den zuständigen Stellen nicht auftaucht, das sind ernst zu nehmende Förderungsanträge für an sich dringend notwendige sozialwissenschaftliche Studien.

Am ehesten kümmern sich noch Psychologen um das Thema AIDS. So gibt es eine Reihe von Projekten zur Untersuchung der Frage, ob es zur psychosozialen Betreuung AIDS-Kranker und auch Antikörper-

Positiver besonderer Strategien bedarf und wenn ja, wie sie sich von sonstigen psychologischen Angeboten unterscheiden müssen. Sicherlich wichtig ist auch die erwähnte Studie zu seelischen Faktoren, die eventuell den Ausbruch der Krankheit zusätzlich fördern oder umgekehrt hemmen können.

Sexualmediziner und Sexualwissenschaftler hingegen scheinen sich mit der Abwehr von «roll-back»-Tendenzen begnügen zu wollen. Sie bemängeln (nicht ganz zu Unrecht) die dünne Basis epidemiologischer Aussagen, erwecken aber – in schlechter deutscher Tradition – den Eindruck, sich nicht in die Niederungen empirischer Forschung begeben zu wollen. Anklagen von Massenmedien, Politikern, Naturwissenschaftlern oder, mit Vorliebe, sexologischen Kollegen dürften wohl kaum ausreichen. Es ist richtig und notwendig, vor einer unter dem weißen Deckmantel des AIDS-Gespensts aufkeimenden Wende-Moral zu warnen – konkrete Forschungsbeiträge ersetzt das nicht.

Für Gesundheitsökonomen wäre es eine dringliche Aufgabe, die sozialpolitischen und finanziellen Wirkungen der AIDS-Epidemie zu berechnen. Dies sollte nicht jenen überlassen bleiben, die die Tatsache, daß Krankheiten Geld kosten, auch noch zu verstärkten Schuldzuweisungen nutzen. Die einzige Studie in diese Richtung aber führt ein CDU-nahes Institut für Gesundheits-System-Forschung in Kiel durch – und das ist für die Propagierung konservativer Kostendämpfungs-Strategien bekannt.

Auch von der Soziologie konnte man zu AIDS bislang wenig vernehmen, als gebe es keine von ihr zu leistenden Beiträge. Zum Beispiel: Bislang können sich noch diejenigen Sachkenner mit ihren Argumenten durchsetzen, welche Zwangsmaßnahmen wenigstens mit dem Hinweis auf ihre Nachteile ablehnen. Wenn AIDS das zu erwartende Ausmaß tatsächlich annimmt, werden Argumente des «gesunden Menschenverstands» und Hinweise auf die notwendige Liberalität der Gesellschaft allein nicht mehr ausreichen. Soziologische Modell-studien könnten hier wenigstens härtere Fakten zur Abwehr der Ausgrenzer liefern.

Ehrgeiz und Profit

AIDS wird mit Sicherheit in den kommenden Jahren erhebliche Kosten verursachen. Und wo Kosten entstehen, werden Gewinne gewittert. Zweitens läßt sich mit einem wesentlichen Forschungsbeitrag zum AIDS-Problem wissenschaftlicher und gesellschaftlicher Ruhm erringen: Nobelpreise winken. Um nicht mißverstanden zu werden: Es gibt nichts daran zu kritisieren, wenn ein Arzt für die Behandlung eines AIDS-Kranken honoriert wird, wenn ein Wissenschaftler seinen Lebensunterhalt mit der Erforschung der Krankheit verdient, auch nicht, wenn eine Firma die Kosten für die Entwicklung eines Antikörpertests wieder einspielen will. Doch beim Thema AIDS haben Konkurrenzkampf und Forscherehrgeiz mittlerweile teils unappetitliche Formen angenommen, selbst renommierte Institute nehmen daran teil, Multis denken mehr an die Mark als an Medizin, ganz zu schweigen von Profit-Brett-Fahrern, Heilsverkündern, obskuren Vereinigungen, die sich immer besonders gern auf angstauslösende Krankheiten stürzen.

Allein, wenn man beobachtet, in welchem Stil sich sonst doch seriös gerierende Naturforscher miteinander umgehen, muß man den Verdacht hegen, daß außerwissenschaftliche Interessen im Spiel sind. Hinter vorgehaltener Hand berichtet ein Forscher über die Abhängigkeit oder Geschäftstüchtigkeit des nächsten – wenn einer von ihnen Beweise vorlegte, könnte man wenigstens an dieser Stelle darüber berichten. Unverkennbar ist jedoch, daß es zum Beispiel bei der Entwicklung der Antikörpertests über die Maßen um handfeste Vermarktungsfragen ging. Die Einführung solcher Tests in der Bundesrepublik etwa geriet teilweise zur Marketing-Schau einzelner Unternehmen. Zu trauriger Berühmtheit gelangt (und deshalb hier nur kurz zu erwähnen) ist zum Beispiel die patentrechtliche Auseinandersetzung zwischen dem französischen Pasteur-Institut und regierungsabhängigen, offenbar cleveren amerikanischen Forschungseinrichtungen. Obwohl wesentliche Schritte zur Aufklärung der Virusstruktur (die eine Testentwicklung erst ermöglichte) dem Team um Luc Montagnier zuerst gelangen, vergab der Arbeitgeber von Professor Robert Gallo, einem unbestreitbar hervorragenden Virusforscher, rasch Lizenzen an fünf Pharma-Magnaten. Dieser Arbeitgeber ist das Nationale Gesundheitsforschungsinstitut NIH.

Die Kette vom Forscherehrgeiz bis zum Marktinteresse läßt sich auch bei der Arzneimittelforschung verfolgen. Wenn es wieder einmal heißt: «Mittel gegen AIDS gefunden», werden in wohlfeiler Mode-Manier gerne die Medien verantwortlich gemacht. Die Urheber der Falschmeldungen sitzen woanders. So haben zum Beispiel Ärzte eines Pariser Krankenhauses (mit durchaus gutem Ruf) verkündet, «Cyclosporin A» wirke bei AIDS-Patienten. Die Basis dieser hoffnungsträchtigen Meldung: Drei Patienten verzeichneten für wenige Tage eine vorübergehende Besserung. Mit ernst zu nehmenden Pharma-Fortschritten hat dies rein gar nichts zu tun.

«AIDS treibt Börsenkurse», frohlockte *‹Medikament und Meinung›*, ein Blättchen des Bundesverbandes der Pharmazeutischen Industrie, und weiter:

«In der Wall Street kam es zu erheblichen Kurssteigerungen der Aktien solcher Unternehmen, die an Medikamenten gegen AIDS arbeiten.»

Nicht anders in der Bundesrepublik: Beispielsweise stiegen die Aktien des Degussa-Konzerns, nachdem dieser in einer Pressemitteilung die Entwicklung eines Anti-AIDS-Mittels verheißen hatte.

Umgekehrt erklären Firmen ungeschminkt, daß sie nur bei entsprechender Gewinnaussicht etwas in die Bekämpfung der Krankheit zu investieren bereit sind. In der Zeitschrift *Bild der Wissenschaft* weiß es ein leitendes Mitglied der Behring-Werke so zu verpacken:

«Sie müssen eines ganz klar sehen: Ein pharmazeutisches Unternehmen ist elementar darauf angewiesen, Produkte zu verkaufen. Für uns existieren nicht nur die AIDS-Patienten, denen geholfen werden soll, sondern auch viele andere hilfsbedürftige Patienten. Für uns existieren aber auch die Mitarbeiter in der Firma, deren Arbeitsplätze gesichert werden müssen. Deswegen müssen wir dort arbeiten, wo Erfolge möglich sind, denn vom Erlös leben wir nun einmal.»

Ebenso ärgerlich stimmen die selbsternannten geschäftstüchtigen Wunderheiler. So verkündeten Deutschlands Heilpraktiker, auf der Basis total unsinniger Behauptungen über die Ursprünge des Immundefekt-Syndroms, sie wollten nun aber eine «breit angelegte Studie» anfertigen und riefen zur Unterstützung auf.

Die *Münchener Medizinische Wochenschrift* stellte ein enthüllendes Experiment an. In Tageszeitungen veröffentlichte die Redaktion der Fachzeitschrift, unter Chiffre, eine Schein-Annonce mit folgendem Text:

«Hilfe! Ich habe AIDS! Suche Heilverfahren – auch alternativ. Stelle mich auch zur Erprobung neuer Methoden zur Verfügung.»

Die Offerten an den vorgeblich Kranken reichten von der Zelltherapie über eine Kombination aus Antibiotika und Ozontherapie bis hin zu pflanzlichen Wundermittelchen. Selbstverständlich war und ist in keinem dieser Fälle auch nur der Hauch eines Wirksamkeitsbeweises vorhanden, eher das Gegenteil.

Auch der eine oder andere Arzt möchte mitmischen im AIDS-Geschäft. Sogar das Bundesgesundheitsministerium kritisierte, daß einige Mediziner 500 Mark für einen Antikörpertest verlangen, der erheblich billiger und bei öffentlichen Stellen (durchaus anonym) sogar umsonst zu haben ist. Und bei einer Anhörung des Bundestagsausschusses tat sich ein als Sachverständiger geladener Mediziner, offenbar gesundheitspolitischer Funktionär, mit der Forderung hervor, die Tests den niedergelassenen Ärzten zu überlassen. Diese Leistung solle von den Krankenkassen ohne Anrechnung auf die Honorargrenzen bezahlt werden.

Als reine Geschäftemacher entpuppen sich auch viele Organisationen, die sich den «Kampf gegen AIDS» auf die Fahnen geschrieben haben.

Die Grenzen sind fließend. Es gibt eine unverhoffte Kondom-Konjunktur, aber was sollte man schon gegen den Umsatz der Gummifabrikanten haben, wenn's der Vorbeugung dient. Das Hauptziel – ein anderes Beispiel – der Pharmaindustrie unterscheidet sich im Hinblick auf AIDS nicht vom Üblichen: Umsatz. Dennoch wird kein vernünftiger Mensch die industrielle Suche nach Mitteln gegen das Immundefekt-Syndrom in einer Gesellschaft ablehnen, die nun einmal so strukturiert ist. Im Gegenteil: Die Beteiligung am Fortschritt gehört nachgerade zur Verantwortung auch der Industrie.

Wichtige Impulse kommen, will man «AIDS in den Griff bekommen», aus der Forschung. Sie gehört großzügig und unabhängig gefördert und muß unabhängig sein. Unabhängigkeit bedeutet hier nicht das Gegenteil von Kontrollmechanismen, denn Scharlatane und reine Geschäftemacher verzögern Fortschritte auf dem Rücken von Betroffenen; vielmehr gehören Abhängigkeiten mancher Forscher aufgedeckt. Denn die Deutsche AIDS-Hilfe hat recht mit ihrer Feststellung:

«Angst und Verzweiflung machen es leicht, Menschen zu Zahlungen zu bewegen.»

Alle sind zur Fahne gerufen. Zweiundfünfzig Wissenschaftlerteams haben termingerecht bereits ihren Förderungsantrag eingereicht, zehn sind noch hinzugekommen.
Kuno Kruse über Forschungsvorhaben und Forschungsförderung, über den Amtsschimmel und die Macher.

Geldsegen für die Forschung

Die Ausschreibung

«Die Wissenschaft hat die Herausforderung, die mit AIDS gestellt ist, erkannt und angenommen», läßt der Bundesminister für Forschung und Technologie (BMFT) in einer siebzigseitigen Broschüre zum Förderschwerpunkt AIDS im Rahmen des Programms «Forschung und Entwicklung im Dienst der Gesundheit» erklären. Riesenhuber läßt antreten. Es geht um das «Verantwortungsbewußtsein gegenüber der Zukunft der Menschheit». Hehre Worte? Im Zeitalter der Raumfahrt erzeugt die «Machtlosigkeit der Medizin» in der Öffentlichkeit «hysterische, teils panische Überreaktionen». Da sind die Politiker gefordert. Und sie sinnen auf Vorwärtsverteidigung: Auf zu neuen Ufern; der «Durchbruch in der Krebsbekämpfung», verheißt die ministerielle Propagandastelle, stehe bevor, «weil hier, gemeinsam mit anderen Faktoren, immunologische und virologische Probleme zusammenfallen». Es geht um neue «wirksamere Waffen gegen die Virusinfektionen, die die Gesundheit der Menschheit bedrohen». Rheuma, Herpes, Grippe, – alles ein Aufwasch.

AIDS, das ist die große «Chance, die sich in der gesellschaftlichen und politischen Bereitschaft bietet, auch finanziell in hohem Maße für die Forschung Opfer zu bringen». Ein neues Nordatlantisches Verteidigungsbündnis ist geschlossen, bei dem auch die Deutschen ihren Beitrag zu leisten haben. Ihr Neger, Fixer und Schwulen, habt Dank! AIDS ist keine Geißel der Menschheit, es könnte der große Segen für künftige Generationen sein, denn erst diese Krankheit bringt die Wissenschaft auf den richtigen Schlachtdampfer. Nicht zu früh gelacht! Der Witz an der Geschichte ist, daß es wirklich so sein könnte. Die Virologen, vor allem aber die Immunologen, die bisher eher ein Kümmerdasein fristeten im Vergleich zu den sonst großzügig geförderten anderen Richtungen der Krebsmedizin, wie die der Strahlentechniker und Chemotherapeuten werden wieder oder endlich aufs Schild gehoben. Auch die Frage, ob Retroviren, die man bisher ins Tierreich verbannt hatte, weil man glaubte, daß diese Viren Menschen nicht befallen, als in der Entwicklungsgeschichte der Menschheit eingeschleuste, im menschlichen Organismus weitervererbt ruhende Krebsauslöser sein könnten, sobald durch andere Einflüsse die Immunabwehr geschwächte sei, stellt sich neu. Der LAV / HTLV-III ist solch ein Retrovirus.

Kongresse der Virologen

Alle sind sie zur Fahne gerufen. Zweiundfünfzig Wissenschaftlerteams haben auch bereits termingerecht ihren Förderungsantrag eingereicht, zehn Nachzügler sind noch hinzugekommen. Doch Tatendrang allein reicht nicht aus. Wer in die Kleiderkammer will, muß erst zur Musterung. «Wir nehmen die, die auf Grund ihrer Präsentation die größten Erfolgsaussichten haben», erklärt Dr. Vettermann von der Antragsammelstelle beim Robert-Koch-Institut in Berlin, die zur Virusbekämpfung zuständige Institution des Bundesgesundheitsministeriums. Dabei geht es um die «Qualifikation des Antragstellers», so Vettermann, «Fragen nach der Relevanz der Zielsetzung, nach sichtbaren Ergebnissen in absehbarer Zeit und nach den technischen Voraussetzungen». Mit ein paar Reagenzgläsern und einem Streifen Lackmuspapier ist es da nicht getan. Einen Ottoclaven mag es noch in jedem zentralen Labor einer bundesdeutschen Großstadt geben, vielleicht auch noch Ultrazentrifugen, Spektralphonometer oder Perestiralpumpen. Aber wer kann schon einen Perpidsynthesizer (Kunsteiweißhersteller) auf seiner Laborinventarliste führen? Und wer kann dann noch mit all der Gerätschaft umgehen? «Gefragt sind ausgewiesene Leute», so Vettermann, seien sie Immunologen, Mikrobiologen, Virologen, Kliniker oder

Pharmakologen mit «Erfahrungen im Umgang mit Virus- und Zellmaterial». «Wenn da ein Neuling kommt, der vorher mit Regenwürmern geforscht hat, sind wir natürlich skeptisch.» Der Vergleich ist so überflüssig wie die Frage nach einer Beteiligung von Köhnlechner oder Frau Dr. Carstens. Hier ist kein Platz für Alchimisten und Homöopathen. Bei der AIDS-Forschung geht es um «High-Tech»-Medizin, die Forschungsinstitute sind hochgerüstet wie Tornados, hier klopft mit der «Gesellschaft für die Strahlen- und Umweltschutz» die Atomindustrie genauso ans Tor wie mit der «Gesellschaft für Biotechnologische Forschung» die Avantgarde der Genmanipulatoren und mittlerweile auch die ersten Aufgeweckten unter den bisher noch schlafenden Löwen der Pharmaindustrie.

Manege frei für Gentechnologen

Die neue BMFT-Ausschreibung hat sich der «Entwicklung weiterer Therapieformen unter möglicher Einbeziehung gentechnologischer Methoden» nicht verschlossen. Was soll die Zurückhaltung, Herr Minister? Die Gentechnologie ist der längst eingeschlagene Forschungsweg zur Entwicklung eines Impfstoffs. Und ist doch in diesem Fall längst akzeptiert. Wer «Nein» schreit beim Präservativ, muß eben auch laut «Ja» rufen zur Gentechnologie. Andere Pfade tun sich dem Forschungsestablishment bei der gebotenen Eile kaum auf.

Der Amtsschimmel kommt nicht aus der Startbox

Die hier mitarbeiten, sind eine kleine, wenn auch internationale, so doch überschaubare renommierte Doktorengemeinschaft, die sich auf Kongressen oder zu Arbeitsessen trifft, Mitarbeiter wie Arbeitsproben austauscht. Da hat auch Vettermann gemerkt, «daß es nicht so einfach ist, kompetente neutrale Gutachter zu finden. Natürlich muß ein Immunologe auch durch einen Immunologen bewertet werden.» Doch er lehnt sich zufrieden gegen die Stuhllehne zurück, als hätte er nach langen

Mühen das Problem gelöst. «Gutachter dürfen nicht gleichzeitig Antragsteller sein.» Ein richtiger «Beraterkreis» soll entstehen, «nicht nur empfehlen und ablehnen, sondern auch Hilfestellungen geben». Vettermann, der sich ein Poster mit einer häßlichen Bürokratenkarikatur an seine Labortür geklebt hat, hat die Anträge vom Tisch, sie sind eingetütet und an die Gutachter verschickt. «Das ging eigentlich sehr schnell.» Es ist jetzt April 1986. Ein halbes Jahr ist vergangen seit der «Ideenbörse» am 12. und 13. November vergangenen Jahres, bei einem Workshop des BMFT, auf dem die Richtungen für sinnvolle, förderungswürdige Ansätze längst vorgegeben worden war. Ein halbes Jahr Vorsprung für ein teuflisches Virus, mit dem sich weltweit täglich etliche infizieren.

An acht bis zehn Millionen DM hat man im Bonner Ministerium gedacht und glaubt sich schon in Geberlaune. Das würde wohl reichen, meint man auch in den Verwaltungsetagen. Dagegen hat ja schon der Freistaat Bayern die Spendierhosen an, wo allein zur zusätzlichen AIDS-Forschungsförderung acht Millionen aus dem Landeshaushalt locker gemacht werden sollen. (Ohne allerdings zu sagen in welchem Zeitraum.)

In den USA, man kann sich den beschämenden Vergleich nicht verkneifen, legt die Regierung in dieser Partie gegen den Tod 240 Mio. Dollar auf den Spieltisch.

Und macht man erst die Gegenrechnung auf, wirkt das ganze kleinlich. 100000 DM, so errechnete die Kassenärztliche Vereinigung, kostete die Krankenversicherung allein die medizinische Betreuung eines AIDS-Patienten. Die Einbußen beim Bruttosozialprodukt durch den Verlust eines einzigen gut ausgebildeten jungen Menschen erreicht u. U. die Millionengrenze.

Zur Sparsamkeit hinzu kommt ein sturer Verwaltungsvorgang für die lächerlichen paar Kröten vom Minister, der lauthals versprach, daß es am Geld nicht scheitern solle. Hoffentlich auch nicht an der bürokratischen Verzögerung durch die «sinnvolle» Verteilung.

«Man kann sich die Wissenschaft nicht kaufen», winkt Vettermann ab, als lebten wir noch im Zeitalter des Genies im Hobbykellerlabor und nicht in dem großangelegter Screening-Verfahren, wo die Menge der durchgeführten Experimente auch für den Erfolg mitentscheidend ist, weil nach dem Wahrscheinlichkeitsprinzip bei 10000 Versuchsanordnungen eher die gesuchte Reaktion vorkommt, als bei 100. «Außerdem finanzieren einige ihre Arbeit aus den ohnehin vorhandenen Mitteln ihres Labors einfach vor», ist sich Vettermann sicher, das alles auch so seinen Gang geht. Er irrt. Einige, die gern «losschlagen» möchten, müssen in ihren Labors auf Sparflamme kochen.

Doch für die Prüfer gibt es erst einmal einiges auszuklammern, «was AIDS auf dem Nummernschild trägt und dann doch mit seinem alten Karren woandershin rollt», so Vettermann. Aber es gibt auch viel zu fördern, denn auch die deutschen Kollegen haben sich allerhand vorgenommen.

Große Pläne

Sie wollen Antigene auf der Hülle der Erreger ausmachen, die bei der sich ständig verändernden Virushülle gleich sind, ihre Molekülstruktur zu entschlüsseln und sie synthetisch herstellen. Oder «der elegantere Weg», den Abschnitt aus dem Erbgut des Virus herauszuschnippeln, der dem Bauplan für das Antigen enthält, um es einem Bakterium einzupflanzen, das sich dann, gut gefüttert, reichlich vermehrt. Gereinigt und als Impfstoff aufbereitet, soll es dann im menschlichen Organismus Antikörperreaktionen gegen das Virus hervorrufen. Damit es, wenn es irgendwann einmal eindringen sollte, von den trainierten Antikörpern gebührend empfangen werden kann. An die durchschlagende Wirkung eines einfachen «Totimpfstoffs», bei dem abgetötete, weder krank machende noch vermehrungsfähige Viren geimpft werden, um die Antikörperentwicklung zu provozieren, glauben die Wissenschaftler nicht, ein Impfstoff mit abgeschwächten Viren erscheint ihnen zu riskant.

Für die Behandlung bereits Erkrankter ist auch an eine Immuntherapie gedacht. Interferone und Interleukine, bisher erfolglos, bleiben zur weiteren Erprobung auf dem Nachttisch der Patienten, jetzt in der Hoffnung auf Hilfe wenigstens bei einem Frühstadium der Infektion.

Auch die Vertreter der Chemotherapeutika wollen ihren Platz behaupten. Mit keiner der bisherigen Zellgifte konnte der Vermehrung der LAV/HTLV-III Vorschub geleistet werden. Die chemischen

Nachfolger des im Weltkrieg verwandten Gelbkreuzgases schossen vorbei und trafen bisher die Falschen. Doch hier hoffen die Forscher im Zusammenhang mit der «Reversen Transkriptase» des hinterhältigen Virus, der den Zellen durch Umwandlung seiner RNS in DNS glatt ein X für U vormacht. Man sucht jetzt nach Chemotherapeutika, die genau diesen Vorgang angreifen und somit andere Zellen ungeschoren lassen. So etwas ähnliches gibt es natürlich schon lange, heißt «Foscarnet», «HPA 23», und «Rifampicin», samt und sonders Teufelszeug durch seine Nebenwirkungen. Chemische Abwandlungen des 60 Jahre alten, auch als «Germanin» bekannten Malariaexorzisten «Suramin» soll hier den deutschen Kaiserweg wegweisen.

Und dann haben sie noch einen Trick auf Lager: Knochenmark soll entnommen, den gesunden Lymphoziten auf gentechnologischem Wege Gene eingebaut werden, die gegen einen LAV/HTLV-III-Virus unempfindlich machen.

Hinzu kommen noch alle Forschungsmöglichkeiten bei den durch die Immunschwäche ausgelösten Folgeerkrankungen durch Bakterien und Pilzbefall. Und neben der Suche nach dem Heilmittel die nach Hilfen für die Kliniker: Verbesserung der Tests, quantitative Meßbarkeit der Erreger, Stadium des Lymphozitenbefalls, Verdachtsabklärungen und AIDS-Prognosen, Lungen- und Hirndiagnostik.

Ein weites Feld also steht zur Erforschung offen. Und weil das sehr kompliziert ist, gehören zu jeder wirklichen Entdeckung eines neuen medizinischen Kontinents viele Späher, die erst einmal auf die vorgelagerten Inseln stoßen. Eine Menge Blumentöpfe sind dabei in den nächsten Jahren noch zu gewinnen. Gerade hier sehen sie, soweit das Brainstorming der deutschen Forschungselite, ihre Aufgabe. «Jeder spielt sein Instrument im großen Orchester», so Vettermann, «das er selbst auch hören kann.»

Die Affen

Bei den unzähligen Experimenten soll, schön brav dem Tierschutzgedanken huldigend, mit Zell-, Gewebs- und Organsystemen gearbeitet werden, «ich brauche nur drei Mäuse», so ein renommierter Forscher, Computersimulationen müssen aushelfen, da sich eh kaum Tiere finden lassen, die wie der Mensch durch LAV / HTLV-III-Viren erkrankten. Aber wenn sie dann doch nah genug dran sind, dürfen die nüchternen Wissenschaftler ihren Kindern zu Hause nicht erzählen, was sie tun. Die Schimpansen, als Forschungsmaterial ohnehin knapp geworden, müssen dann dran glauben. Sie sind den Menschen eben am ähnlichsten.

Der olympische Gedanke: Dabeisein ist alles

Auf all das und ähnliches ist man anderswo in der hochtechnisierten Welt auch gekommen. Haben die Deutschen überhaupt noch eine Chance auf der Jagd nach den anstehenden Nobelpreisen erfolgreich mitzureiten? Ist der Vorsprung der Entdecker nicht zu groß?

Die Ergebnisse der ersten deutschen Forschungsrunde, ausgeschrieben vor der Entdeckung des Retrovirus durch Montagnier und Gallo, blieben eher bescheiden. Verfahren zur Kaltsterilisation oder die Entdeckung, daß «in den letzten zwanzig Jahren ganze zehn Adenoviren (sorgen gerade einmal für eine Erkältung, d. Verf.) international gefunden und beschrieben wurden, während wir hier bei diesem kleinen Kollektiv gleich sieben neue Typen als Kandidaten haben. Es läßt sich leicht vorstellen bei der Promiskuität Homosexueller, daß die Viren hier eine vorzügliche Gelegenheit haben, ihrerseits Promiskuität zu üben», so Prof. Wigand von der Universität Hamburg. Auch diesmal wollen die Adenospezialisten wieder dabeisein. Zur Erforschung der Folgeinfektionen.

Die Macher

Die Ergebnisse bisheriger internationaler Forschung seien publiziert, jeder könne auf dem Wissensstand einsteigen, rechnet Prof. Karl-Otto Habermehl der deutschen Forscherriege im internationalen Rennen gute Chance, wenn nicht auf Sieg, so doch auf Platz aus.

Wir sind im Inneren des bunkerartigen Betonklotzes. Eine dieser abgeschlossenen Forschungsstätten der Berliner Freien Universität. Hochsicherheitstrakt der Biologie, in die sich keine Stubenfliege heimlich einschleichen darf. Ein schmaler Raum, leicht abgedunkelt durch die heruntergelassenen Jalousien, eine papierübersäte weiße Schreibtischplatte, auf dem Beistelltisch blinkt das Computerterminal. Zeitschriften, Bücher, Broschüren und Manuskriptbögen, aufgeschlagene Aktenordner, Hochglanzbroschüren der Pharmaunternehmen und herausgegriffene Hefte, die gesammelten Ausgaben des Medizinjournals *nature*, die sich unter dem Fenster stapeln, lassen zwischen den ellenbogenhohen Schichten wissenschaftlicher Ablagerungen auf dem überladenen Gästetisch nur eine schmale Schlucht für unsere Plastikbecher. Der Kaffee ist hier immer fertig.

Prof. Habermehl hat zwischen den Auswertungen seiner Laboruntersuchungen, dem nächsten seiner zahllosen Flüge zu Konferenzen rund um den Globus und dem ständigen Klingeln des Telefons aus seinem strengen Tagesplan etwas Zeit herausseziert, um dem Journalisten Richtungen und Zielsetzungen seiner Arbeiten zu erläutern. Der 59jährige «Pockenpapst», Veteran der bundesdeutschen Molekularbiologie, «ich bin 1949 angefangen mit der Virologie», ist einer der Antragsteller für die Forschungsförderung durch das Bundesministerium. Er ist mit Polio und Herpes ebenso vertraut wie mit dem internationalen Flugplan. Und er hat bereits Leistungen vorzuweisen, auch auf dem noch neuen Terrain der LAV/HTLV-III-Virusforschung. Er entwickelte mit von Robert Gallo geschicktem Material eigene Antikörpertests, bevor sie kommerziell herstellbar waren, reinigte, verbesserte, entwickelte höhere Standards, lieferte, nur bescheidener Vertreter nationaler Wissenschaft, «als frühestes Land gute Bestätigungstests». In seiner «Elisa»-Werkstatt präparierte er bis zu 20000 Ampullen positiven Standardserums. Auf dem Feld will er auch weiterfechten: Standardisierung und Weiterentwicklung neuer

Bestätigungstests, «damit der Western-Blot bis auf wenige Fälle überflüssig wird». Und als Vorsitzender des Diagnostikausschusses der «Deutschen Vereinigung zur Bekämpfung von Viruskrankheiten» hat er da die Finger drauf, «damit nicht jeder Zauberer gefärbtes Wasser als Test verkauft». Alles unter staatlicher Kontrolle.

Aber eigentlich will er mehr. Basisarbeit leisten zur Entwicklung eines Impfstoffs. Ihm geht es um das Aufspüren der Angriffsflächen (Antigenepitope) des Killervirus, «das ist etwas, was wir können». Alles, versteht sich, auf gentechnologischem Weg. «Da kann überhaupt nichts passieren. Da wird nur ein so geringer Teil herausgeschnitten.» Der Gen-Strang, im Reagenzglas mit dem «chemischen Skalpell» an entscheidender, seine Angriffskraft lähmenden Stelle beschnitten, soll nach bereits beschriebenem Plan Pappsoldaten schaffen, auf die sich die Körperabwehr stürzt, damit sie beim wirklichen Eindringen eines LAV/HTLV-III-Virus genügend trainiert ist, um ihn gleich wegzuputzen. Für den freundlichen, kleinen Mann ist das alles eine «Dienstaufgabe», er träumt für sein siebenköpfiges Team nicht vom Großen Preis.

Für den Alten, der gern junge Wissenschaftler einarbeitet, gibt es sie noch, die große Wissenschaftlerfamilie: «Alle arbeiten zusammen. Einer allein käme nicht weit.» Und niemand hat sein Aktenköfferchen mit den genauen Forschungsdaten seiner aktuellen Studie ans Handgelenk gekettet. «Die Amerikaner, nein, die behalten nichts im Safe. Was die wissen, publizieren sie, sie stellen ihre Ergebnisse allen zur Verfügung.» Trotz aller Weltgewandtheit, ein letztes Elfenbeintürmchen in dem schweren Gemäuer? Er selbst, darauf besteht er noch einmal, ist «einer, und wirklich nur einer von vielen». Vielleicht schon leicht abgeschlagen im Feld, wo ehrgeizige junge Spuchte nach der Trophäe jagen?

Der etablierte Professor hofft, daß das Bundesministerium auch nicht so reputierten Wissenschaftlern eine Chance einräumen wird. Denn «irgendwann hat jeder einmal angefangen».

Eine davon, wenn auch ganz und gar nicht Anfängerin und den meisten Herren der Deutschen Virologie in der AIDS-Forschung möglicherweise um Längen voraus, ist Frau Dr. Karin Mölling vom Institut für Molekulare Genetik am Max-Planck-Institut in Berlin, noch ohne Eintragung in dem von einem führenden Pharmaunternehmen für Fachjournalisten jährlich herausgegebenen ‹*Who is Who*› der Deutschen Medizinwissenschaften. Eine impulsive Frau, die sich einmischt und die man in der Öffentlichkeit schon einmal heftig erleben kann, wenn zum Beispiel US-amerikanische «Ärzte» der «Europäischen Arbeiterpartei» im Berliner «Interconti» den eingeladenen Presseleuten erzählen, AIDS sei die vom kommunistischen Osten lancierte Epidemie zur Zerstörung Westeuropas, Nordamerikas und der Dritten Welt und der namenhafte Münchner Virologe Prof. Deinhard ein unfreiwilliger Agent der unterwanderten Weltgesundheitsorganisation, die die Gefahren im Interesse des Kommunismus herunterspiele.

Da kann sie Zähne zeigen. Sie schreibt auch selbst auf den Wissenschaftsseiten der Zeitungen. Doch ihr eigentliches Lebenselixier heißt DNS und RNS.

Natürlich, die Herren der Forschung sind in der Einschätzung der Kollegin zurückhaltend, man erwartet von der einzigen Frau der Retrovirusbranche nicht den ganz großen Wurf. Auch sie macht sich an die Grundlagenforschung, sucht nach der Achillesferse des gemeinen Zellenfressers, will Informationszulieferer sein für andere. Aber sie ist möglicherweise noch für eine kleine Überraschung gut. Für die energische Vierzigerin ist es mit dem allgemeinen virologischen Wissen eben nicht genug, gegen dieses gemeine Retrovirus anzukommen, das seine Haut verwandelt wie ein Chamäleon. Vielleicht muß man seine wissenschaftliche Laufbahn schon dem Retrovirus geopfert haben wie diese Frau. Und das bedeutete weltweit, bis AIDS kam, das harte Brot der Hungerleider. Niemand nahm sie ernst, die «Pferdedoktoren» auf den Hinterbänken in der Humanmedizinergilde. Diejenigen, die es dennoch durchgezogen haben, kann man in der Bundesrepublik genau an einer Hand abzählen.

Alle schlüpften aus einem Nest: Das Max-Planck-Institut in Tübingen unter Leitung von Prof. Werner Schäfer. Mit seiner Pensionierung war es vom «Baum der Wissenschaften» gestürzt. Der Laden ist bis heute dicht. Doch die flügge gewordenen Jungen haben sich längst auf die ganze Welt verteilt. Wen aber interessierte bis dato die Pferdeleukämie oder seltene Hirnerkrankungen bei irischen Schafen?

Und die These der Verantwortlichkeit von Retroviren für Krebserkrankungen beim Menschen blieb, von einigen Blutkrebsarten abgesehen, als erfolgversprechender Ansatz zu einer Therapie belächelt, zumal dieser Zusammenhang ohnehin nur für bangemachende Schlagzeilen in der Boulevardpresse sorgte, da Laien Viren auch immer gleich mit Ansteckung verbinden. Darum konnte es bei dieser These von den in der Entwicklungsgeschichte des Menschen früh eingeschleusten Viren überhaupt nicht gehen.

«Mit den Viren und dem Krebs ist das immer so wie mit den Rökken, mal werden sie lang getragen und dann wieder kurz», so Prof. Meinrad Koch, Leiter der Virologie am Robert-Koch-Institut in Berlin noch vor kurzem.

Auch auf der anderen Seite des großen Teichs sah es um die Retrovirusexperten nicht anders aus. Forschungseinrichtungen schlossen mangels Nachfrage. Die Tierärzte am Elektronenmikroskop gingen woanders jobben. Heute sind sie gefragt und dotiert wie nie zu vor. Ein quirliger junger Amerikaner hatte für die Retrovirologie auch in den Jahren der Flaute immer wieder Gelder auftreiben können. Dr. Robert Gallo, dank der Retroviren über Nacht zum Großmeister der AIDS-Loge avenciert und heute schon berühmt wie einst der Herzverpflanzer Barnard. «Unser Wissen über HTLV-III-Viren geht auf ihn zurück, er entdeckte auch die anderen HTLV-Viren», so Professor Habermehl über Gallo, auch wenn Montagnier vom Pariser Pasteur-Institut den Erreger früher entdeckt habe.

Gallo habe sofort weltweit sein «Material» verteilt, «so daß man überall damit arbeiten konnte». Eine Unterschrift, so Habermehl, habe genügt.

«Der hat sich per Patentschutz doch sowieso schon die ganze AIDS-Forschung unter den Nagel gerissen», sieht ein junger Wissenschaftler beim Bundesgesundheitsamt die Großzügigkeit des amerikanischen Freundes weniger blauäugig. «Der hatte doch wieselflink überall schon seinen Namen drüberstehen, als mancher deutsche Kollege nicht einmal wußte, wie man AIDS überhaupt buchstabiert.» Da tut er zumindest den Virologen unrecht. Wenige Wochen nach den ersten in den USA durchgeführten Tests wurden auch hier Reihenuntersuchungen durchgeführt, die Tests ruck zuck verbessert. Die deutsche Virologie lebt nicht hinter dem Mond. «Wir sind neben den Amerikanern und Franzosen führend», versichert mir Professor Habermehl. Und doch scheint sie mit dem US-amerikanischen jugendlichen Karriereforschertyp schwer mithalten zu können. Erfolgsmeldungen jedenfalls hört man derzeit immer nur von dort.

In der Berliner Forschungsförderungsvergabezentrale wird selbst aber auch eifrig geforscht; entstand unter dem Elektronenmikroskop die bisher aufschlußreichste Fotografie des ca. 100 millionstel Millimeter großen Erregers. Immerhin, ein erhellender Schritt bei der Feindaufklärung.

Immer häufiger ist die Rede von Meldepflicht, dem Bundesseuchengesetz und dem Gesetz zur Bekämpfung der Geschlechtskrankheiten. Aber kaum jemand weiß, was sich hinter den juristischen Formulierungen verbirgt. *Jürgen Roland* hat in Gesetzen und Verordnungen geblättert.

Paragraphen statt Behandlung

Zur rechtlichen Lage von «Ausscheidungsverdächtigen», Infizierten und Kranken

Eine Meldepflicht für die Krankheit AIDS und die HTLV III-Infektion besteht derzeit nicht.

Die Meldung des behandelnden Arztes an das Gesundheitsamt über Personen mit AIDS oder mit einer HTLV III-Infektion ist gegenwärtig nicht nur rechtswidrig, sondern auch strafbar, denn tatbestandsmäßig liegt eine Verletzung von Privatgeheimnissen vor.[1]

Wollte man eine Meldepflicht einführen, so wäre dies auf zwei Wegen denkbar: einmal über das «Gesetz zur Verhütung und Bekämpfung übertragbarer Krankheiten beim Menschen», kurz Bundesseuchengesetz, und zum anderen über das «Gesetz zur Bekämpfung der Geschlechtskrankheiten», auch Geschlechtskrankheitengesetz genannt.

Durch Rechtsverordnung des Bundesministers für Jugend, Familie und Gesundheit, die der Zustimmung des Bundesrats bedürfte, könnten AIDS und HTLV-III-Infektion als meldepflichtige Krankheiten in das Bundesseuchengesetz aufgenommen werden.

Zur Aufnahme als meldepflichtige Geschlechtskrankheit in das gleichnamige Gesetz, das zur Zeit auf Syphilis, Tripper, weichen Schanker und venerische Lymphknotenentzündungen anwendbar ist, bedürfte es des aufwendigeren Verfahrens der Gesetzesänderung durch das Parlament.

Die Einführung einer Meldepflicht bei AIDS und HTLV-III-Infektion, darin sind sich die politisch Zuständigen im Bund und in den Ländern sowie die überwiegende Zahl der Experten einig, würde jedoch mehr Schaden anrichten als Nutzen bringen. Gegen eine Meldepflicht sprach sich daher auch die überwiegende Mehrheit der zu einer öffentlichen Anhörung vom Bundestagsausschuß für Jugend, Familie und Gesundheit am 19. März 1986 eingeladenen Sachverständigen aus. Das Hauptargument und auch das ernst zu nehmendste Argument gegen eine Meldepflicht ist das des «Wegtauchens». Die von der Krankheit Betroffenen werden aus Angst vor namentlicher Meldung, wie sie das Bundesseuchengesetz vorsieht, in eine dann nicht mehr überschaubare Grauzone, in ein nicht mehr beeinflußbares Dunkelfeld der Krankheit abtauchen.

Die Befürworter der Meldepflicht nehmen dieses Argument nicht ernst genug. Indem sie apokalyptische Bilder über den Fortgang der Krankheit AIDS zeichnen, werfen sie den Politikern vor, die Bedrohung durch AIDS nicht erkannt zu haben. Politiker ließen hier «alles schleifen», so Hans Halter in seinem Buch ‹*Todesseuche AIDS*›, um sich nicht dem Vorwurf aussetzen zu müssen, daß sie in Wirklichkeit die Gelegenheit nutzten, sogenannte Randgruppen zu verfolgen. Wer den praktischen Alltag der Krankheit AIDS kennt und zudem das Bundesseuchengesetz, der muß dies anders sehen, ganz anders.

Die Angst der Betroffenen vor Diskriminierung und sozialer Isolation ist berechtigt. Diskriminierung und soziale Isolation von AIDS-Kranken und HTLV III– Infizierten sind Wirklichkeit. Es ist der Umgang mit der Krankheit AIDS und nicht die Zugehörigkeit der Betroffenen zur immer wieder verfolgten Minderheit der Homosexuellen, der die Angst vor Diskriminierung hervorruft. Wäre dies umgekehrt, dann müßten sich die Homosexuellen, was nie der Fall war, auch gegen die Meldepflicht bei Hepatitis eingesetzt haben, von der sie in ähnlichem Maße betroffen sind. Arbeitgeber entlassen HTLV-III-infizierte Mitarbeiter, Hausbesitzer kündigen AIDS-Verdächtigen die Wohnung, Elterngruppen verlangen den Schulverweis von AIDS-kranken Kindern.

Wie sehr diese Angst die Bereitschaft, sich in ärztliche Behandlung zu begeben, konterkariert, zeigen vor allem die Anrufe ratsuchender Drogenabhängiger bei den AIDS-Hilfen, wie das folgende Beispiel zeigt:

Ein Drogenabhängiger verlor auf Grund seiner HTLV-III-Infektion seinen Therapieplatz in einer Drogeneinrichtung. Die Durchführung der Therapie war jedoch Voraussetzung dafür, daß der Vollzug einer gegen ihn verhängten Freiheitsstrafe zur Bewährung ausgesetzt wurde. Seit mehreren Tagen quälte er sich mit geschwollenen Lymphknoten an mehreren Körperstellen und mit Nachtschweiß herum und war nicht mehr in der Lage zu stehen. Einen Arzt suchte er nicht auf, aus Angst, von diesem gemeldet zu werden, aus Angst vor einem der vollkommen unzulänglichen Strafvollzugskrankenhäusern und weil er den hoffnungslosen Krankheitsverlauf bei mehreren Freunden schon miterlebt hatte. Er griff wieder zur Nadel, in der Hoffnung, wie er sagte, auf den letzten Schuß.

Die Anonymität der ärztlichen Behandlung ist ein notwendiger Faktor für die Bereitschaft, zum Arzt zu gehen, zumal bei einer Krankheit wie AIDS, bei der für die Betroffenen keine Heilbehandlung in Aussicht steht. Es erwartet sie eine Diskriminierung, die geeignet ist, ihnen die materiellen Lebensgrundlagen unter den Füßen wegzuziehen. Das ist nicht anders bei heterosexuellen Männern nach einem Bordellbesuch. Sie fragen nach anonymen Untersuchungsmöglichkeiten und, wenn möglich, noch mindestens 100 km vom jeweiligen Wohnort entfernt.

Mit der anonymen Untersuchungsmöglichkeit wäre es jedoch bei Einführung einer Meldepflicht nach Bundesseuchengesetz vorbei. Dann wären nämlich auch die öffentlichen und privaten Untersuchungsstellen, die HTLV III / LAV-Antikörpertests anbieten, zur Meldung an das Gesundheitsamt verpflichtet, sobald ein positives Testergebnis vorliegt. Eine Meldung also, die derjenigen des behandelnden Arztes noch zuvorkäme.

Während ein Großteil der Betroffenen schon weggetaucht wäre, blieben für eine Meldung diejenigen zurück, die sich sowieso schon in ärztliche Behandlung begeben und bereits aus der Hand des Arztes – sozusagen aus erster Hand – die für sie notwendigen Informationen über Krankheitsverlauf und Übertragungsmöglichkeiten erhalten haben. Mehr könnte auch ein Gesundheitsamt gegen die weitere Verbreitung der Krankheit AIDS nicht ausrichten, auch wenn es rechtlich zu mehr in der Lage ist.

Befürworter einer Meldepflicht versprechen sich durch deren Einführung exaktere Zahlen über die tatsächliche Häufigkeit der Krankheit AIDS und der HTLV III-Infektion. Doch auch dabei schließen sie wieder die Augen vor der Wirklichkeit.

Eine Meldepflicht bringt keine exakteren Zahlen als diejenigen, die derzeit auf Grund freiwilliger Fallmeldungen an das Bundesgesundheitsamt ermittelt werden. Ein Vergleich zwischen Meldungen nach dem Bundesseuchengesetz und der Todesursachenstatistik des Statistischen Bundesamts ergab zum Beispiel, daß nur die Hälfte der Fälle an Wundstarrkrampf gemeldet war. Von den 1968 an Hepatitis verstorbenen 127 Personen waren 44 (= 34,6 Prozent) gemeldet.[2] Zum Teil liegt dies an der sogenannten Meldemoral, und das, obwohl die Nichtmeldung mit Geldbuße bis zu DM 50000 geahndet werden kann.

Daß es derzeit keine Heilbehandlung gegen den erworbenen Immundefekt gibt, ist ein weiteres oft genanntes Argument gegen eine Meldepflicht. Diese Tatsache bestärkt die Angst der Betroffenen davor, daß per Meldepflicht ein staatliches Kontrollverfahren in Gang gesetzt wird, an dessen Ende (noch) keine medizinische Hilfe steht.

Doch selbst dann, wenn es eine Heilbehandlung gäbe, wären Erkrankte und Infizierte nicht verpflichtet, sich ihr zu unterziehen. Eine Zwangs(heil)behandlung kennt das Bundesseuchengesetz nicht.[3]

Dies ist anders beim Geschlechtskrankheitengesetz. Es spricht die Pflicht des Geschlechtskranken aus, sich einer Heilbehandlung zu unterziehen.[4] Von daher paßt dieses Gesetz derzeit schon gar nicht auf die Krankheit AIDS. Es regelt Geschlechtskrankheiten, die in der Regel innerhalb kürzester Zeit behandelbar sind, und erlegt dem Kranken das Gebot, sich jeglichen Geschlechtsverkehrs bis zur Heilung zu enthalten[5] sowie ein Blutspendeverbot[6] auf.

Zwar erfolgt die Meldung hier anonym und nur in dem Fall namentlich, wenn sich der Kranke einer Heilbehandlung entzieht, jedoch ist der Arzt verpflichtet, mit den ihm «zumutbaren Mitteln zu versuchen, ... die Personen zu ermitteln, auf die der Kranke die Geschlechtskrankheit übertragen haben könnte».[7] Auf diese Weise sollen sich die Sexualpartner ebenfalls einer Heilbehandlung unterziehen, die, es wurde bereits erwähnt, es bei AIDS derzeit nicht gibt.

Die Praxis belegt und die beiden Gesetze verdeutlichen es, daß eine Meldepflicht im Kampf gegen AIDS und HTLV-III-Infektion ein kontraproduktiver Beitrag wäre. Das gilt auch dann, wenn die Fälle der

AIDS-Erkrankungen weiter zunehmen und wenn andere Teile der Bevölkerung als homo- und bisexuelle Männer sowie Fixer von der Krankheit direkt betroffen wären. Die Argumente blieben dieselben.

Das Für und Wider einer Meldepflicht mag neu überdacht werden, sobald eine Heilbehandlung und/oder ein Impfstoff zur Verfügung steht. Bis dahin handeln die politisch Verantwortlichen richtig, wenn sie eine Meldepflicht ablehnen.

Wer ihnen daraus den Vorwurf macht, sie hätten das Problem noch nicht erkannt, der ignoriert das Verantwortungsbewußtsein der von der Krankheit Betroffenen, der macht aus Kranken Monster und grenzt sie – gewollt oder ungewollt – aus.

Andere anzustecken, ist das letzte, was sie vorhaben. Andere nicht anzustecken, ist das erste, woran sie denken. Letztlich verhindert dieses Verantwortungsbewußtsein die weitere Ausbreitung der Krankheit. Es bei allen Betroffenen zu stärken durch Aufklärung, Information und Abbau der krankheitsbedingten Diskriminierung, ist jetzt angesagt. Insoweit haben die politisch Verantwortlichen die Dringlichkeit des Problems AIDS noch nicht erkannt.

Doch die Meldepflicht ist nur ein Instrument der Krankheitsbekämpfung. Unabhängig davon, ob sie besteht oder nicht, sieht das Bundesseuchengesetz in seinem fünften Abschnitt eine Reihe von «Vorschriften zur Bekämpfung übertragbarer Krankheiten» vor. Zu diesen, daran besteht nirgendwo Zweifel, zählen auch AIDS und die HTLV-III-Infektion. Guten Gewissens können daher Politiker, die die Einführung einer Meldepflicht ablehnen, vor ihrer Wählerschaft darauf verweisen, daß der Rest des Gesetzes bereits jetzt anwendbar sei.

Dies in Erinnerung zu rufen, haben sich einige Münchner Gesundheitspolitiker Anfang des Jahres denn auch beeilt. In der von ihnen seit Januar 1986 herausgegebenen Zeitschrift *AIDS-Forschung* haben sie den Münchner Rechtsprofessor Hans-Ullrich Gallwas vorgeschickt, um die restlichen Vorschriften des Bundesseuchengesetzes für den Kampf gegen AIDS zu mobilisieren. Sympathie für das Vorhaben signalisierte, es war nicht anders zu erwarten, das Nachrichtenmagazin *Der Spiegel*, in dem es in einer Art Begleitmusik flugs aus München die «AIDS-Metropole Nr. 1» machte, was keinerlei vorliegenden Zahlenmaterialien auch nur annähernd entsprach.

Doch selbst nach Ansicht Gallwas kommt von den zahlreichen Zwangsmaßnahmen nur eine einzige in Betracht, die man sinnvoll auf AIDS und HTLV III-Infektion anwenden könne, das Mittel der sogenannten «Beobachtung» nach § 36 des Gesetzes.

Danach müssen Kranke, Krankheitsverdächtige, Ansteckungsverdächtige, Ausscheider und Ausscheidungsverdächtige die erforderlichen Untersuchungen durch die Beauftragten des Gesundheitsamts dulden, Weisungen des Gesundheitsamts Folge leisten, zum Zwecke der Befragung den Zutritt zu ihrer Wohnung gestatten sowie dem Gesundheitsamt jeden Arbeitsplatz- und Wohnungswechsel anzeigen.

«Die Schutzmaßnahme darf», so Gallwas, «da sie sich zunächst allein auf einen Verdacht gründet, allerdings nur dazu dienen, den Verdacht zu klären.» [8]

Die Vorschrift über die «Beobachtung» geht jedoch nicht nur weit über die reine Verdachtsklärung hinaus, sondern sie erlaubt dem Gesundheitsamt gerade keine auf Verdachtsspekulationen gründenden Ermittlungen. [9]

Davon scheint Gallwas aber auszugehen, wenn er schreibt: «Wer an Treffpunkten von Risikogruppen in den Großstädten der Bundesrepublik Deutschland angetroffen wird, ist in seuchenrechtlicher Hinsicht ansteckungsverdächtig oder ausscheidungsverdächtig» [8], im Klartext, der ist entweder schon HTL-III / LAV-Antikörper-positiv oder er ist es möglicherweise. Und Gallwas weiter: «Er muß sich also einem LAV / HTLV III-Test unterziehen, und es kann ihm aufgegeben werden, bis zur Bekanntgabe des Ergebnisses bestimmte Kontakte mit anderen Personen zu vermeiden ... Die mit der Beobachtung verbundenen Beeinträchtigungen, die Duldung des LAV/HTLV III-Tests, fallen, bezogen auf den Nutzen, nämlich die Vermeidung der Ansteckung Dritter, nicht ins Gewicht. Dies selbst dann nicht, wenn man unvermeidbare Diskriminierungseffekte, die allein durch die Anordnung der Beobachtung ausgelöst werden könnten, in Rechnung stellt.» [8]

Neben den Zweifeln an der juristischen Richtigkeit dieser Thesen ist die Frage angebracht, wohin das führen soll. Eine Art Zwangstestung durch die Hintertür? Sollen auf diesem Wege alle Gäste schwuler Kneipen, alle Teilnehmer von Homosesuellen-Demonstrationen, alle Bahnhofspassanten, usw. dem HTLV-III / AV-Test zugeführt werden, vielleicht auch noch mit dem Mittel der Razzia? Und wieso vermeidet man schon durch die Duldung des Tests die Ansteckung weiterer Personen, außer man setzt auf die soziale und gesellschaftliche Isolierung der Test-Positiven. Und die fällt ja angeblich nicht ins Gewicht.

Die von der Krankheit AIDS Betroffenen handeln verantwortungsbewußt. Andere oder sich anzustecken, ist alles andere als das, was sie wollen. Sie sind auch nicht Fatalisten, denen es gleichgültig ist zu sterben. Im Gegenteil, soweit Anlaß besteht, nehmen sie die in äußerst geringem Maße zur Verfügung stehenden medizinischen Behandlungsmöglichkeiten dankend wahr. Eine Zwangstestung durch die Hintertür als auch eine Beobachtung im Sinne des Gesetzes sind ebenso überflüssig wie schädlich.

Das gilt auch für die anderen Zwangsmaßnahmen des Bundesseuchengesetzes, abgesehen davon, daß sie auf AIDS und HTLV-III-Infektion nicht passen.

Die «Absonderung» von Infizierten in Krankenhäusern oder ähnlichen Einrichtungen[10], das Verbot von Theater- und Kinovorstellungen, Märkten, Messen und ähnlichem oder die Schließung von Badeanstalten[11] sind nicht notwendig bei dieser sexuell übertragbaren Viruserkrankung. Ein Infektionsrisiko besteht bei sozialen Alltagskontakten ebensowenig wie bei der Berufsausübung. Berufsverbote nach dem Bundesseuchengesetz[12] sind von daher grundsätzlich nicht denkbar.

Nicht nur zu diesen konkreten Maßnahmen ermächtigt das Gesetz die zuständigen Behörden, sondern daneben auch abstrakt zu jeglicher Schutzmaßnahme, «soweit und solange es zur Verhinderung der Verbreitung übertragbarer Krankheiten erforderlich ist».[13]

Beispiele hierfür sind das Gebot der persönlichen Desinfektion, insbesondere der Händedesinfektion, ein Verbot, bestimmte Örtlichkeiten wie Gaststätten und Lebensmittelgeschäfte aufzusuchen oder das Verbot an einen Nichtinfizierten, einen Kranken aufzusuchen[14], Maßnahmen also, die bei AIDS und HTLV -III nicht notwendig sind.

Allerdings könnte diese Bestimmung zum Beispiel auch Rechtsgrundlage für die Entscheidung sein, ob Saunen geschlossen oder Auflagen bezüglich deren Betrieb angeordnet werden sollen. Befürworter dieses Vorhabens übersehen zumeist, daß dadurch gesundheitspolitisch nichts bewegt wird, außer einer Verlagerung des Problems von einer Örtlichkeit auf eine andere.

Es liegt im Beurteilungs- und Ermessensspielraum der Behörde, ob (überhaupt) und welche Maßnahmen nach dem Bundesseuchengesetz notwendig und zweckmäßig sind. Das beinhaltet auch, daß keine Maßnahmen zu treffen sind, soweit sie entweder nicht notwendig oder nicht zweckmäßig zur Verhütung einer übertragbaren Krankheit sind. Letzteres ist, abgesehen von etwaigen abstrusen und kaum vorstellbaren Einzelfällen, bei AIDS und HTLV-III-Infektion allgemein der Fall.

Anmerkungen

1 § 203 Abs. 1 Nr. 1 Strafgesetzbuch
2 Schumacher / Meyn, Kommentar zum Bundesseuchengesetz, 2. Aufl. 1982, Erläuterung zu § 5 a
3 § 34 Abs. 1 Satz 3 Bundesseuchengesetz (BSeuchG)
4 § 3 Abs. 1 Nr. 1 GeschlechtskrankheitenG (GeschlechtskrG)
5 § 6 Abs. 1 GeschlechtskrG
6 § 7Abs. 4 GeschlechtskrG
7 § 13 Abs. 1 GeschlechtskrG
8 AIDS-Forschung, Heft 1, Januar 1986, Seite 36
9 Schumacher / Meyn, a. a. O., Erläuterung zu § 36
10 § 37BSeuchG
11 § 34 Abs. 1 Satz 2 BSeuchG
12 § 38 BSeuchG
13 § 34 Abs. 1 Satz 1 BSeuchG
14 Beispiele zitiert nach Schumacher / Meyn, a. a. O., Erläuterung zu § 34

In vielen größeren Firmen wird bei der betriebsärztlichen Untersuchung bereits der LAV / HTLV III-Antikörpertest routinemäßig durchgeführt. Eine Verweigerung des Tests käme praktisch dem Rückzug der Bewerbung gleich. – Entlassungen und Berufsverbote sind im Gespräch.

Die Folgen «positiver» Ergebnisse von *Dieter Telge*

Ein Test und seine Folgen

Ansonsten waren alle seine Untersuchungswerte leidlich in Ordnung. Da werden Sie wohl in nächster Zeit etwas enthaltsamer leben müssen, sagte sein Hausarzt noch. Aber schließlich ist das ja kein Todesurteil. Außerdem lassen wir das Ergebnis kontrollieren – man kann ja nie wissen! Manfred K. bedankte sich und verließ die Praxis.

Auf dem Heimweg kam er ins Grübeln. AIDS-krank – ausgerechnet er; das hatte er wirklich nicht erwartet. Bei der Blutabnahme hatte sein Arzt nur gesagt: Und dann machen wir den AIDS-Test auch gleich mit. Manfred K. hatte nicht widersprochen. Zweimal jährlich war er bisher zum Arzt gegangen und hatte sich gründlich durchchecken lassen: Wassermann-Test, Hepatitis-B usw. Meist war das nur eine Routinesache gewesen, von dem Tripper vor zwei Jahren mal abgesehen; aber den hatte er ja schon selbst vermutet. Und nun mußte das mit der AIDS-Diagnose passieren.

Wie Manfred K. geht es seit knapp zwei Jahren vielen. In trauter Gewohnheit lassen sie den Arzt/die Ärztin ihres Vertrauens das angeblich «Nötige» tun – oft ohne zu wissen, was denn da alles getan wird.

Herbert aus Berlin (in einem Gespräch mit der *Siegessäule*, Nr. 1/1985, Seite 28): *Als ich dann das Ergebnis abholen wollte, sagte mir der Arzt auch gleich, daß er von sich aus mein Blut zum Testen geschickt habe und daß ich HTLV III-positiv bin ... Ich fand sein Verhalten nicht korrekt. Ich finde, man muß schon gefragt werden, ob man den Test will und ob man das Ergebnis wissen möchte. Die Ärzte müssen sich klarmachen, daß die psychische Belastung so gering nicht ist, und die können sie einem nicht abnehmen.*

Manfred K. wußte immerhin, daß sein Arzt den LAV / HTLV III-Antikörpertest machen wollte. Von dessen Bedeutung und Aussagekraft hatte er dagegen fast keine Vorstellung. Ähnlich schildert auch Peter (im gleichen Gespräch mit der *Siegessäule*, Seite 27) seine Erfahrung: *Einige Monate nach der Untersuchung erhielt ich einen Brief, worin mir mein positives Testergebnis mitgeteilt wurde, daß also mein Blut ohne mein Zutun darauf untersucht worden war ... Ich hab den Brief zur Kenntnis genommen und zerrissen. Ich hab das dann zwei Wochen im Kopf mit mir herumgetragen, bevor ich meinen Arzt gefragt habe, was das denn nun bedeutet.*

Häufig werden die Patienten gar nicht darüber aufgeklärt, daß ein LAV / HTLV III-Antikörpertest kein AIDS-Test ist, sondern nur Antikörper nachweisen kann, wie sie der menschliche Organismus gegen unterschiedliche Arten von eindringenden Viren entwickelt, um diese abzuwehren. Die Viren selbst werden gar nicht nachgewiesen, so daß ein test-positives Ergebnis noch nicht einmal Beweis für eine Virus-Infektion ist, sondern diese nur stark vermuten läßt. Eine Erkrankung wird durch den Test überhaupt nicht festgestellt. Manfred K. irrte demnach, als er sein Testergebnis für eine Krankheitsdiagnose hielt – eine zusätzliche, unnötige Aufregung war die Folge.

Dies alles hätte sein Hausarzt ihm eigentlich erklären müssen. Doch selbst viele Ärzte / innen halten den LAV / HTLV-III-Antikörpertest für einen Diagnoseschlüssel und setzen ihn ein zur vordergründigen Beruhigung von Patient / in wie auch ihrer selbst, ohne sich über die vielfältigen Folgen eines «positiven» Ergebnisses auch nur annähernd klar zu sein. Mit den Fakten über AIDS nicht ausreichend vertraut, benötigen sie selbst erst eine diesbezügliche Aus- und Weiterbildung. Zu schnell überrollte die Krankheit, vor allem aber die sie begleitende Welle von Angst und Unsicherheit, die Gesellschaft.

Selbst Ärzte / innen, die ihren Patienten / innen die – ohnehin nur geringe – medizinische Aussagekraft eines Testergebnisses erklären können, sind meist überfragt, wenn es um ganz konkrete Konsequenzen geht. Das Testergebnis steht für viele am «Anfang eines neuen Lebens». Oft wissen aber die Ärzte / innen gar nicht, wie das alte Leben ausgesehen hat, von dem sie ihre Klientel nun wegführen wollen. Viele

Menschen, gerade in kleineren Städten oder auf dem Land, mögen über ihr Intimleben nicht beim Arztbesuch sprechen. So bleibt es dann nur zu häufig bei oberflächlichen oder unrealistischen Ratschlägen zur Verhaltensänderung, während die Patienten/innen mit dem seelischen Druck und den sozialen Problemen alleingelassen werden.

Verantwortungsbewußte Ärzte/innen machen auf die Angebote von psychosozialen Beratungsstellen, Gesprächs- und Selbsthilfegruppen aufmerksam – und dies nicht erst nach dem Test, wenn das Kind bereits im Brunnen liegt.

Doch auch bei bester Vorbereitung ist die Mitteilung gerade von testpositiven Ergebnissen für viele Betroffene ein schockierender und sehr belastender Vorgang, zu dessen Bewältigung erfahrungsgemäß meist fremde Hilfe benötigt wird.

Auch für Manfred K., der schließlich von einer Freundin die Telefonnummer einer mit AIDS vertrauten Beratungsstelle erfuhr, brachte ein ausführliches Informationsgespräch die erste Gelegenheit, sich über seine Probleme und Ängste offen auszusprechen. Seine größte Sorge galt dem Ausbruch der Erkrankung, mit dem er seit der Mitteilung des Testergebnisses ständig rechnete. In den ersten Wochen spürte er täglich jedem möglichen Symptom nach und geriet dabei oft genau in helle Aufregung, wenn er etwas «Verdächtiges» bemerkte.

Mit der Frage des Sterbens und seines möglichen Todes hatte er sich zuvor noch nie beschäftigt und wurde nun unverhofft und sehr massiv damit konfrontiert. Immer wieder schwankte er zwischen der Befürchtung, ausgerechnet ihn würde die Krankheit bestimmt zum Sterben bringen, und der festen Hoffnung, er selbst würde noch einmal davonkommen.

Doch damit noch nicht genug belastet, machte sich Manfred K. auch erhebliche Schuldvorwürfe. Seit längerer Zeit lebte er in einer festen, wenn auch für Seitensprünge offenen Partnerschaft. Nun mußte er plötzlich befürchten, nicht nur das eigene Leben, sondern auch das seines Partners gefährdet zu haben – oder es vielleicht jetzt erst zu gefährden, jeden Tag aufs neue. Sollte er sein Antikörpertest-Ergebnis offenbaren, und falls nicht, wie groß war das Risiko der Ansteckung in seinen täglichen Kontakten? Manfred brummte der Kopf.

Ähnlich wie Manfred geht es fast allen Menschen, die mit einem Antikörpertest-positiven Ergebnis leben müssen. Während vor dem

Test die Ängste meist erfolgreich verdrängt werden, ist die vermeintliche «Gewißheit» des Ergebnisses zunächst erdrückend. Gerade in dieser ersten Zeit danach werden aber viele Voraussetzungen geschaffen, mit denen die betreffende Person anschließend zu leben hat. Noch ist das Bild von AIDS in der Öffentlichkeit so von Unwissenheit, Angst und Vorurteilen geprägt, daß verständnisvolle Reaktionen auf diese positive (?) Mitteilung eher die Ausnahme darstellen.

Als wäre die psychische Belastung für die Betroffenen nicht schon groß genug, müssen sie die unterschiedlichsten Formen von Ablehnung erfahren, statt von ihrem sozialen Umfeld die nötige Unterstützung zu erhalten. Da werden Partnerschaften abrupt beendet, Scheidungen eingereicht und vollzogen, Freundschaften abgebrochen oder einfach nicht wahrgenommen, Kinder von vermeintlich «gefährlichen» Personen, z. B. einem test-positiven Elternteil, gewaltsam getrennt – zumeist aus der Angst der anderen, sich zu infizieren oder selbst von der Umwelt diskriminiert zu werden. Neue Kontakte werden durch die Stigmatisierung stark behindert, wenn sie nicht durch die Offenbarung «ich bin positiv» ohnehin ein frühzeitiges Ende erfahren.

Doch selbst wer diese Folgen in Kauf nimmt, hat viele zusätzliche Probleme zu meistern. Wie sollen zum Beispiel Jugendliche, deren Eltern nicht wissen, daß sie Drogen spritzen, diesen ihr Antikörpertest-Ergebnis erklären? Wo kann sich eine scheinbar glücklich verheiratete Frau infiziert haben, wenn nicht beim Ehebruch? Ein Ehemann in vergleichbarer Lage muß womöglich gar die Flucht nach vorn antreten und seine bisher verheimlichten bzw. verdrängten homosexuellen Neigungen eingestehen – gegenüber anderen und auch sich selbst.

Bei Krebs wären ihnen Mitleid und Verständnis sicher, und der Gedanke des eigenen Zutuns, etwa durch Rauchen, würde möglichst einfühlsam umschifft. Im Zusammenhang mit AIDS ist das anders. Hier wird die Suche nach den Ursachen bereits bei Antikörpertest-positivem Ergebnis zur vorwurfsvoll gestellten Schuldfrage. Distanzierung ist eine noch vergleichsweise harmlose Reaktion, deren Steigerung bis zu blankem Haß und in Einzelfällen sogar Morddrohungen geht.

Wenn schon im intimen Freundes- und Familienkreis Verständnis oft unmöglich ist, wie werden dann erst Nachbarn, Kollegen, Mitschüler, Mithäftlinge usw. reagieren? Wo gar die Kraft zum Ausprobieren fehlt, da ist Vereinsamung der Antikörpertest-Positiven die logische Folge. Oft reicht schon die Angst vor den Reaktionen der Umwelt aus, um die Schere im Kopf in Bewegung zu setzen, mißtrauisch zu werden, sich zurückzuziehen und andere Menschen zu meiden – ähnlich wie bei der Infektionsangst!

Ein weiteres Problem stellt die naheliegende Aufteilung der Getesteten in Gute und Böse dar (entsprechend dem Ergebnis negativ bzw. positiv). In gesellschaftlichen Randzonen – wie Prostitution, Drogenszene, Gefängnis, homosexuelle Subkultur – trifft der neue Wertmaßstab auf bereits bestehende Wertmodelle und verschärft diese nur noch. Schon immer galt die Prostituierte als Gesundheitsrisiko für den Freier (und nicht etwa umgekehrt). Seit AIDS muß sie ihm erst recht beweisen, daß sie sauber ist – obwohl nach bisherigen statistischen Erfahrungen für sie als Frau die Infektionsgefahr durch jeden infizierten Mann viel größer ist als im umgekehrten Fall für einen Mann.

So angenehm und entlastend ein Antikörpertest-negatives Ergebnis scheinen mag, so verheerend wirkt das gegenteilige Resultat. Dabei besteht der Unterschied zwischen beiden Ergebnissen nur in einem einzigen Virus-Kontakt, durch den eine «negative» Person zur «positiven» wird – wenn das Ergebnis nicht ohnehin falsch ausfällt (was die Person ja selbst nicht wissen kann). Die Menge der falschen Antikörpertest-Ergebnisse liegt immer noch im Bereich von mehreren Prozent, wenn sie auch je nach Testverfahren und Anwendungsort unterschiedlich groß ist.

Dennoch versuchen gerade viele «Negative», ihre Erwartung, von den «Positiven» doch, bitteschön, nicht gefährdet zu werden, durch Ausgrenzung abzusichern. Wer als «Positive/r» noch Kontaktanzeigen aufgeben will, kann das Geld dafür getrost sparen; statt interessierter Antworten hätte sie/er vor allem Schimpf- und Drohbriefe zu erwarten – oder bestenfalls Zuschriften von examenseifrigen Psychologiestudenten/innen auf Fallsuche. Auch der Abdruck des Inserats wäre übrigens fraglich – selbst die sonst so liberale *Frankfurter Rundschau* wies z. B. im Herbst 1985 folgenden Anzeigentext zurück:

Stud., 29 J., HTLV III-pos.,
sucht netten Freund.

Die Begründung der Ablehnung lautete: Sie stecken den ja dann an!

Häufig wird nämlich erwartet, die Antikörpertest-positiven Menschen würden nun der Welt entsagen und ein quasi klösterliches Leben führen – wobei dieser Meinung recht einseitige Vorstellungen vom Klosterleben zugrunde liegen. Ratschläge zur Verhaltensänderung, die das Infektionsrisiko verringern sollen, mögen noch so sinnvoll sein – gekoppelt mit Moralappellen erhalten sie einen unangenehmen Beigeschmack.

Der Sittenkodex der Nachkriegszeit feiert fröhliche Urständ: Was hinter geschlossenen Schlafzimmertüren bisher leidlich geduldet wurde, gilt plötzlich als Gefahr für die Volksgesundheit, und wer schon nicht durch Krankheit oder Tod seine Buße leistet, der soll wenigstens auf eine befriedigende Sexualität verzichten. Wieviel persönlicher Neid mag hier wohl im Spiel sein? Nach dem Motto «einmal Versuchstier – immer Versuchstier» wird an den Antikörpertest-positiven Menschen ausprobiert, wie weit man den Begriff vom verantwortungsbewußten Verhalten strapazieren kann – Modell für alle Angehörigen nicht genehmer Bevölkerungsgruppen?

Die katastrophalen Folgen des LAV / HTLV-III-Antikörpertests auf die gesamte Lebenssituation und die psychische Verfassung der Testpositiven hat auch die Arbeitsgruppe AIDS im Bundesgesundheitsamt erkannt (*Deutsches Ärzteblatt* vom 24. Juni 1985):

Sie leben auf nicht absehbare Zeit mit dem Bewußtsein, daß ihr Leben bedroht ist. Sie sehen nicht nur ihr Leben bedroht, sondern auch ihre soziale Existenz. Panik und depressive Phasen mit teilweise suizidalen Reaktionen können akut oder im weiteren Verlauf auftreten, das heißt, Selbstmordgedanken, -versuche oder erfolgreiche Selbstmorde müssen befürchtet werden.

Solche weitsichtigen, über das schulmedizinische Verständnis der Krankheit hinaus gehenden Erwägungen hört man leider von Ärzten und Wissenschaftlern noch viel zu selten.

Vorschläge zur gesunden Lebensweise und Ernährung bleiben ein schwacher Trost. Angesichts der immer ungesünder werdenden Nahrungsmittel sowie der fortschreitenden Verschmutzung von Luft, Wasser und Böden machen solche Ratschläge den Getesteten eher die Ohnmacht und die geringen Erfolgschancen ihrer Verhaltensänderungen deutlich – ganz ähnlich der Hilflosigkeit gegenüber verstärkter radioaktiver Strahlung. Als mögliche Bedingungen (Co-Faktoren) der Erkrankung werden diese Aspekte ohnehin kaum näher erforscht.

Von einigen Reaktionen im öffentlichen Leben, die Antikörpertest-positiven Menschen widerfahren können, war bereits die Rede. Schon heute wird mit vielerlei Maßnahmen und aus unterschiedlichen Gründen in ihr Leben eingegriffen oder dies zumindest geplant.

Zur Verantwortlichkeit aufgerufen, haben viele Menschen in Arzt- und vor allem Zahnarztpraxen, aber auch in Krankenhäusern, ihr Antikörpertest-positives Ergebnis offenbart. Dies wurde ihnen des öfteren mit der Ablehnung von Behandlung oder Betreuung gedankt – womit sich solche Mediziner übrigens einer verweigerten Hilfeleistung schuldig und damit strafbar machen. In Krankenhäusern wird häufig die Durchführung eines Antikörpertests zur Bedingung für die Behandlung gemacht. Anonymität kann dann natürlich nicht mehr erwartet werden, und die Konsequenzen sind dem Dafürhalten der zuständigen Ärzte/innen überlassen. Häufig weigert sich auch das Pflegepersonal, die Betreuung zu übernehmen.

Wer bei der Wohnungssuche, z. B. nach Haftentlassung, ein ärztliches Attest (LAV/HTLV-III-Antikörper-positiv) zur Erlangung eines Dringlichkeitsscheins vorweist, hat vermutlich schon verloren. Der Antragsgrund sollte natürlich weder aus dem Attest noch der Bescheinigung hervorgehen. Welcher Vermieter will sich schließlich *so was* ins Haus holen?

Vermutete Infektiosität als Kündigungsgrund tauchte bereits früh in der AIDS-Debatte auf. Nachbarn hatten eben schon immer einen guten Blick für die gesundheitliche Verfassung anderer Mieter, vor allem bei denen mit unregelmäßigem Lebenswandel. Wenn dann noch Kinder im Haus gefährdet schienen, wurde schnell der Ruf nach der Presse laut. *Bild* hilft?!

Stellen wir uns vor, Manfred K. wäre auf der Suche nach einem neuen Arbeitsplatz. Bei vielen Firmen wird schon heute im Einstellungsgespräch gefragt, ob man etwa AIDS-krank sei. Diese Frage könnte er immerhin noch getrost und auch korrekterweise verneinen. In vielen größeren Firmen wird aber bei der betriebsärztlichen Untersuchung bereits der LAV/HTLV III-Antikörpertest routinemäßig durchgeführt. Eine Verweigerung des Tests käme praktisch dem Rückzug der Bewerbung gleich.

Entlassungen und Berufsverbote sind im Gespräch. In einzelnen Fällen klagen die Betroffenen bereits gegen ihre Kündigung, sind aber meist auf Diskretion bedacht – aus verständlichen Gründen. Die Bundeswehr ist dem Beispiel der großen Bruder-Armee der USA, alle Antikörpertest-positiven Soldaten zu entlassen, wider Erwarten nicht gefolgt. Bei dieser Entscheidung will man auf der Hardthöhe angeblich auch bleiben. In den Kranken- und Pflegeberufen, in der Gastronomie und allen anderen mit Lebensmitteln arbeitenden Berufen stehen derartige Klärungen noch aus, doch die Berufsgenossenschaften sind bereits damit befaßt. Einstweilen beherrschen Argwohn und Mißtrauen den gegenseitigen Umgang, auch wenn Wissenschaft und Behörden die geringe Infektionsgefahr oft genug betonen.

Die Teilnahme Antikörpertest-positiver Kinder am Schulunterricht oder im Kindergarten wird in Frage gestellt oder bereits untersagt, wie z. B. erstmals im Herbst 1985 in Baden-Württemberg, da sie beim Spielen, Kratzen, Beißen usw. eine Gefahr für andere Kinder darstellen könnten. Eltern werden aufgefordert, den Einrichtungen ggf. mitzuteilen, daß ihre Kinder Antikörpertest-positiv sind.

Viel zu geringes Aufsehen erregten Mitteilungen von Leistungsträgern wie Krankenkassen, Lebens- und Rentenversicherungen, daß man LAV/HTLV-III-Antikörpertests als Entscheidungskriterien heranziehen wolle. So hat z. B. die Allgemeine Ortskrankenkasse (AOK) in West-Berlin die Durchführung des Tests zur Voraussetzung für die Aufnahme neuer Mitglieder gemacht, die sich freiwillig versichern wollen und noch nicht 50 Jahre alt sind. Dabei wird erwogen, die Betroffenen zwar unter Umständen zu versichern, sie aber von Leistungen infolge einer AIDS-Erkrankung auszuschließen. Andere Krankenkassen prüfen solche Möglichkeiten noch.

Wird vor dem Abschluß eines Versicherungsverhältnisses nach einem Antikörpertest-Ergebnis gefragt, so macht eine unwahre Auskunft möglicherweise den ganzen Vertrag ungültig. Präzedenzfälle gibt es bisher allerdings noch nicht. Wer anonym getestet wurde und das Ergebnis für sich behalten kann, hat natürlich nichts zu befürchten – doch wer wird schon allein damit fertig?!

Besonders perfide sind Überlegungen der Rentenversicherer, im Zusammenhang mit AIDS ihre Leistungen einzuschränken. So hat die Landesversicherungsanstalt (LVA) in Hannover mit Schreiben vom 27. Juni 1985 alle manifest an AIDS erkrankten Drogenabhängigen von Entzugsmaßnahmen und der Suchtbehandlung ausgeschlossen, da diese wegen des Infektionsrisikos für Mitpatienten und Behandlungspersonal nicht zu vertreten seien. Grundsätzlich ist die Durchführung eines Suchtests (...) auf Antikörper gegen das HTLV-III-Virus zu fördern, ohne daß schon Konsequenzen feststehen. Man kann sie sich ausmalen, denn LAV/HTLV-III-Infizierte gelten als ebenso infektiös wie AIDS-Kranke. Das Testergebnis ist der LVA Hannover künftig mit der Aufnahmebestätigung bekanntzugeben. (!) Bezeichnend: Entstehende Kosten können uns jedoch nicht in Rechnung gestellt werden. Datenschutz, psychische und letztlich auch körperliche Gesundheit werden der Kostenersparnis geopfert.

Auch Juristen sind inzwischen mit AIDS beschäftigt. Es gilt beispielsweise zu klären, ob und unter welchen Umständen sich strafbar macht, wer eine andere Person mit LAV/HTLV-III infiziert. Eine schwere Körperverletzung, eventuell gar mit Todesfolge, käme in Betracht. Außerdem wären Forderungen nach Zahlung von Schadensersatz und Schmerzensgeld zu klären. Auch hierzu fehlen bisher noch Präzedenzfälle.

Die Isolierung wird vom Staat zunächst in Modellbereichen ausprobiert, bevorzugt dort, wo auch Zwangstestungen durchführbar sind. Am wenigsten Widerstand ist in den Gefängnissen möglich, da ihren Insassen ohnehin die meisten Freiheiten drastisch beschnitten werden. Beim Transport von test-positiven, aber nicht etwa kranken Häflingen trägt das Personal «zum Schutz» signalfarbene Gummihandschuhe und ruft auch schon mal den Entgegenkommenden zu: Vorsicht, AIDS! In Hamburg werden Untersuchungshäftlinge in Einzelzellen isoliert, auch wenn sie nicht test-positiv sind, sondern den Antikörpertest verweigert haben. Im offenen Strafvollzug mit seinen Gemeinschaftszellen wäre eine solche isolierte Unterbringung eine unverdiente Vergünstigung. Prompt wird argumentiert, die

Infektionsgefahr sei so groß denn doch nicht, und eine Gemeinschaftsunterbringung auch gegen den erklärten Widerstand der Mithäftlinge erzwungen. Selbst die angeblich so gefürchtete Regreßpflicht des Staats bei Infektionsübertragung im Knast wird plötzlich wieder uninteressant. Soll hier etwa in Wahrheit der gesamtgesellschaftliche Ernstfall probiert werden?

Von der Isolation in Einzelbereichen ist es gedanklich nur ein kleiner Schritt zur Quarantäne für alle Antikörpertest-positiven Menschen. Solche Maßnahmen werden von Behörden und Politikern im Zusammenhang mit der eventuellen Einführung einer Meldepflicht längst erwogen und scheitern wohl weniger an humanen Erwägungen als an ihrer schlichten Undurchführbarkeit: Wie und wo sollten Hunderttausende lebenslang eingesperrt werden?!

Immerhin kann man eine Reihe von Menschen aussperren, wie z. B. die ausländischen Stipendiaten, die 1985 an bundesdeutschen Grenzen zwangsgetestet und, falls test-positiv, abgewiesen wurden. Die USA verlangen neuerdings zur Gewährung eines Einreisevisums Atteste über test-negative Ergebnisse. Noch eine sehr bundesdeutsche Notlage ließe sich möglicherweise auf gleichem Wege lösen – das «Gastarbeiterproblem». Zwangstest und Ab- bzw. Ausweisung, egal wie das Testergebnis ausfällt – als Vorwand würde es allemal ausreichen.

Wenn aber nicht alle Test-positiven in Gewahrsam genommen werden können, so gehen die Überlegungen sofort dahin, welche dieser Menschen sich besonders uneinsichtig zeigen und also gefährlich verhalten. Im Interesse der Volksgesundheit könnte eine Art «Schutzhaft» für diese Personen eingeführt werden, die wohl kaum frei von moralischen Werturteilen angewandt würde.

Probleme zeigt auch ein anderer Gedankenstrang auf. Sollte der Staat eigentlich über die Einhaltung der ärztlichen Schweigepflicht wachen, so läßt sich bei AIDS eine genau entgegengesetzte Tendenz beobachten. Das Schutzrecht der Patienten wird umgekehrt in eine Informationspflicht, die diese verantwortungsbewußt erfüllen sollen. Wo dies nicht so leicht durchzusetzen ist wie im Knast, wird – gar nicht zimperlich – mit der Einführung der (namentlichen) Meldepflicht als Alternative zur «freiwilligen» Lösung gedroht – ein Wink mit dem Zaunpfahl, den gerade die Angehörigen gesellschaftlich unterdrückter Gruppen recht wohl verstehen, die bisher noch vorwiegend betroffen sind. Eine Meldepflicht ohne allgemeinen Zwangstest wäre im übrigen unsinnig, und so schließt sich hier der Teufelskreis der Überlegung.

Abschließend ein Zitat aus der Feder zweier Mediziner (Dr. med. H.-J. Vogt und Dr. med. R. Engst, *Münchener Medizinische Wochenschrift* vom 11. April 1986, Seite 89/285):

Nicht genügend gewürdigt werden kann die emotionale Belastung durch die Erkenntnis, HTLV-III-Träger oder gar manifest an AIDS erkrankt zu sein, durch die Trauerarbeit, die Auflehnung gegen das Schicksal bis hin zur Resignation, durch die Reaktion der Umwelt, der Freunde, der Familie, durch die Arbeitsunfähigkeit, durch die Mutlosigkeit in dem Bewußtsein, daß therapeutische Möglichkeiten bislang nicht bekannt sind. Derartige seelische Belastungen führen zur Verminderung sowohl der psychischen wie der somatischen Abwehrkraft.

AIDS gefährdet nicht nur einzelne Homosexuelle, AIDS gefährdet die homosexuelle Lebensform. Auf diesem Hintergrund ist Safer Sex der Versuch, die homosexuelle Lebensform zu schützen, indem es sie reformiert.

Von *Ulrich Clement.*

Zur Sozialpsychologie des «Safer Sex»

Die rationale Überlegung ist kurz und klar: Die Krankheit AIDS ist bisher weder heilbar noch kann ihr durch eine Impfung vorgebeugt werden. In dieser Situation läßt sich eine Ansteckung auf sexuellem Wege nur verhindern, indem man sich infektionshygienisch vorsichtig verhält und den Austausch von Blut und Sperma mit einem Sexualpartner vermeidet, indem man Safer Sex praktiziert. Eine Gefahr ist erkannt, das Vorbeugemittel hat seinen Namen. Er scheint einfach und vernünftig: dieser Weg vom Faltblatt direkt in die Genitalien.

In der infektionspragmatischen Überlegung hat die Safer Sex-Kampagne ihre rationale Wurzel und, wenn dadurch auch nur wenige Menschen vor einer Krankheit verschont bleiben sollten, auch ihre moralische Legitimation. Dies hat viele Safer Sex-Verfechter dazu geführt, hier mit dem Nachdenken abzubrechen und kritische Einwände mit dem Hinweis auf die Toten zurückzuweisen. Die Fragen nach den sexuellen, psychischen und politischen Implikationen der Kampagne werden von den Verfechtern oft so beantwortet, als sei der Fragende zur fahrlässigen Tötung bereit, als nehme er für seine Skepsis Tote in Kauf. Schnell kommt das Argument «lieber weniger Sex als einen Platz auf dem Friedhof» in die Diskussion, als ginge es um diese Alternative. Wenn es für HTLV III-Infizierte und Infektionsgefährdete keine praktische Alternative gibt, als u. a. sexuelle Einschränkungen in Kauf zu nehmen, dann heißt dies aber noch lange nicht, daß die Kampagne nur Vernunft von Vernünftigen an Vernünftige transportiert.

Wenn das so wäre, erlebten wir mit Safer Sex die erste Kampagne, die allein durch sachliches Argumentieren ihre Wirkung bei den Adressaten erreicht. Jeder, der sich im gesundheitspolitischen Alltag auskennt, weiß, wie schwer es sonst ist, präventive Maßnahmen durchzusetzen, praktisch und im Bewußtsein der Gefährdeten. Das Risiko einer tödlich verlaufenden Lungenkrebserkrankung beeinflußt selbst vernünftige Raucher ebenso erstaunlich wenig wie das Herzinfarktrisiko gestresste Manager. Die Möglichkeit, krank zu werden, an einer Krankheit zu sterben, gehört sonst zum Alltagsbewußtsein und fällt meist der alltäglichen Verleugnung anheim, die eher Krankheitsrisiken als bewußtes präventives «Gesundheitsverhalten» in Kauf nimmt.

Bei der Krankheit AIDS und dem präventiven Sexualverhalten ist dies anders. Ein multimediales Massenangebot von Faltblättern, Broschüren, Plakaten, Postwurfsendungen, Ton-Dia-Reihen, Vorträgen, Diskussionsveranstaltungen, Telefonansagediensten, Fernseh- und Runfunkdiskussionen bildet eine Informationslandschaft, die schnell in den Widerspruch hineingeraten ist, zwar sachlich aufklären und eine «Hysterie» vermeiden zu wollen, durch die aufgeregte Vielfalt aber eine unvermeidlich panische Botschaft mitzuteilen, die die Sachlichkeit der einzelnen Argumente zu einem guten Teil zu dementieren droht.

Diese doppelte Botschaft von Angst und Beruhigung ist es aber nicht allein, die die aufklärerische Wucht des Safer Sex erklärt. Sie ist noch nichts AIDS-spezifisches, sondern Eigenschaft auch anderer gesundheitsaufklärerischer Kampagnen, die sonst aber auf eine kollektive Abwehr, auf Verleugnung treffen, die weder durch generalisierte Hochrechnungen noch durch tragische Einzelfälle zu beeindrucken ist. Das Besondere an AIDS ist, daß es nicht nur Individuen, sondern – durch die Ansteckungsmöglichkeit – soziale Zusammenhänge bedroht. AIDS gefährdet nicht nur einzelne Homosexuelle, AIDS gefährdet die homosexuelle Lebensform. Auf diesem Hintergrund ist Safer Sex der Versuch, die homosexuelle Lebensform zu schützen, indem es sie reformiert. Diese Reformierung läßt sich an der Sexualästhetik von Safer Sex, an den propagandapsychologischen Mechanismen der Kampagne und an den praktischen Wirkungen zeigen.

Die Sexualästhetik von Safer Sex

Die Dinge werden beim Namen genannt. Es scheint nicht zu genügen, wenn man die präventive Kurzformel von «kein Blut- und Spermaaustausch in Mund oder Darm» in die ansteckungsgefährdete Öffentlichkeit bringt, man muß schon in die Einzelheiten gehen. So finden wir in den meisten Safer Sex-Ausführungen eine konkretistische Unterteilung von Sexualpraktiken, die immer zahlreicher werden, je genauer ihre Beschreibung ist. Wie schnell diese Genauigkeit die buchhalterische Ästhetik eines Vokabelhefts bekommt, läßt sich etwa am Beispiel eines Faltblatts der Deutschen AIDS-Hilfe[1] «Mach mit! Aktion Safer Sex» zeigen. Dieses Faltblatt enthält einen «Sex Test».

«Sex, wie ich's gern mache (oder mal dazu überredet werde)
Zutreffendes ankreuzen.

o küssen, umarmen	**«sicher»**
o blasen / blasen lassen	**gefährlich**
o gemeinsam wichsen / abspritzen	**«sicher»**
o sich bumsen lassen ohne Pariser	**gefährlich**
o bumsen ohne Pariser	**gefährlich**
o sich bumsen lassen mit Pariser	**«sicher»**
o bumsen mit Pariser	**«sicher»**
o Arschlecken	**gefährlich**
o in den Mund pissen	**gefährlich**
o auf die Haut pissen	**«sicher»**
o Faustfick	**gefährlich**
o Phantasie / Zärtlichkeit	**«sicher»**

Bei dieser Präzision von Verkehrsregeln in sechs gefährliche und «sichere» Aktivitäten besticht zunächst ihre Pedanterie: Der sexuell tätige Homosexuelle lernt sechs zulässige und sechs unzulässige Einzelverhaltensweisen, die er – immer in der Safer Sex-Logik – nach einem

Baukastenprinzip zusammenstellen und dann vollziehen kann. Es ist die Ästhetik des disziplinierten Vollzugs, die jedem Zwangscharakter eine subtile Intensivierung seiner Geschlechtslust verspricht. Und nicht nur ihm: Das Spektrum der so entfalteten sexuellen Ausstellung bietet exhibitionistischen und voyeuristischen Regungen, was das Herz begehrt. Die Safer Sex-Empfehlungen können die Konkurrenz mit der konkretistischen Darstellungslust der Pornographie fast aufnehmen. Die Lust am Detail des Präventionssexes ist die Lust am Aussprechen: Mit dem einen Körperteil in die andere Körperöffnung, aber ohne Ejakulation, mit diesem Präservativ, jedoch nur mit jener Gleitcreme usw. Für den Genuß des Beschreibens und Aussprechens macht es kaum einen Unterschied, ob es um die Empfehlung oder um das Verbot geht. Diese Lust am Benennen macht den Reiz von Safer Sex aus, der den anderen «Gesünder leben»-Kampagnen völlig abgeht. Safer Sex ist die umfangreichste Veröffentlichung sexueller Praktiken mit staatlichen Mitteln, die es in der Neuzeit gab, von Praktiken, die aus dem triebhaften Dunkel ins Licht der infektionspräventiven Vernunft gebracht werden. Michel Foucault wußte 1977 noch nicht, daß er einen großen Teil der AIDS-Debatte theoretisch faßte, ehe sie entstand.

«Es geht darum, das Regime von Macht–Wissen–Lust . . . zu bestimmen, das unserem Diskurs über die menschliche Sexualität unterliegt. Daher kommt es uns . . . nicht zu sehr darauf an zu wissen, ob man nun Ja oder Nein zum Sex sagt, ob man Verbote oder Erlaubnisse ausspricht, ob man seine Bedeutung bejaht oder aber seine Wirkungen verleugnet, ob man die Worte, mit denen man ihn bezeichnet, zügelt oder nicht; vielmehr interessiert uns, daß *man davon spricht, wer davon spricht, interessieren uns die Orte und Gesichtspunkte, von denen aus man spricht, die Institutionen, die zum Sprechen anreizen und das Gesagte speichern und verbreiten, kurz die globale «diskursive Tatsache», die «Diskursivierung» des Sex.»*[2]

Safer Sex leistet diese «Diskurvisierung des Sex», differenziert, präzisiert und entfaltet Einzelsexualitäten, denen dann, als Verhaltenspartikeln, Gefährlichkeitsgrade zugeordnet werden können. Die sexuelle Landschaft wird zum ausgeloteten Militärgebiet mit Tretminen und Schutzzonen. Zur affektiven Qualität der Safer Sex-«Diskursivierung» gehören also Verbote und Gefahr ebenso wie die lustvolle Exegese, die Pflege des gefährlichen wie des sicheren geschlechtlichen Details.

Aus der Vielfalt der von Safer Sex ausgebreiteten Praktiken fällt der Stellenwert der Promiskuität auf, die als Risikofaktor behandelt wird wie sexuelle Praktiken. Sie hat aber in zweifacher Hinsicht eine andere Qualität. Mehr als sexuelle Einzelpraktiken ist sie mit der individuellen Neigung, dem persönlichen «Triebschicksal» verbunden, und entsprechend schwieriger ist der einfache Verzicht, weil Bindungsfähigkeit und -bereitschaft viel enger an die sexuelle Identität gebunden sind. Wenn nun Promiskuität in die lange Reihe der sexuellen Praktiken einsortiert wird, wird sie diesen gleichgemacht. Auf diese Weise geschieht eine entscheidende Verschiebung: Safer Sex subsumiert Promiskuität unter das präventionsrelevante Verhalten und bietet gleichzeitig statt der Partnerpromiskuität, die als gefährlich apostrophiert ist, eine Verhaltenspromiskuität an, die die relativ beliebige Austauschbarkeit sexueller Vollzüge, sofern sie nur «sicher» sind, suggeriert. Es bleibt die Promiskuität, die aber ihre Objekte wechselt. Safer Sex warnt auf diese Weise vor Promiskuität und propagiert sie gleichzeitig. Das Angebot «sicherer» Praktiken, der prägenitalen (küssen, streicheln) wie der präperversen (sex toys, Telefonsex) entkoppelt das sexuelle Tun von Trieb und Neigung, abstrahiert die Sexualität, indem sie sie ver-sichert.

Die propagandapsychologischen Mechanismen von Safer Sex

Man muß sich die Sexualästhetik des Safer Sex vor Augen führen, um seine psychologische Wirkungsweise zu verstehen, die Vermengung von Lust und Gefahr, Detailismus und Abstraktion. Dann lassen sich vier psychologische Faktoren ausmachen, die die so ausgestaltete Safer Sex-Botschaft individuell übersetzen.

a) Nutzung und Aktivierung von Angst

Daß der Angelpunkt bei einer Präventionskampagne die Angst vor der möglichen Krankheit ist, scheint offensichtlich. Bei AIDS spielen hier statistische Hochrechnungen[3] und das bedrohliche Ausmalen wachsender Zukunftsgefahren[4] eine Schlüsselrolle für die Inszenierung von Angst. Die Hochrechnungen, deren realistischer Kern nicht mehr von quantitativen Aufblähtechniken unterscheidbar ist, haben hier ihren makaberen Platz neben blutrünstigen Getto-Entwürfen, die – ehe es irgendein Politiker ausgesprochen hätte – der Hauptpropagandist von Safer Sex, Erwin Haeberle zeichnet. In seiner Argumentation spielt er ausgiebig mit den reaktionärsten staatlichen Zwangsmaßnahmen (namentliche Meldung der Test-Positiven, «Durchtesten» der Bevölkerung, Isolierung der Test-Positiven), schreckt auch vor dem finalen Gedanken nicht zurück:

«Die Durchtestung der ganzen Nation ... ist aber nur durch die anschließende Isolierung der Test-Positiven zu rechtfertigen. Da nun jedoch die Anstekkungsfähigkeit wahrscheinlich ein Leben lang besteht, müßten alle diese Männer, Frauen und Kinder lebenslang isoliert werden. Das wäre nur durch die Errichtung neuer Konzentrationslager möglich. Und wer soll das alles bezahlen? Die ungeheueren Kosten dieser Lager wären ja nur teilweise dadurch zu senken, daß man etwa Dachau und Bergen-Belsen renoviert.»[5]

Dieses ganze Szenario dient ihm dann als argumentative Unterlage, um auf den Schrecken die Milde des Safer Sex anzubieten:

«Es ist aber gerade die gesellschaftliche Organisation des neuen Sexualverhaltens, die bei vielen auf Ablehnung stößt, weil sie dahinter die erstarkende Hand eines ‹großen Bruders› und einen Machtzuwachs für sexuell repressive Kräfte wittern. Diese Sorgen sollten sich bei genauerer Überlegungen aber als unbegründet erweisen, denn nichts baut repressiven amtlichen Maßnahmen besser vor als der in Bürgerinitiativen freiwillig durchgeführte sexuelle Selbstschutz.»[6]

So offen bietet er sexuelles Wohlverhalten als Alternative zu staatlicher Gewalt an. Hier ist Safer Sex schon nicht mehr Prävention vor einer Krankheit, sondern Prävention von Freiheitsentzug. Es ist der Safer

Sex-Propagandist, der mit dieser Möglichkeit winkt, nicht «die anderen».

b) Verleugnung des Verzichts

Im Vergleich mit möglicher Kasernierung, Siechtum und Tod erscheint ein vorbeugender Verzicht auf ansteckungsrelevantes Sexualverhalten gering. Die Alternative ist so dramatisch, daß sie – falls man sich erst einmal auf sie einläßt – auch zwingend ist. Alle Bedenken machen den sogenannten «Spaß» geradezu läppisch harmlos gegenüber der Gefahr, daß sie dann auch leicht vergessen werden, wenn die Entscheidung für sexuelle Vernünftigkeit erst einmal getroffen ist. Solche Entscheidungssituationen hat die Psychologie lange untersucht. Die Theorie der «kognitiven Dissonanz» analysiert solche Entscheidungsprozesse. Sie hat diesen Vorgang der Verleugnung während eines Entscheidungsprozesses als Dissonanzreduktion bezeichnet. Danach werden die Pro-Gründe, die im Prozeß des Abwägens während einer Entscheidung für eine Alternative sprechen, nachträglich vergessen oder subjektiv verkleinert und verharmlost, wenn die Entscheidung gegen diese Alternative getroffen ist. Nach der kognitiven Dissonanz-Theorie hält sich das menschliche Denken von störenden («dissonanten») Impulsen frei, um eine kognitive Klarheit zu wahren und konfliktfreier handlungsfähig zu sein. Die Verleugnung des restriktiven und zum Teil kastrierenden Charakters des Safer Sex macht die Kampagne von Ambivalenz frei, der Verzicht wird ins Unbewußte gedrängt und darin gehalten.

c) Aufwertung alternativer Sexualität

Ein Verzicht wird weniger spürbar und leichter erträglich, wenn er mit einem subjektiven Gewinn verbunden ist, noch besser, wenn er zum eigentlichen Gewinn umgedeutet werden kann. Die Angstreduktion, das Gefühl von Sicherheit ist ein solcher Gewinn. Gleichzeitig bietet Safer Sex aber noch mehr. Mit rührender Nachdrücklichkeit weist z. B. das bereits zitierte Flugblatt der AIDS-Hilfe daraufhin, wie schön küssen und streicheln sein kann, welche Erlebnismöglichkeiten dem promisk-triebhaft beengten Homosexuellen doch noch offenstehen:

«Laß deiner Phantasie freien Lauf: Entdecke die Freuden des gemeinsamen Wichsens. Massiere den Körper deines Partners und laß dich von ihm massieren. Drücke dich an ihn; drücke ihn an dich. Spüre ihn! Kämpfe zärtlich mit ihm, flüstere ihm etwas Schönes ins Ohr, streichele, umarme, umbeinle ihn. Es gibt sooo viele Möglichkeiten, probier sie aus!» [8]

Die US-Variante des kreativen Safer Sex oder «hot and healthy sex» [9] sind didikatisch noch weiterentwickelte Honigbrote aus dem sexuellen Reformhaus, die den Verzicht ganz zum Genuß umbiegen, ohne daß hier noch etwas von Widerstand gegen Fremdbestimmung, von Festhalten an persönlichen Neigungen, von Trauer über das Verlorene spürbar würde.

d) Entsubjektivierung durch Linearisierung
Safer Sex führt eine Rangordnung sexueller Praktiken ein, deren Stufen infektionshygienisch festgelegt werden, vom risikoreichen Anal- oder Oralverkehr ohne Präservativ und dem «Faustficken» über den risikoarmen Anal- oder Oralverkehr mit Präservativ bis zum risikofreien «Solosex» am Telefon, in der Peepshow, mit sex toys und Gummipenissen bzw. der neuentdeckten Zärtlichkeit (siehe oben). Die Implikation, gewollt oder nicht, ist eine Linearisierung von Sexualität entlang einer Dimension, die ansteckungsriskant bzw. nicht-riskant heißen soll, dann aber über verantwortungslos bzw. verantwortungsbewußt schnell zu böse bzw. gut changiert. Persönliche Neigungen und Vorlieben, Bedürfnisse werden durch die Herrschaft einer zensierenden Bewertungsskala abgekoppelt.

Homosexuelle Konditionierung

Safer Sex ist nicht der erste psychologische Versuch, das homosexuelle Verhalten zu verändern. In seiner Struktur und hinsichtlich der entscheidenden psychologischen Mechanismen hat der «sexuelle Selbstschutz» Parallelen mit einem ganz anderen Kapitel der Homosexualitätsveränderung. Mitte der sechziger Jahre berichten die amerikanischen Verhaltenstherapeuten M. P. Feldman und M. J. MacCulloch über erfolgreiche Versuche, männlichen Probanden ihre homosexuelle Neigung abzutrainieren.

«Dabei sieht sich ein homosexueller Patient das projizierte Dia eines nackten Mannes ‹so lange an, wie er es attraktiv findet›. Nach acht Sekunden wird ein schmerzhafter Elektroschock verabreicht, der so lange dauert, bis der Patient einen Schalter betätigt, der das Dia mit dem Mann verschwinden läßt und durch ein Dia mit einer Frau ersetzt. Betätigt der Patient den Schalter innerhalb acht Sekunden, vermeidet er den Schock. Verabreichung von Schock und Dias mit Frauen erfolgt nach einem zufallsgemäßen partiellen Verstärkungsplan.» [10]

Neben offensichtlichen Unterschieden zwischen Safer Sex-Propaganda und aversiver Konditionierung gibt es Parallelen: der aversive Stimulus «Elektroschock» entspricht der AIDS-Angst, das zu löschende Verhalten «sexuelle Erregung beim Dia des nackten Mannes» der ansteckungsriskanten Sexualität, das Umschalten auf das Dia mit der Frau dem Umschalten auf Safer Sex. Das Safer Sex-Programm ist sogar noch um den positiven Verstärker «hot healthy sex» bereichert. Es gibt Parallelen, gerade in der Konzentrierung auf steuerbares Verhalten, auf Löschen des unerwünschten, Verstärken des erwünschten Verhaltens – und der Leugnung des Konfliktes, den es für diejenigen bedeutet, die ihr sexuelles Verhalten nicht so ändern können oder wollen, «als gelte es, ein bestimmtes Kleidungsstück nicht mehr zu tragen oder eine Marotte aufzugeben» [11].

Wir wissen bis heute nicht, welche Folgen die kollektive Umkonditionierung sexuellen Verhaltens hat. Die bisherigen Untersuchungen [12] deuten darauf hin, daß AIDS einen insgesamt dämpfenden Effekt auf sexuelle Kontakte hat, daß z. B. der infektionsriskante Analverkehr nicht sicherer (also mit statt ohne Präservativ), sondern seltener praktiziert wird. Die wenigen Untersuchungen lassen keine Wertung zu, es hat aber den Anschein, daß eher die Promiskuität aufgegeben wird, als daß infektionssichere Sexualität unter Beibehaltung der Promiskuität praktiziert wird. Dies legt zumindest die Vermutung nahe, daß bei den psychologischen Prozessen, die die praktische Umsetzung von Safer Sex begleiten, eine ambivalente Einstellung zur Promiskuität ein Agierfeld findet. Die Promiskuität ist für viele ein Grenzgang zwischen narzißtischer Auf- und Abwertung, von Lust und Schuldgefühlen, eine Dynamik also, in die Safer Sex stabilisierend wie selbstbestrafend eingebaut werden kann. Zwei Beispiele:

Ein 25jähriger Homosexueller erlebt sein relativ spätes coming out nach einer unglücklichen und konflikthaften heterosexuellen Zeit fast durchbruchartig, lebt anfangs exzessiv promisk. In dieser Zeit ist er labil und pendelt zwischen Befreiungsgefühlen und Depression. Gelegentlich auftauchende Ekelgefühle bei Klappenbesuchen bedrücken ihn, er fühlt sich aber gleichzeitig immer wieder hingezogen. Die AIDS-Gefahr hat ihn zunächst zutiefst beunruhigt, nach einem negativ ausfallenden HTLV III-Test verändert er sein Verhalten, meidet anonyme Kontakte und hat ein fast rituelles Sexualverhalten entwikkelt, das allen Regeln des Safer Sex entspricht und das er programmartig bei jedem sexuellen Zusammensein mit dem Partner bespricht. Seine depressiven Verstimmungen hat er mittlerweile nur noch selten. Es sieht so aus, als habe ihm Safer Sex eine Stütze gegeben.

Zweites Fallbeispiel:

Ein 42jähriger verheirateter heterosexueller Mann hat nach dem ersten Seitensprung in seiner 15jährigen Ehe eine panische Angst entwickelt, sich mit dem AIDS-Virus infiziert zu haben. Er läßt insgesamt vier HTLV-III-Tests durchführen, die alle negativ ausfallen, was ihn aber nicht beruhigt. Er fürchtet, seine Frau anzustecken und ihren Tod zu verursachen. Deshalb praktiziert er Safer Sex, indem er beim Verkehr Präservative verwendet, obwohl seine Frau die Pille nimmt. Er vermeidet intensive Küsse, was seine Frau, die von dem Seitensprung weiß und die keine AIDS-Angst hat, erheblich stört. Im Gespräch wird die selbstbestrafende Funktion des Safer Sex für den Mann deutlich, der sein sexuelles Abenteuer schuldhaft verarbeitet. Gleichzeitig kann er die aggressiven Impulse gegenüber seiner Frau ausdrücken, der er ihre moralisch bessere Position (als die Treue) übelnimmt.

In beiden Beispielen wird die Safer Sex-Botschaft in subjektiv ganz verschiedener Weise aufgenommen und psychodynamisch verarbeitet. Man mag einwenden, daß beide Fälle harmlos seien, da sie unter Infektionsgesichtspunkten unproblematisch sind. Das stimmt nur für denjenigen, den nur das Verhalten interessiert und nicht die Bedeutung, die es für den einzelnen hat. Wir stehen heute erst am Anfang einer Zeit, die zeigen wird, welche langfristigen Einflüsse die Angst vor AIDS und das Sicherheitsversprechen vom Safer Sex auf das Sexualleben und die Partnerbeziehungen, nicht nur von Homosexuellen, haben wird. Wenn Safer Sex statt einer partnerpromisken eine verhaltenspromiske Einstellung begünstigt, indem prägenitale und präperverse Sexualität ein Bündnis der hygienischen Folgsamkeit eingehen, werden phallisch-aggressive Affekte sozusagen sexuell heimatlos, finden in einer nach der Safer Sex-Logik zu Ende gedachten (Sub-)Kultur keine Ausdrucksmöglichkeit mehr. Das mit infektionshygienischer Logik Verdrängte sucht sich einen Ausweg. In beiden beschriebenen Beispielen ist eine solche Wiederkehr des Verdrängten im Symptom zu erkennen, als ritualisierte Einengung der Sexualität im ersten, als Selbstbestrafung und aggressive Rache im zweiten Fall.

In den nächsten Jahren wird sich Safer Sex im homosexuellen Leben durchsetzen, als «sexueller Selbstschutz» im hygienischen, aber auch im politischen Sinne, als Friedensangebot an eine Öffentlichkeit, deren latente Homosexualitätsfeindlichkeit durch AIDS neu aktiviert ist – und innerpsychisch als Ordnungsmaßnahme gegenüber dem Sexuellen, das sich mit neuen Erscheinungsformen sexueller Neurosen und Perversionen melden wird.

Literatur

1 Deutsche AIDS-Hilfe Berlin: «Mach mit! Aktion Safer Sex». Faltblatt.
2 M. Foucault: Sexualität und Wahrheit. Der Wille zum Wissen. Suhrkamp, Frankfurt 1977, S. 21.
3 U. Clement: Höhenrausch. In: V. Sigusch, H. L. Gremliza (Hg.): Operation AIDS. Konkret Sexualität 1986, S. 38f.
4 G. Schmidt: Moral und Volksgesundheit. In: V. Sigusch und H. Gremliza, a. a. O., S. 8. bis 12.
5 E. J. Haeberle: AIDS. Was tun? Die Zeit 43/1985, S. 81ff.
6 Ebda.
7 L. Festinger: A Theory of Cognitive Dissonance. Stanford University Press, Stanford, California 1957.
8 Deutsche AIDS-Hilfe Berlin, a. a. O.
9 E. J. Haeberle in einem Interview mit ‹Brigitte› 22/1985, S. 135.
10 M. P. Feldman, M. J. MacCulloch: Homosexual Behavior: Theory and Assess-

ment. Pergamon Press, Oxford 1971, zit. nach F. H. Kanfer, J. S. Phillips: Lerntheoretische Grundlagen der Verhaltenstherapie. Kindler 1970, S. 141 f.
11 S. Becker: AIDS. Die Krankheit zur Wende? Psychologie heute 11 / 1985, S. 65.
12 L. McKusick, W. Horstman, Th. J. Coates: AIDS and Sexual Behavior. Reported by Gay Men in San Francisco: American Journal of Public Health 1985.
S. F. Morin, W. F. Batchelor: Responding to the Psychological Crisis of AIDS. Public Health Report 1984, Vol. 99, Jan.–Feb. 1984, p. 4 bis 9.
M. Pollack, L. Laurindo: AIDS – tausend Homosexuelle legen Zeugnis ab. Forum weibliche / männliche Homosexualität und Sozialwissenschaft. Info Nr. 18, Dez. 1985, S. 14 bis 21.

Jede schwere Erkrankung, jede große Gefahr bedroht unser seelisches Gleichgewicht und belebt erneut frühere Krisen unserer Entwicklung. Bei AIDS geschieht dies in besonderem Maße.

Von *Sophinette Becker.*

Angst – Schuld – Krankheit

AIDS, schreibt ein amerikanischer Journalist, das sind «zwei epidemische Krankheiten – die reale gesundheitszerstörende (also körperliche) Erkrankung und eine Geisteskrankheit». Mit der Geisteskrankheit ist der allgemeine gesellschaftliche Umgang mit AIDS gemeint, den man als Kollektivneurose bezeichnen muß.

Die Infektion bzw. die körperliche Erkrankung trifft Angehörige bereits vorher stigmatisierter Minderheiten: Homosexuelle, Fixer und Bluter. Opfer *beider* Krankheiten sind vor allem homosexuelle Männer: Homosexuelle Männer machen über drei Viertel der AIDS-Kranken bzw. HTLV III-Infizierten aus. Homosexuelle Männer vor allem sind Zielscheibe der durch AIDS ausgelösten kollektiven Hypochondrie, die sich auf Vorurteile, Projektionen, moralische Verurteilungen und gesellschaftliche Ordnungsvorstellungen gründet.

In der Presse, sogar auch in der medizinischen Fachpresse, wird oft behauptet, AIDS-Kranke hätten ihre Krankheit durch ihren homosexuellen Lebensstil selbst verschuldet. Bemerkenswert: Bei sozial anerkannten Krankheiten, wie z. B. Herzinfarkt oder Sportverletzungen, wird der die Krankheit evtl. mitverursachende Lebensstil dem Patienten nicht vorgeworfen.

Die öffentliche Hetze ist glücklicherweise mittlerweile etwas abgeflaut, die AIDS-Diskussion unter den Ärzten und den staatlich Zuständigen hat sich langsam, aber spürbar versachlicht. AIDS – diese Krankheit mit der Aura von Syphilis und Krebs in einem – löst jedoch weiterhin Ängste und Phantasien aus – bei den Betroffenen wie bei der Umwelt. Ängste und Phantasien über Tod, Sexualität, Homosexualität etc.. Und dies hat Folgen: für den Erkrankten, den Gefährdeten, seine privaten Bezugspersonen, den behandelnden, betreuenden Arzt, Pfleger, Psychologen, Sozialarbeiter.

Jede schwere Erkrankung, jede große Gefahr bedroht unser seelisches Gleichgewicht und belebt erneut frühere Krisen unserer Entwicklung. Bei AIDS geschieht dies in besonderem Maße:

- bei Homosexuellen nicht nur, weil sie sich real durch sexuellen Kontakt infiziert haben und andere infizieren können, sondern auch, weil ihnen von der Umwelt vermittelt wird, nicht ein Virus, sondern die Homosexualität sei die Ursache ihrer Infektion bzw. Erkrankung;
- bei Blutern, weil sie genau durch das infiziert wurden (die Blutkonserve), wovon ihr Leben abhängt;
- bei ehemaligen Drogenabhängigen, weil sie von ihrer überwunden geglaubten Geschichte wieder eingeholt werden.

Während in den USA bereits ein vielfältiges Angebot psychosozialer Betreuung für AIDS-Patienten, LAS-ARC-Patienten (LAS-ARC-Patienten zeigen Symptome, die zum Vollbild AIDS führen können, aber nicht müssen) und HTLV III-Positive besteht, begreift man in der Bundesrepublik erst allmählich, wie dringend notwendig eine solche Betreuung ist. Sie wurde meistens an die AIDS-Hilfen abgegeben, die teilweise dadurch überfordert sind und nur vereinzelt professionelle Unterstützung bekommen. Auch bleiben die Patienten unberücksichtigt, die keinen Kontakt zur AIDS-Hilfe wünschen.

Das Risiko, die Angst und die Krankheit

Die Homosexuellen werden von AIDS als realer Krankheit *und* als Kollektivneurose mit voller Wucht getroffen. Die reale Krankheit trifft konkret die Erkrankten und Infizierten und ihre Freunde – als potentielle Bedrohung trifft sie alle Homosexuellen, denn jeder könnte infiziert sein. Der gesellschaftliche Umgang mit AIDS trifft ebenfalls alle Homosexuellen – als Kollektiv und jeden einzelnen.

Nach einer Phase «relativer Toleranz», in der Homosexualität kein öffentliches Thema war, setzt erneut eine heftige Diskriminierung der Homosexualität und der Homosexuellen ein.

Jetzt werden Einzelheiten des sexuellen Lebens mancher Homosexueller ans Licht gezerrt und – lustvoll in ihnen schwelgend – verurteilt.

Zusätzlich werden durch AIDS heterosexuelle Normen stark reaktiviert. Dies führt zu Selbstdiffamierungen und Selbsthaß, schließlich brechen die individuellen Probleme des coming out und der späteren Identität als Homosexueller nochmals auf und damit natürlich die ganz persönliche Verarbeitung all dessen durch den einzelnen.

Diese Aspekte vermischen und potenzieren sich natürlich. So trifft die Schuldzuweisung von außen auf eigene Schuldgefühle. Der Spaltung in gute, unauffällige, verantwortungsvolle und böse, auffällige, verantwortungslose, sexsüchtige Homosexuelle entspricht eine ganz ähnliche Aufspaltung unter Homosexuellen selber: Das immer schon verbreitete wirklichkeitsferne, romantische Liebesideal entwickelt sich bei manchen zum Zwang, an dem sie nur scheitern können. Besonders fatal sind diese Vorgänge, weil sie (bei allen Beteiligten!) jetzt unter dem Deckmantel scheinrationaler Argumente ablaufen. Die Diskriminierung wird auf diese Weise unangreifbar – es geht ja scheinbar ganz vernünftig nur um Gesundheit. Manche Homosexuelle entziehen sich dem Ganzen und verleugnen jede Gefahr – andere überbieten sich in Unterwerfungsritualen und Selbstbezichtigungen (Stichwort «AIDS als Chance zur Umkehr»).

Drogenabhängige werden offensichtlich in ihrer bereits bestehenden fatalistischen Einstellung bestärkt. Ehemals Drogenabhängige erleben eine neuerliche Stigmatisierung. Ihre oft enormen Anstrengungen, von der Sucht loszukommen, erscheinen ihnen häufig rückwirkend als vergeblich. Gefangene (ob früher oder noch drogenabhängig) sind in den meisten Fällen unkundiger Behandlung und Grausamkeiten jeder Art ausgesetzt.

Bluter haben sich durch die für sie lebensnotwendigen Blutkonserven infiziert. Die Älteren unter ihnen haben noch den Wechsel von der geringen zur normalen Lebenserwartung von Blutern erlebt. Junge Bluter verleugnen oft ihre Gefährdung (z. B. durch Verletzungen) und ihre Abhängigkeit von den Blutkonserven, fühlen sich nicht krank.

Junge und alte Bluter werden mit AIDS plötzlich wieder mit tödlicher Bedrohung und ihrer oft gar nicht mehr realisierten Grunderkrankung konfrontiert. Für junge Bluter stellt sich das zusätzliche Problem, daß sie wegen der HTLV III-Infektion nicht Vater werden sollen.

Die Situation des Patienten mit dem Vollbild AIDS

Er ist ein Schwerkranker mit einem manchmal extrem belastenden Beschwerdebild: allgemeine Schwäche, Fieber, Schmerzen, Schwellungen, Einschränkung von Hör- und Sehfähigkeit, nicht heilende Wunden, geistig-seelische Veränderungen; die Veränderungen werden vom Patienten bemerkt. Er steht unter stark beeinträchtigenden Medikamenten mit teilweise erheblichen Nebenwirkungen. Dazu kommt eine für den Betroffenen und seine Umgebung sichtbare Veränderung, die manchmal bis zur Unkenntlichkeit führt (z. B. abgemagert, Gesicht geschwollen, Haarausfall, Flecken im Gesicht und am Körper etc.). Der Patient leidet an einer unheilbaren Krankheit und weiß dies auch (und zwar mit weitaus größerer Gewißheit als bei anderen letalen Krankheiten, da der tödliche Ausgang von AIDS jeden Tag überall öffentlich ausgesprochen wird). Gleichzeitig hört er täglich in der Presse von neuen Heilmitteln. Folgerichtig schwankt er zwischen Verzweiflung, Hoffnung und Verleugnung.

Der Patient leidet an einer öffentlich denunzierten Krankheit, was erhebliche soziale Folgen hat und ihn mit den spezifischen Brüchen seiner Lebensgeschichte konfrontiert.

Die subjektive Krankheitstheorie

Aus der Behandlung von Krebskranken wissen wir, daß unheilbar Erkrankte sehr häufig dazu neigen, die Ursachen für ihre Erkrankung in eigener Schuld zu suchen. Bei (durch sexuelle Übertragung infizierten) AIDS-Patienten geht diese allgemeine Tendenz zur Schuldübernahme oft einher mit ihrer Sexualität bzw. Homosexualität und mit der konkreten Art und Weise, in der sie diese gelebt haben (z. B. Promiskuität). Sie empfinden AIDS als gerechte Strafe. Besonders stark ist dies, wenn die Patienten schon vorher unbewußt ihre Sexualität bzw. Homosexualität verurteilt und sich damit nicht auseinandergesetzt haben. Die Tendenz des Patienten zur Selbstverurteilung wird wiederum erheblich verstärkt durch die Schuldzuweisung von außen eine Spirale der Angst.

Isolation

Die Patienten leiden oft unter der Erfahrung sozialer Vereinsamung, wodurch frühere Phasen der Isolation schmerzlich wiederbelebt werden:

Manche Erkrankte sind durch die Erkrankung gezwungen, in ihre Familie zurückzukehren, auch wenn sie in den Jahren davor wenig Kontakt zu ihr hatten, sehr häufig bestand nur Kontakt zur Mutter. Unter Todesbedrohung (z. B. bei einer Krebserkrankung) rückt normalerweise eine Familie enger zusammen. Trotzdem fühlen sich viele Krebspatienten innerlich isoliert. AIDS-Patienten empfinden nicht nur diese innere Isolation, sondern hier rückt die Familie (oder Teile von ihr) oft real weg, häufig mit offenen und versteckten Schuldzuweisungen. Für viele Patienten stellt sich das zusätzliche Problem, ihrer Familie zugleich mit der Krankheit ihre Homosexualität offenbaren zu müssen (ein vergleichbares Problem stellt sich für «cleane» Fixer, deren Partner nichts von der früheren Sucht wissen).

Isolation und Isolierung findet auch in der Subkultur statt: Teils wird ein AIDS-Patient real gemieden (er macht angst), teils isoliert er sich selbst, weil er sich «so» nicht zeigen will. Seine Unsicherheit in bezug auf Alter und Unattraktivität (der Erkrankungsgipfel liegt zwischen 30 und 40 Jahren – also in der Phase des beginnenden «out» als begehrter Sexualpartner) wird radikal verschärft: Er ist nicht nur zu alt, sondern auch (z. B. mit Kaposi-Sarkom) real entstellt. Er findet sich selbst in keiner Weise mehr begehrenswert. Zusätzlich gehen oft auch die festen Freundschaften in die Brüche, und dies nicht nur wegen der mangelnden sexuellen Attraktivität des AIDS-Patienten. Mancher Freund eines AIDS-Patienten kann dessen Verfall einfach nicht ertragen. Das mit fortschreitender Krankheit Erlöschen des sexuellen Verlangens wird

z. T. als identitätsbedrohender Verlust, zum größeren Teil aber als erlösend erlebt, weil manche Konflikte dadurch gemildert werden.

Selbstverurteilung und soziale Isolation verstärken die – oft schon durch die schwere Erkrankung an sich ausgelöste – Depressivität bei AIDS-Patienten. Wir wissen trotz interessanter Untersuchungen über die immunsuppressive Wirkung von Stress noch zu wenig über den Einfluß der seelischen Verfassung auf das Immunsystem. Wir können aber doch schon vermuten, daß eine allgemeine Depressivität sich nicht günstig auf den Verlauf einer schweren Erkrankung auswirkt. Als Beispiel sei ein Patient genannt, dessen Befinden, nachdem sein Freund ihn verließ, sich massiv verschlechterte. Er isolierte sich allgemein.

Die psychosoziale Betreuung von AIDS-Patienten muß an den Punkten Selbstverurteilung und soziale Isolation ansetzen.

Die spezielle psychosoziale Betreuung der Patienten sollte je nach Wunsch des Patienten von Fachkräften oder / und von Selbsthilfegruppen und -institutionen geleistet werden. Der psychosoziale Betreuer muß mit somatischer Krankheit vertraut sein. Eventuell sind Angehörige und Freunde in die Betreuung miteinzubeziehen. Wichtig ist auch, wie der Patient aktiv und evtl. ambulant weiterleben kann.

Die Situation von HTLV-III-Positiven und LAS-Patienten

Allgemein wird beobachtet, daß HTLV-III-Positive und besonders LAS-Patienten auffälliger sind als AIDS-Patienten, manchmal auch selbstmordgefährdeter. Warum?

- Sie sind gesund, aber potentiell krank.
- Sie leben mit einer Zeitbombe. Werden sie erkranken oder nicht?
- Wer hat sie angesteckt, wen haben sie angesteckt?
- Was wird weiter? Wie können und sollen sie weiterleben? Wie ist ihre soziale Situation?

Dies alles sind schwierige Fragen für die Patienten, besonders, weil sie in der Regel jung sind und es um lange Lebensperioden geht.

Wichtig für die Betreuung ist, daß diese Patienten aktiv weiterleben können und sich nicht isolieren. Auch hier sei auf die Bedeutung der Lebensqualität für das Immunsystem hingewiesen. Außerdem trifft sie der gesellschaftliche Bannstrahl noch viel stärker als die Erkrankten, die wenigstens mit etwas Mitleid rechnen können, da sie ihre Strafe ja schon haben. Die berechtigte Angst der Infizierten vor einer möglichen Erkrankung vermischt sich oft mit starker Selbstverurteilung und Verunsicherung ihrer homosexuellen Identität. Am gefährdetsten sind die, deren coming out (d. h. die Phase, in der sie sich selbst und ihre Sexualität annehmen) nicht abgeschlossen ist, besonders wenn sie sich in der labilen Phase befinden, wo sie schon subjektive Gewißheit über ihre Homosexualität, aber noch keine sozialen Kontakte zu anderen Homosexuellen haben; die ganzen alten Selbstzweifel und Vorwürfe können massiv wieder auftauchen – bis zur Selbstmordgefährdung. Manche stellen (zumindest zeitweise) ihre sexuelle Aktivität ganz ein, obwohl (anders als bei vielen Vollerkrankten) ihre Libido nicht eingeschränkt ist. Ähnliche psychische Befindlichkeiten finden wir bei AIDS-Phobikern, d. h. homosexuellen und heterosexuellen Menschen ohne jeden organischen Befund und HTLV-III-negativ und dennoch fest überzeugt, AIDS zu haben, z. T. mit panischer Angst – hier findet man z. T. eine besonders starke Verurteilung der eigenen Sexualität, z. T. chronische hypochondrische Entwicklungen.

Aber auch bei solchen, die ihr coming out abgeschlossen haben, brechen die spezifischen Brüche dieses Prozesses oft wieder auf. Verstärkt auch dadurch, daß von ihnen massive Veränderungen ihres sexuellen Lebens verlangt werden.

Bei einem Teil dieser Patienten scheint eine psychotherapeutische Betreuung sehr wichtig, besonders bei noch nicht oder nur zum Teil stattgefundenem coming out. Dies gilt auch bei depressiv reagierenden ehemaligen Fixern. Die adäquate psychosoziale Betreuung von HTLV-III-Positiven muß ganz individuell bestimmt werden, es gibt auch solche, für die gar keine Betreuung das allerbeste ist; Selbsthilfegruppen können für manche sogar ausgesprochen schädlich sein. Insgesamt wird man in bezug auf die psychotherapeutische Betreuung von HTLV-III-Positiven erst nach längerer Erfahrung Aussagen darüber machen können, bei welcher psychosozialen Lebensgeschichte, aktueller Befindlichkeit und individueller Bewältigungsstrategie (von Verleugnung bis zur Saulus-Paulus-Aktivität in der AIDS-Hilfe) welche (oder gar keine) Betreuung sinnvoll ist.

Vorbeugung

1. Der Test ist keine Vorbeugemaßnahme, er verschafft auch keinerlei Gewißheit. Wenn jemand den Test machen will, ist in einem Vorgespräch die Motivation dazu abzuklären und möglicherweise sogar vom Test abzuraten. Ist der Test durchgeführt worden, muß mit dem Patienten vorher und nachher ein Gespräch geführt werden. Außerdem ist eine Aufklärung darüber notwendig, was der Test tatsächlich aussagt und was nicht. Eine Mitteilung am Telefon sollte niemals erfolgen.
2. «Sicherheit» gibt es nicht, weder in der Sexualität noch im Straßenverkehr. Alle Empfehlungen zur Vorbeugung, die «Sicherheit» versprechen, verhindern keine weitere Infektion und dienen nur der Verschleierung aller anderen Unsicherheiten unseres Lebens (Schmidt, 1986).
3. Totale Abstinenz wird inzwischen nicht mehr verlangt, aber möglichst Monogamie und Treue, Verzicht auf Promiskuität und anonymen Sex. (Man stelle sich einen jungen Homosexuellen vor, der noch nie eine Beziehung hatte!)

   Dabei wird von vielen Ärzten, und leider auch von vielen Safer Sex-Propagandisten so getan, als sei das alles ganz leicht zu realisieren, als gelte es, ein bestimmtes Kleidungsstück nicht mehr zu tragen oder eine Marotte aufzugeben. Letztlich sei dieser vielleicht sogar schöner, edler und bereichender als die bisherige Sexualität. Wer nicht sofort auf Safer Sex umsteigen kann oder will, muß ein moralisch verwerflicher oder haltloser degenerierter Mensch sein, wenn nicht überhaupt ein potentieller Mörder. Sicher ist es sinnvoll, sich und andere zu schützen, aber man muß sich klarmachen: In jedem Fall ist es sehr schwer, diesen Schutz zu realisieren. Er bedeutet Verzicht, zerstört Spontaneität oder schränkt sie zumindest sehr ein, belastet psychisch – für manche kann Safer Sex sogar identitätsbedrohend sein. Dies gilt beispielsweise für promisk lebende Homosexuelle, bei denen die Promiskuität unter anderem die Funktion hat, sie vor dem sie extrem ängstigenden Gefühl von Abhängigkeit und manchmal auch vor psychischem Zusammenbruch zu schützen. Die Promiskuität hat hier die Funktion einer «Plombe» (Morgenthaler). Sie ist dann nicht nur Voraussetzung für ein positives Selbstwertgefühl, sondern auch für die Möglichkeit befriedigenderer längerer Beziehungen – so paradox das klingen mag. Wird diese «Plombe» dem einzelnen entrissen, kann es zur psychischen Desintegration kommen (Vergleichbares kennt man von psychosomatischen Krankheiten: Wenn man z. B. bei Asthmatikern im Status zu schnell mit Medikamenten den Anfall beseitigt, werden manche psychotisch). Auch bei nicht promisk lebenden Homosexuellen kann eine Einschränkung ihrer sexuellen Aktivitäten sie in ihrer homosexuellen Identität sehr verunsichern.

4. Insgesamt ist festzustellen, daß alle allgemeinen Verhaltensmaßregeln nicht nur repressiv, sondern auch wirkungslos sind. Meines Erachtens kann man nur allgemein und ohne jeden moralischen Druck informieren. Jeder muß dann ganz individuell für sich klären, ob und wie er sich und andere schützt. Hilfe brauchen allerdings manche bei den psychischen Problemen, die durch die Veränderung (oder auch durch die Nichtveränderung) ihres sexuellen Verhaltens entstehen. Manchen muß man auch vor allzu rigidem selbstverurteilenden Schutz schützen – also vor sich selbst.

Es geht darum, einen Weg zwischen Verleugnung und Hysterie zu finden. Aus den Erfahrungen mit der Krebsvorsorge weiß man, daß irrationale Angst Aufklärung verhindert, d. h. angst machende Aufklärung zu «resignativer Angstverarbeitung» mit verstärkter Abwehr führt. Die Anpreisung von beziehungslosen Perversitäten ist eine Sackgasse und verhindert keine weitere Infektion. Wenn überhaupt ein Schutz erreicht werden kann, dann sicherlich nicht durch das Einüben trostloser, saubermännischer Ersatzhandlungen, sondern nur über das Anstoßen innerer Prozesse. Das bedeutet, daß ein Verzicht auf bestimmte sexuelle Praktiken auch als solcher benannt und betrauert werden muß, ohne daß die aufgegebene Form der Sexualität entwertet wird. «Notwendig wäre eine Toleranz, die es Homosexuellen ermöglichte, gerade die am weitesten von den allgemeinen Vorstellungen über Liebe und Sexualität sich entfernende homosexuelle Praxis akzeptieren zu lernen. Was das im individuellen Fall auch immer sein mag – sei es hoher Partnerkonsum, seien es flüchtige sexuelle Kontakte in schummrigen Ecken: Die eigene sexuelle Praxis muß als etwas zu einem Gehörendes betrachtet werden können, um einen Zugang zu dem als fremd erlebten Eigenen zu erlangen. Eine Enttabuisierung der Homosexualität, die halt macht vor einer Anerkennung der Homosexuellen, so wie sie wirklich sind, und die sie nur als gleichsam homosexuelle Heterosexuelle gelten läßt, verstärkt dagegen deren Inferioritätsgefühle und damit den Zwang, diese in scheinbar abwegigen Ritualen zu kompensieren» (Dannecker, 1978, S. 72).

Literatur

Becker, H. (1984): Die Bedeutung der subjektiven Krankheitstheorie des Patienten für die Arzt-Patient-Beziehung. Psychoth. Pss. Med. Psych. 12/34, S. 305 bis 336

Becker, S. (1985): AIDS – Die Krankheit zur Wende? Psychologie heute, Nr. 11, S. 60 bis 65

Dies. (1986): Der Patient hat in sexueller Hinsicht relativ freizügig gelebt, Konkret Nr. 7, S. 40 bis 42

Dannecker, M. (1978): Der Homosexuelle und die Homosexualität, Frankfurt/M., Syndikat-Verlag

Dannecker, M./v. Praunheim, R. (1986): Das finde ich kriminell, Konkret Nr. 7, S. 14 bis 21

Dannecker, M./Reiche, R. (1974): Der gewöhnliche Homosexuelle, Frankfurt/M., S. Fischer

Morgenthaler, F. (1984): Homosexualität, Heterosexualität, Perversion, Frankfurt/M.

Rühmann, F. (1985): AIDS. Eine Krankheit und ihre Folgen (Qumran/Campus)

Ders. (1986): Sicherer Sex, Konkret Nr. 7, S. 81 bis 83

Schmidt, G. (1986): Moral und Volksgesundheit, Konkret Nr. 7, S. 8 bis 12

Schorsch, E. (1986): Mit perversen Requisiten winken, Konkret Nr. , S. 75–77

Die Autoren

SOPHINETTE BECKER, Jahrgang 1950, ist Diplompsychologin und psychoanalytisch orientierte Psychotherapeutin. Sie arbeitet an der Psychosomatischen Klinik der Uni Heidelberg, wo sie zunehmend Patienten betreut, die mit oder wegen AIDS die andrologische Abteilung der Hautklinik aufsuchen.

INEKE VAN DEN BERGEN, geb. 1943, arbeitet als Zeitungs- und Rundfunkjournalistin in Hilversum und Amsterdam.

REIJER BREED, geb. 5. 11. 1950 in Alkmaar/NL, Beamter im Unterrichtswesen und freiberuflicher Journalist.

ULRICH CLEMENT, Dr., Dipl.-Psych., arbeitet an der Psychosomatischen Klinik in Heidelberg.

MATTHIAS FRINGS, geb. 1953 in Aachen, lebt in Berlin. Letzte Veröffentlichungen: Liebesdinge – Bemerkungen zur Sexualität des Mannes (Reinbek 1984), Ein Bild vom Mann (August 86).

ROLF ERDORF, geb. 1956, lebt in Berlin und arbeitet freiberuflich als Journalist und Übersetzer.

ELMAR KRAUSHAAR, Jahrgang 1950, lebt in Ippinghausen und Berlin. Redakteur der Berliner Schwulenzeitschrift Siegessäule. Diverse Veröffentlichungen.

KUNO KRUSE, die Dreißig überschritten, lebt als treuer Familienvater in ruhigerer Kreuzberger Wohngegend, grüßt die Nachbarn und wird zurückgegrüßt, kauft in kleinen Läden und erfährt das Neueste immer von seiner Hauswartsfrau. Er haßt Kinderspielplätze und würde glatt aufs Land ziehen, wenn es ihn nur nähme. Jeden Morgen geht er um die gleiche Zeit mit seiner Aktentasche zur Arbeit. Er steht als Redakteur bei der einzigen überregionalen Berliner Tageszeitung, der *taz*, im festen Angestelltenverhältnis. Dort zeichnet er unter vielem anderen auch für die AIDS-Berichterstattung verantwortlich.

SABINE PORN, im dreißigsten Jahr, arbeitet als freie Journalistin in Berlin. Meistens Rundfunk, manchmal Bücher, seltener Zeitung.

JÜRGEN ROLAND, geb. 1958 in Idar-Oberstein, studierte Jura in Trier, Genf und Berlin. Er arbeitet als Jurist und Gruppenkoordinator bei der Deutschen AIDS-Hilfe.

RONALD M. SCHERNIKAU, geb. 1960, veröffentlichte im Rotbuch-Verlag die ‹*Kleinstadtnovelle*› und lebt in West-Berlin.

DIETER TELGE, geb. 1955, Jurastudium, Buchhändler, Mitarbeiter in der Projektgruppe «AIDS Koordination im Gesundheitsladen Hamburg».

JUSTIN WESTHOFF, Dipl. pol., Jahrgang 1948, arbeitet als selbständiger Wissenschaftsjournalist für Hörfunk, Zeitungen, Fernsehen und Fachzeitschriften. Autor und Mitautor mehrerer Bücher. Zu seinen Themenschwerpunkten gehören Medizin, Pharmazie, Umwelt, Gentechnik sowie Fragen des Zusammenhangs zwischen naturwissenschaftlichen und gesellschaftlichen Entwicklungen.

Rowohlt · 8213 · DM 14,80

Matthias Frings
Liebesdinge
Bemerkungen zur Sexualität des Mannes

«Es geht – und ausnahmsweise mal auf eine angenehme, weil weder hysterisch-weinerliche noch revanchistische Art und Weise – um Männer. Ein ebenso sachliches wie sachkundiges Buch, das Matthias Frings da geschrieben hat.»
Pieke Biermann, *Südwestfunk*

«Männer. Matthias Frings steigt ihnen nach und – plaudert aus der Schule. Er tut das mit Kenntnis und Distanz und viel Freude am Formulieren. Eine Fundgrube für alle, die endlich mehr wissen wollen über dieses große Geheimnis unserer Zeit: den ewigen Mann.»
Alice Schwarzer, *emma*

«Das darf doch wohl nicht wahr sein!»
Eliane Schweitzer, *penthouse*

«‹Liebesdinge› ist eine ausgesprochen gut lesbare, weil sprachlich hervorragende Mischung aus Reportagen, Interviews, historischen Exkursen und sinnig-sinnlicher Beschreibung der Geschlechtergegenwart.»
Rainer Neutzling, *sozialmagazin*

rororo

Rowohlt · 7658 · DM 14,80

Männer. Liebe.

Ein Handbuch
für Schwule und alle,
die es werden wollen
Von Matthias Frings und
Elmar Kraushaar

«Gleich vorweg: Es ist das aufregendste ‹Sachbuch›, das ich in der letzten Zeit gelesen habe und gehört in jeden homo-, hetero- bi-, auto- und asexuellen Bücherschrank.»
Jill Vaudeville, *emma*

«Dieses anregende, witzige und kritische Buch kann auch Heteros, die es bleiben wollen, empfohlen werden!»
Michael Keim, *zitty*

«Ernst, lebendig und hautnah.»
Niklas Frank, *stern*

Männerbücher

Eine Auswahl

Rodrigo Jokisch (Hg.)
Annäherungsversuche (7803)
Mann-Sein
Identitätskrise und Rollenfindung des Mannes in der heutigen Zeit (7500)

Wolfgang Körner
Noch mal von vorn anfangen
Männer erzählen, wie sie ihr Leben veränderten (7870)

Tor Nœrretranders
Hingabe
Über den Orgasmus des Mannes (7759)

Volker Elis Pilgrim
Manifest für den freien Mann
(7763)

Martin Siems
Coming out
Hilfen zur homosexuellen Emanzipation (7808)

Gerhard Vinnai
Das Elend der Männlichkeit
Heterosexualität, Homosexualität und ökonomische Struktur (7076)

sachbuch rororo